Wolfgang Schieder
Karl Marx als Politiker

Wolfgang Schieder

Karl Marx
als Politiker

Piper
München Zürich

ISBN 3-492-03220-6
© R. Piper GmbH & Co. KG, München 1991
Gesetzt aus der Times-Antiqua
Gesamtherstellung: Clausen & Bosse, Leck
Printed in Germany

Für Dietlind

Inhalt

I. Marx als Politiker: Ein Thema der
   Geschichtswissenschaft   9

II. Theoretische Voraussetzungen von Marx'
   politischem Handeln   15

    Politikverständnis und Selbstbewußtsein als Politiker   15

    Politische Theorie als revolutionäre
    Handlungsanweisung   24

III. Anfänge 1847–1852   35

    Im Bund der Kommunisten   35

    Die Zeit der Revolution   43

    Nach der Revolution   55

IV. Höhepunkt und Ende 1864–1872   69

    Jahre der Isolation   69

    Marx' Aufstieg in der Internationalen
    Arbeiterassoziation   74

    Der Machtkampf um die Internationale
    Arbeiterassoziation   86

V. Die historischen Besonderheiten der
   Marxschen Politik   119

    Der politische Führungsstil   119

    Die ›Partei Marx‹   130

VI. Der Politiker Marx: Eine Bilanz   151

Anhang

    Anmerkungen   159
    Abkürzungsverzeichnis   197
    Literaturverzeichnis   199
    Danksagung   211
    Personenregister   213

I. Marx als Politiker: Ein Thema der Geschichtswissenschaft

Es hat den Anschein, als ob Karl Marx nach den umwälzenden Ereignissen in Osteuropa endgültig ins Schattenreich der Toten gesunken wäre. Nachdem er nach seinem Ableben ein Jahrhundert lang die Welt in Atem gehalten hat, will man ihn jetzt so rasch wie möglich vergessen. Die *damnatio memoriae* scheint der schnellste Weg zu sein, unliebsame Erinnerungen an *den* Mann des 19. Jahrhunderts loszuwerden, der so nachhaltig wie kaum ein anderer das 20. Jahrhundert bestimmt hat. Angesichts dessen, was unter Berufung auf ihn seit der russischen Oktoberrevolution von 1917 getan worden ist, ist das auch durchaus verständlich. Der Name Karl Marx steht heute auch für die Unterdrückung und Verelendung ganzer Völker. Was sich an Hoffnungen, Erwartungen und gelegentlich auch an Errungenschaften damit verband, verblaßt hinter dem überwältigenden Mißerfolg, den seine politischen Ideen in unserem Jahrhundert schließlich gehabt haben.

Für den Historiker fängt indessen die Arbeit damit erst richtig an. Wer sich mit der intellektuellen Biographie von Karl Marx befaßte, stand bis vor kurzem immer vor einem Problem, das sonst nur Zeithistoriker kennen: Jede wissenschaftliche Aussage über Marx hatte, ob man das wahrhaben wollte oder nicht, einen direkten aktuellen Bezug. Die historische Marx-Forschung war ganz unvermittelt immer auch politischer Parteinahme ausgeliefert. Für die Verfechter des sogenannten Marxismus-Leninismus war solche ›Parteilichkeit‹ ohnehin konstitutiv, mit all den verheerenden Folgen, die der Verzicht auf ein wissenschaftliches Objektivitätsideal mit sich bringen mußte. Aber auch die westliche Marx-Forschung, die gegen die östliche Parteiwissenschaft anschrieb, war, wenn auch unter pluralistischem Vorzeichen, in ungewöhnlich hohem Maße durch politische Wertorientierungen beeinflußt. Es gibt jedenfalls keine Gestalt und keinen Bereich der deutschen Geschichte des 19. Jahrhunderts, deren Erforschung bis in die jüngste Zeit hinein solche deutlichen aktuellen

Bezüge gehabt hätte, wie die Marx-Forschung. Selbst über Bismarck, dessen überragende historische Fernwirkung wohl unbestritten sein dürfte, gibt es seit langem nur noch einen allenfalls akademischen, nicht jedoch politischen Streit.

Jetzt hat Marx seine politische Leitfunktion für die Gegenwart verloren. Er fällt mit seiner Biographie dorthin zurück, wo er hingehört: in die Geschichte des 19. Jahrhunderts. Es ist damit endlich möglich, ihn ganz aus den Bedingungen seiner Zeit heraus zu verstehen. Man kann das als Historisierung bezeichnen. Das heißt aber nicht, mit dem historischen Marx einen ›anderen‹, einen ›besseren‹ Marx entdecken zu wollen, so wie man einmal den ›jungen Marx‹ von dem alten philosophisch abgehoben hat. Vielmehr sollen nur die Maßstäbe der historischen Kritik an Marx aus den Verhältnissen des 19. anstatt des 20. Jahrhunderts abgeleitet werden. Jede Marx-Forschung sollte sich künftig in die historische Forschung über das 19. Jahrhundert einordnen.

Wer an Marx denkt, denkt heute zuerst an den Philosophen, den Historiker, den Ökonomen. Es ist seine gewaltige, nahezu enzyklopädische wissenschaftliche Lebensleistung, die bis vor kurzem ebensoviel Faszination wie Beunruhigung hervorgerufen hat. Geht man von seiner überragenden wirkungsgeschichtlichen Bedeutung aus, muß Marx ohne Frage als ein Mann der großen Ideen angesehen werden. Zu seinen Lebzeiten jedoch wurde Marx vielmehr zuerst als Mann der Tat in der europäischen Öffentlichkeit bekannt, nicht als Mann der politischen oder der ökonomischen Theorie.

Über die kleinen Zirkel seiner Parteigänger hinaus zog sein Name erstmals Mitte der fünfziger Jahre größere Aufmerksamkeit auf sich, als ihm im Kölner Kommunistenprozeß unterstellt wurde, das politische Haupt einer revolutionären Verschwörung zu sein.[1] Zu seiner grenzenlosen Enttäuschung war es auch nicht das Erscheinen des ersten Bandes von »Das Kapital« (1867), das Marx neuen Ruhm einbrachte. Die Forschung hat vielmehr gerade erwiesen, daß dem Buch bei seinem Erscheinen nicht nur innerhalb der wissenschaftlichen Fachwelt, sondern besonders auch in der Arbeiterbewegung nur geringe Aufmerksamkeit zuteil geworden ist.[2] Wieder war es erst eine politische Aktion, die Marx mit einem Schlage in der europäischen Öffentlichkeit ins Gespräch brachte. Dies war die von ihm initiierte öffentliche Parteinahme der Internationalen Arbeiterassoziation für die Pariser Kommune.[3] So gut wie niemand interessierte sich damals für die theoretischen Implikationen der Darstellung des »Bürgerkriegs in Frankreich«, die später so leidenschaftlich diskutiert wurden. Es war der Verdacht, als ›Grand Chef‹ der Internationale aktiv den Umsturz der bürgerlichen Staatenwelt zu planen, der Marx damals bekannt gemacht hat.[4]

Man muß auch in Rechnung stellen, daß den Zeitgenossen ein großer Teil seiner philosophischen und ökonomischen Schriften noch gar nicht bekannt war, da sie erst nach seinem Tode, zum Teil überhaupt erst in unserem Jahrhundert, veröffentlicht wurden.[5] Marx konnte deshalb zu seinen Lebzeiten noch gar nicht ohne weiteres als großer politischer Denker wirken.

Sicherlich: Die Reputation, die er bei seinen engsten Anhängern innerhalb der internationalen und vor allem der deutschen Arbeiterbewegung hatte, rührte im wesentlichen von seiner intellektuellen Überlegenheit als ›Gelehrter‹ her. Aber die größten Erfolge erzielte er auch bei den Arbeitern keineswegs mit theoretischen Abhandlungen oder gar einem wissenschaftlichen Jahrhundertwerk wie »Das Kapital«, sondern mit programmatischen Texten, die der politischen Anwendung dienten: dem »Kommunistischen Manifest« von 1848 und der »Inauguraladresse« der Internationalen Arbeiterassoziation von 1864.[6]

Ich halte es deshalb für gerechtfertigt, den historischen Marx in gleicher Weise, wenn nicht sogar in erster Linie, als Mann der politischen Praxis anzusehen und nicht nur als Mann der Ideen. Marx war zwar kein aktivistischer Berufsrevolutionär vom Schlage Lenins, obwohl er wie dieser nie eine geregelte bürgerliche Berufstätigkeit ausgeübt hat. Er war aber immerhin zweimal, von 1847 bis 1852 (in der Revolutionszeit) und von 1864 bis 1872 (in der Zeit der Ersten Internationale) ohne Unterbrechung politisch aktiv. Das sind insgesamt 13 Jahre – eine bemerkenswert lange Zeit, zumal wenn man bedenkt, daß Marx nur 65 Jahre alt geworden ist. Jedenfalls ist die Vorstellung, er habe seine Tage überwiegend nur im einsamen Ringen mit dem »Kapital« im Britischen Museum verbracht, falsch. Ihm lag zwar nichts an öffentlichen Auftritten, erst recht war ihm jede politische Vereinsmeierei fremd, doch wenn sich ihm eine Chance bot, aktiv in die Politik einzusteigen, hielt es ihn nicht mehr in der Studierstube. Er stürzte sich dann regelmäßig so engagiert ins politische Getümmel, als ob er nur darauf gewartet hätte, endlich aktiv werden zu können. Es gibt im 19. Jahrhundert wohl keinen großen politischen Denker, der sich mehr und intensiver auf die Politik eingelassen hätte als Marx. Seine historische Wirksamkeit als Politiker geht deshalb auch weit über das rein Biographische hinaus. Sie ist eingebunden in die deutsche Geschichte von der Zeit des Vormärz bis in die Reichsgründungszeit.

Sich mit dem Politiker Marx zu befassen, ist deshalb gerade aus historischer Sicht naheliegend. Die Marx-Forschung hat sich mit dem Thema bisher jedoch erstaunlicherweise keineswegs intensiv beschäftigt. Die riesige, freilich, was den marxistisch-leninistischen Beitrag betrifft, auch hochgradig ideologisierte wissenschaftliche Literatur über Marx behandelt fast immer nur sein philosophisches, ökonomisches oder politisches *Denken*. Die zahllosen Marx-Biographien befassen sich zwar stets auch mit der politischen Praxis, diese wird in der Regel jedoch eher als Folie für die Darstellung der politischen Theorie von Marx benutzt, wenn sie nicht überhaupt nur als eine Art biographischer Pflichtübung behandelt wird.[7] Nur in wenigen dieser Arbeiten wird die politische Praxis neben dem politischen Denken von Marx gleichgewichtig behandelt.[8] Und noch seltener haben sich die Biographen vorrangig für den Politiker Marx interessiert.[9]

Sehr viel mehr ist natürlich in der historischen Forschung zur Geschichte der Arbeiterbewegung vom politischen Engagement von Karl Marx die Rede. Im deutsch-deutschen Dauerstreit der Historiker war die Frage nach seinem Einfluß auf die entstehende Arbeiterbewegung sogar über Jahrzehnte hinweg *die* zentrale Streitfrage.[10] Die leninistische Geschichtswissenschaft in der ehemaligen DDR steigerte sich dabei im Laufe der Jahre in einen historischen Personenkult hinein, der Marx unablässig als »der deutschen Nation größten Sohn« feierte.[11] In der westlichen Geschichtsforschung bemühte man sich demgegenüber, »Marx without myth« zu sehen.[12] Anstatt den Einfluß von Marx in der Geschichte der deutschen Arbeiterbewegung zum obersten Maßstab zu machen, stellte man die organisatorische Vielfalt und den ideologischen Eklektizismus der organisierten Arbeiterschaft heraus. Marx geriet dabei jedoch häufig ganz aus dem Blickfeld, auch dort, wo seine persönliche politische Rolle – wie immer man diese beurteilen mag – zum Verständnis der historischen Entwicklung unbedingt hätte berücksichtigt werden müssen. Betrieb die historische Marx-Forschung in der ehemaligen DDR unverhüllt politische Heiligenverehrung, so erschöpfte sich die westdeutsche oftmals darin, negative Spurensuche zu betreiben.[13] Eine kritische ›Leben-Marx-Forschung‹ entwickelte sich daraus nicht.[14]

Es ist deshalb auch nicht überraschend, daß der politische Lebensweg von Karl Marx bisher weniger in der deutschen als in der angelsächsischen Forschung thematisiert wurde. Unberührt von den *querelles allemandes* interessierten sich britische und amerikanische Forscher für den Politiker Marx und stellten diesen in den historischen Gesamtzusammenhang sozialistischer Politik in Europa. Monographische Studien zu Einzelfragen der politischen Biographie von Marx, wie z. B. die von Oscar J. Hammen oder Henry Collins und Chimen Abramsky, haben im deutschsprachigen Raum bisher kaum ihresgleichen.[15] Erst recht fehlen hier Gesamtuntersuchungen wie die von Alan Gilbert über »Marx's Politics« oder David Felix über »Marx as Politician«.[16]

Aber nicht nur aus deutscher Sicht dürfte es geboten sein, den politischen Weg von Karl Marx biographisch zu untersuchen. Bei näherem Hinsehen zeigt sich nämlich, daß auch die angelsächsischen Studien letzten Endes allesamt auf die politische Theorie von Marx zielen und seine politische Praxis eher als zweitrangig ansehen.[17] Das Interesse am Politiker Marx entspringt jeweils dem an seiner politischen Theorie. Die politische Praxis interessiert nur insoweit, als sie zusätzliche Erkenntnisse für das Verständnis der Marxschen Theoriebildung verspricht. Zwar wird gelegentlich sogar die These vertreten, daß Marx »in erster Linie ein Politiker und nicht ein Denker« gewesen sei,[18] wenn zur Beweisführung jedoch fast ausschließlich nur die theoretischen Schriften von Marx herangezogen werden, kann das wenig überzeugen. Man muß sich schon auf die Fülle der biographischen Quellen einlassen, um die historische Qualität des Politikers Marx in vollem Umfang deutlich machen zu können. Die folgende Darstellung versucht diesem Anspruch zu genügen.

Marx wird *erstens* als Politiker ernst genommen. Sein politisches Handeln interessiert nicht nur deshalb, weil es über seine politische Theorie Aufschluß gibt. Diese wird vielmehr nur insoweit berücksichtigt, als sie als Anweisung zum politischen Handeln angesehen werden kann. ›Politik‹ wird *zweitens* nicht als etwas bereits Feststehendes definiert, sondern aus dem historischen Kontext des 19. Jahrhunderts heraus entwickelt. Das politische Handeln von Marx wird also nicht im Hinblick auf Verhaltensweisen seiner späteren Anhänger untersucht. Es ist unerheblich, ob Marx der erste Marxist war. Wichtig ist allein, wie er sein politisches Handeln selbst begründete und wie dieses in die zeitgenössische Politik einzuordnen ist.

Drittens schließlich geht es nicht einfach nur um das Problem, welche Rolle Marx historisch als Politiker gespielt hat. Sehr viel wichtiger ist die Frage, ob seine Politik nicht vielleicht von besonderer Eigenart war. Anstatt weiterhin das Verhältnis von Theorie und Praxis innerhalb der Politik von Marx in den Mittelpunkt zu stellen, soll also nach ihrem spezifischen Charakter gefragt werden. Eine Untersuchung über den Politiker Marx wird ihr Sujet damit auch in qualitativer Hinsicht zu erforschen haben.

II. Theoretische Voraussetzungen von Marx' politischem Handeln

Politikverständnis und Selbstbewußtsein als Politiker

Marx hätte sich wohl kaum als ›Politiker‹ bezeichnen lassen, geschweige denn, daß er sich selbst als solcher verstanden hätte. Eine Äußerung, daß er sich für die ›Politik als Beruf‹ entschieden hätte, gibt es von ihm nicht. Obwohl er große Teile seines Lebens mit Politik verbrachte, fühlte er sich nicht als Politiker. Dazu hatte er von diesen eine viel zu schlechte Meinung. Wenn er von ihnen sprach, dann ausnahmslos nur, um sich von ihnen zu distanzieren. Mit dieser Voreingenommenheit stand Marx in seiner Zeit keineswegs allein. Noch Ende des 19. Jahrhunderts hatten ›Politiker‹ in Deutschland in der Öffentlichkeit keinen guten Ruf. Wie ein Blick in die gängigen Konversationslexika zeigt, wurde ein ›Politiker‹ zwar anerkannt, wenn er aufgrund seiner herausragenden Verdienste als ›Staatsmann‹ angesehen werden konnte. Häufig wird jedoch für ihn als Nebenbedeutung auch die eines »klugen, auch wohl hinterlistigen und betrügerischen Menschen« aufgeführt.[1] Zumindest stand der Politiker im Ruf, ein »Schlaukopf« oder ein »Pfiffikus« zu sein.[2] In einem Land, das den durch ein parlamentarisches Regierungssystem geregelten politischen Elitenaustausch nicht kannte, standen die Politiker immer im Verdacht, fern aller moralischen Grundsätze von bloßem Interessenegoismus geleitet zu sein. Diesen Ruf verloren sie nur, wenn sie sich zu Staatsmännern wandelten: Als ›Staatsmann‹ war der Politiker ein Mann des Staats, mehr Beamter als Repräsentant der Gesellschaft.

Was Marx betrifft, so waren ihm moralische Vorbehalte gegenüber den Politikern allerdings ganz fremd. Er war ausdrücklich dafür, in der Politik alles zu unterstützen, was zum Erfolg helfe. Von »langweiligen moralischen Skrupeln« fühlte er sich frei.[3] Demonstrativ riet er dazu, sich zur Erreichung bestimmter politischer Ziele »mit dem Teufel selbst« zu verbünden. Man müsse nur sicher sein, fügte er maliziös hinzu, »daß man den Teufel betrügt, und nicht umgekehrt«.[4]

15

Wenn Marx die zeitgenössischen Vorurteile gegenüber den Politikern teilte, so hatte das also offenbar besondere Gründe. Seine Distanz entsprang nicht einer moralischen Kritik. Sie kann auch nicht auf eine grundsätzliche Reserve gegenüber der praktischen Politik zurückgeführt werden. Marx gehörte gewiß nicht zu denen, die die Welt nur interpretieren, aber nicht verändern wollten. Philosophische Selbstbeschränkung auf die politische Theorie war seine Sache nicht. Sein gesamtes politisches Denken war seinem Wesen nach auf politische Praxis angelegt. Es war offensichtlich sein besonderes Verständnis von Politik, das ihn in den zeitgenössischen Chor ihrer Verächter einstimmen ließ. Um den Antipolitiker Marx zu verstehen, müssen wir daher erst einmal seine Auffassungen von ›Politik‹ kennenlernen.

Dies ist nicht ganz einfach; nicht weil Marx in dieser Hinsicht schwer zu verstehen wäre, sondern weil er, so erstaunlich das klingen mag, eigentlich gar keine geschlossene Theorie politischen Handelns entwickelt hat. Es gibt von ihm ein – gemeinsam mit Engels geschriebenes – Frühwerk über »Die deutsche Ideologie«.[5] Sein gesamtes Spätwerk kreist bekanntlich um seine monumentale Darstellung »Das Kapital«.[6] Zwischendurch äußerte er sich durchaus auch immer wieder zu Problemen vor allem der französischen Politik, so 1850 in »Die Klassenkämpfe in Frankreich«, 1852 in »Der 18. Brumaire des Louis Bonaparte« und 1871 in »Der Bürgerkrieg in Frankreich«.[7] In allen Fällen handelte es sich jedoch nicht um systematisch angelegte Abhandlungen, sondern um tagesbedingte Kampfschriften, die von Marx aus aktuellem Anlaß verfaßt wurden. Wenn überhaupt, kamen seine grundsätzlichen Ansichten über Politik darin nur beiläufig zur Sprache. Eine spezielle Darstellung oder auch nur eine größere Abhandlung zu diesem Thema gibt es von ihm nicht. Dies ist kein Zufall.

Marx steht am Ende der klassischen, bis auf Aristoteles zurückreichenden politischen Theorie. Die ›Politik‹ hatte in der alteuropäischen Tradition einerseits einen allumfassenden und andererseits einen zeitlosen Charakter. Sie wurde als Gesamtsystem aller Formen des menschlichen Zusammenlebens verstanden, und sie galt als unabänderlich. Ändern konnten sich lediglich die Organisationsformen der Politik, also das, was als ›Verfassung‹ verstanden werden konnte.[8] Aufgabe der politischen Theorie war es daher, in diesem permanenten Verfassungswandel Regelmäßigkeiten zu entdecken und damit zugleich die bestmögliche Organisationsform politischer Herrschaft zu bestimmen. Das Ergebnis dieser theoretischen Bemühungen waren, bis in die Neuzeit hinein, immer neue Varianten der Vorstellung von einer regelmäßigen Wiederkehr politischer Verfassungsformen. Sie gipfelten in der Idee einer ›gemischten Verfassung‹ als der idealen Form politischer Herrschaft.

Es war die erkenntnistheoretische Leistung Hegels, daß er in der Auseinandersetzung mit der Französischen Revolution den alteuropäischen, gewissermaßen ganzheitlichen Politikbegriff aufgab. Er sah die alte *civitas sive societas civilis* in der Moderne in den Staat einerseits und in die (bürgerliche) Gesellschaft andererseits aufgespalten. Der einzelne Mensch trat somit doppelt in Erscheinung: Als *citoyen* (im Staate) und als *bourgeois* (in der bürgerlichen Gesellschaft).[9] Hegel erschien diese Differenz nicht unüberbrückbar zu sein. Sie war für ihn das Ergebnis eines historischen Prozesses, der in der Zukunft wieder aufgehoben werden würde. Als Organ der ›Vermittlung‹ bezeichnete er das »ständische Element«: Genossenschaften, Gemeinden, Korporationen.[10] Über diese sollte die Einheit des Politischen auf einer höheren Stufe herbeigeführt und die Entfremdung des Menschen mit sich selbst aufgehoben werden.

Der junge Marx knüpfte als politischer Philosoph hier an, hielt jedoch im Unterschied zu Hegel eine Versöhnung von Staat und moderner bürgerlicher Gesellschaft für ausgeschlossen. Nicht die vermittelnde Aufhebung, sondern nur die revolutionäre Beseitigung der Differenz von *citoyen* und *bourgeois* konnte nach seiner Auffassung die Einheit des *Menschen* wiederherstellen. Für sein Verständnis von Politik ist dabei entscheidend, daß der Ausgangspunkt revolutionärer Veränderung ausschließlich die Gesellschaft und nicht der Staat sein konnte. Dafür gab Marx drei Gründe an:

Zum *ersten* hatte der Staat nach Marx' frühzeitig feststehender Auffassung keinen zeitlosen Charakter. Er war in seinen Augen eine vergängliche Erscheinung. Seine Existenz war für Marx historisch an das Aufkommen und die Gegensätzlichkeit gesellschaftlicher Klassen gebunden. Es habe ihn nicht in der Urgesellschaft gegeben, weil die in ihr bestehenden Produktionsverhältnisse noch zu keiner Klassenbildung Anlaß gegeben hätten, und es werde ihn nicht in der kommunistischen Gesellschaftsordnung der Zukunft geben, deren besonderes Merkmal die Beseitigung aller Klassengegensätze sei. Nur solange Gesellschaftsstrukturen bestünden, in denen die vorherrschende wirtschaftliche Produktionsweise einander unversöhnlich gegenüberstehende Klassen hervorbringe, sei die Einrichtung eines Staates notwendig.

Wenn der Staat ein Kennzeichen der Klassengesellschaft ist, so ist damit für Marx zum *zweiten* gesagt, daß er eine bloß abgeleitete Existenz hat. Marx erkannte ihm im Zusammenhang seiner Analyse des sogenannten Bonapartismus zwar vorübergehend eine gewisse Selbständigkeit zu,[11] im Prinzip war der Staat für ihn aber ein Sekundärphänomen der Gesellschaft. »Nur der politische Aberglaube bildet sich noch heutzutage ein«, heißt es programmatisch in der »Heiligen Familie«, »daß das bürgerliche Leben« – also die Gesellschaft – »vom Staat zusammengehalten werden müsse, während umgekehrt in der Wirklichkeit der Staat von dem bürgerlichen Leben zusammengehalten werde.«[12] Folgerichtig hatte für Marx auch die Politik keine »selbständige Sphäre«.[13] Alle »politischen Kämpfe« waren für ihn »nur die Erscheinungsformen der sozialen Kollisionen«.[14] Anders gesagt: Politik war für Marx nichts anderes als Ausdruck der Konflikte in der Gesellschaft, die von ihm auf der Grundlage seiner ökonomischen Klassentheorie als ›Klassenkampf‹ bezeichnet wurden.

Aus dem Zusammenhang der Klassentheorie ergibt sich für Marx das *dritte* Merkmal des Staates. Es sei die jeweils ›herrschende Klasse‹, die den Staat benötige, um die von ihr ökonomisch ausgebeuteten Klassen politisch zu unterdrücken. Der Staat stellt damit für Marx keine positiv gestaltende Rechtsordnung dar. Er hat vielmehr einen bloßen Zwangscharakter. Nach der berühmten Formulierung im »Kommunistischen Manifest« ist die »politische Gesellschaft im eigentlichen Sinne« die »organisierte Gewalt einer Klasse zur Unterdrückung einer andern«.[15] Jede Politik verbinde sich deshalb, insofern sie staatliches Handeln darstelle, mit gewaltsamer Entrechtung des einzelnen Menschen. Sie hat in historischer Sicht für Marx immer einen bloß repressiven Charakter. Es bedürfe ihrer nur so lange, als der Zwangscharakter des Staates aufgrund des Andauerns von Klassenkämpfen nicht beseitigt sei. »Sind im Laufe der Entwicklung«, heißt es im »Kommunistischen Manifest«, »die Klassenunterschiede verschwunden und ist alle Produktion in den Händen der assoziierten Individuen konzentriert, so verliert die öffentliche Gewalt den politischen Charakter.«[16]

Über den Sinn dieser Prognose ist viel gerätselt worden. Sollte das heißen, daß der Staat überhaupt verschwinden werde? So scheint es Friedrich Engels später interpretiert zu haben, wenn er, nach dem Tode von Marx, vom ›Absterben‹ des Staates sprach.[17] Bei genauerem Hinsehen sollte nach der ursprünglichen Vorstellung von Marx die ›öffentliche Gewalt‹ jedoch nicht einfach verschwinden. Sie sollte offenbar nur ihren Zwangscharakter verlieren. Würde eines Tages der chiliastische Traum einer klassenlosen Gesellschaft verwirklicht, werde diese zu einer »Assoziation« umgeformt, »worin die freie Entwicklung eines jeden die Bedingung für die freie Entwicklung aller« sei.[18] So unbestimmt das klingen mochte, scheint Marx damit auf jeden Fall doch angenommen zu haben, daß auch diese ›Assoziation‹ weiterhin einen institutionellen Charakter haben werde. Nur sollte dieser, wie die zweimalige Hervorhebung des freiheitlichen Momentes beweist, auf freiwilliger Vereinbarung, nicht auf politischem Zwang beruhen.

Wenn der Staat als Produkt der Klassengesellschaft lediglich einen instrumentellen Zwangscharakter hat und insofern als solcher historisch bedingt ist, wird verständlich, weshalb sich Marx von seiner Beseitigung allein nichts erwartete. Ein Anarchist war er von Anfang an nicht.[19] Schon früh stand für ihn fest, daß eine »politische Revolution« für sich allein lediglich »das bürgerliche Leben in seine Bestandteile« auflösen könne, »ohne diese Bestandteile selbst zu revolutionieren«.[20] In anderem Zusammenhang sprach Marx von einer »nur politischen Revolution« als einer »Revolution, welche die Pfeiler des Hauses stehen« lasse.[21] Eine politische Revolution konnte für ihn also nur die Voraussetzung einer umfassenderen sozialen Revolution sein, die er in diesem Zusammenhang auch mit der Einführung des ›Sozialismus‹ gleichsetzte. Es bedürfe ihrer für den »Umsturz der bestehenden Gewalt und die Auflösung der alten Verhältnisse«. Wenn aber die Revolution ihre »organisierende Tätigkeit« beginne, schleudere sie die »politische Hülle« weg.[22]

Von diesem Standpunkt aus bekämpfte Marx jeden als ›Politiker‹, der allein schon von einer politischen Revolution eine Veränderung der Gesellschaft erwartete. Nicht jeder, der sich überhaupt mit Politik befaßte, gehörte für Marx also zu den Politikern. Nur wer »innerhalb der Schranken der Politik« denke, war in seinen Augen diesen zuzurechnen.[23] In seinen frühen Schriften nannte er diese Politiker bezeichnenderweise in einem Atemzug mit den »Juristen«.[24] Gleich diesen und den »Religiösen« gehörten die Politiker für Marx zu den »Ideologen«, die »alles auf den Kopf stellen«.[25] Das hieß nichts anderes, als daß er ihnen ein ›falsches Bewußtsein‹ unterstellte: Anstatt aus den ›Produktionsverhältnissen‹ leiteten sie die realen Eigentumsverhältnisse aus den politischen ›Rechtsverhältnissen‹ ab.[26]

In der Revolutionszeit von 1848/49 bezeichnete er die bürgerlichen Parlamentarier in der Frankfurter und in der Berliner Nationalversammlung im gleichen Sinne verächtlich als »Wirtshauspolitiker« oder als »Winkelpolitiker und Gesinnungslümmel«.[27] Wie die Journalisten rechnete er sie zu den »ideologischen Kretins der Bourgeoisie«.[28] Sie lebten in seinen Augen in der Illusion, die politische Herrschaft der bürgerlichen Klasse mit ausschließlich parlamentarischen Mitteln durchsetzen zu können. Daß sie in dem Augenblick als Politiker desavouiert worden seien, in dem das Privatinteresse der Bourgeoisie eine Unterwerfung unter die monarchische Reaktion geboten hätte, bestätigte nur seine Auffassungen. In Frankreich habe die Bourgeoisie sogar Louis Napoleon aufgefordert, »ihren sprechenden und schreibenden Teil, ihre Politiker und ihre Literaten«, zu unterdrücken.[29]

Aufgrund dieser negativen Einschätzung vermied es Marx auch später, sich den Politikern zuzurechnen. Bei einer Feier zum siebten Jahrestag ihres Bestehens hob er 1871 ausdrücklich hervor, daß die Internationale Arbeiterassoziation »von den Arbeitern selbst für die Arbeiter« gegründet worden und nicht etwa das »Werk eines Häufleins geschickter Politiker« sei; alle »Politiker der Welt zusammengenommen« hätten eine solche Vereinigung der »verschiedenen Arbeiterbewegungen« nicht hervorbringen können.[30] Der Attitüde des ›Realpolitikers‹ traute er ebensowenig,[31] wie er von »professionellen Politikern«, wie sie das parlamentarische System in den Vereinigten Staaten hervorbrachte, etwas wissen wollte.[32]

Worauf gründete Marx sein Selbstbewußtsein gegenüber den ›Politikern‹? Es ist keine Frage, daß es seine Meinung war, wissenschaftliche Einsicht in die Bedingungen der Möglichkeit von Politik zu haben, die sein Überlegenheitsgefühl hervorrief. Marx war der festen Überzeugung, die Politik verwissenschaftlicht zu haben. Ebensowenig wie als Politiker verstand er sich freilich nur als Philosoph oder als Ökonom. Sein wissenschaftliches Denken zielte nicht allein ab auf

Erkenntnis politischer Zusammenhänge und Sachverhalte, sondern ebenso auf deren praktische Anwendung. Es lag nicht nur an seiner ursprünglich jüdischen Herkunft, daß seine akademische Karriere im vormärzlichen Preußen schon zu Ende ging, ehe sie überhaupt richtig begonnen hatte. Marx sah vielmehr in der akademischen Welt der Universität für sich von vornherein keine Zukunft. Es drängte ihn aufgrund seiner wissenschaftlichen Selbsteinschätzung zum politischen Handeln.

Die Wissenschaft, die politische Theorie und Praxis vereinen sollte, war für Marx der Sozialismus. Das entsprach durchaus zeitgenössischem Verständnis, seitdem Lorenz Stein 1842 in einem epochemachenden Buch den frühen französischen Sozialismus als »Wissenschaft« vorgestellt hatte.[33] Die Wissenschaft, zu der Stein den Sozialismus erhoben hatte, war die »Wissenschaft der Gesellschaft«.[34] Auch darin stimmte Marx noch mit Stein überein. Die sozialwissenschaftliche Methode war nicht nur die von ihm beanspruchte, sie lag in seinen Augen im Prinzip jedem Sozialismus zugrunde. Selbst den von ihm kritisierten »kritisch-utopistischen Sozialismus und Kommunismus« bezeichnete er durchaus als »soziale Wissenschaft«.[35] Wenn Friedrich Engels deshalb später für den marxistischen Sozialismus ein Exklusivrecht auf Wissenschaftlichkeit beanspruchte, so entsprach das nicht den ursprünglichen Vorstellungen von Karl Marx.[36] Im Grunde war es für diesen eine Tautologie, wenn man den an sich schon wissenschaftlichen Sozialismus eigens auch noch so bezeichnete. Der Sozialismus war für Marx per definitionem ›wissenschaftlich‹, er brauchte deshalb nicht auch noch so benannt zu werden. Nur so wird auch verständlich, weshalb Marx den später im Marxismus dogmatisierten Terminus ›Wissenschaftlicher Sozialismus‹ so gut wie nie benutzt hat. Als man ihn einmal darauf festlegen wollte, hat er ihn zwar rückwirkend für seine historisch bedingte Auseinandersetzung mit dem ›utopischen Sozialismus‹ gelten lassen.[37] In Wahrheit hatte er ihn aber in dieser Zeit für sich nie in Anspruch genommen.[38]

Wenn die Wissenschaftlichkeit eines jeden Sozialismus außer Frage stand, so konnte es für Marx immer nur mehr oder weniger wissenschaftliche Sozialisten geben, nicht aber wissenschaftliche und unwissenschaftliche. Er behauptete nicht, als einziger Sozialist wissenschaftlich zu argumentieren; aber er erhob gegenüber anderen Sozialisten den Anspruch auf höhere Wissenschaftlichkeit. Dafür gab es zwei Gründe: Zum *ersten* sah Marx seine sozialistische Theorie im Unterschied zu den meisten anderen Sozialisten in engem Zusammenhang mit der proletarischen Klassenbewegung. Dieses Selbstverständnis entsprang seinem materialistischen Grundansatz, wonach soziale Ideen nur Ausdruck gesellschaftlicher Prozesse seien, nicht aber diese verursachen könnten. ›Tatsächlich‹, ›existierend‹, ›real‹ und ›wirklich‹ – das waren die ins Materialistische gewendeten idealistischen Begriffe Hegels, mit denen er die wissenschaftliche Höherwertigkeit seiner Sozialtheorie vorzugsweise beschrieb. In der »Deutschen Ideologie« wird der Kommunismus als »wirkliche Bewegung« bezeichnet, »welche den jetzigen Zustand aufhebt«.[39] Im »Kommunistischen Manifest« wird er programmatisch als Ausdruck »tatsächlicher Verhältnisse eines existierenden Klassenkampfes« beschrieben.[40] Sein nicht weiter hinterfragtes wissenschaftliches Selbstbewußtsein setzte Marx in die Lage, andere sozialistische Theorien nach Belieben als esoterisch abzutun. »Der wahre Sozialismus, der auf der ›Wissenschaft‹ zu beruhen vorgibt«, heißt es etwa in der »Deutschen Ideologie«, »ist vor allen Dingen selbst wieder eine esoterische Wissenschaft.«[41] Marx hebt sich auf diese Weise schon vor 1848 von deutschen Sozialisten wie Moses Heß oder Karl Grün ab, die gleich ihm auf dem Weg über die Philosophie zum Sozialismus gekommen waren. Wenn er sie ironisch ›wahre Sozialisten‹ nannte, so unterstellte er damit gleichzeitig, seinerseits den wahren, weil wissenschaftlich überlegenen Sozialismus zu vertreten.

Zum *zweiten* verstand Marx seine sozialistische Theorie als ›revolutionäre Wissenschaft‹. Der ›wahre Sozialismus‹ wurde von ihm auch deswegen kritisiert, weil er »alle revolutionäre Leidenschaft verloren und an ihrer Stelle allgemeine Menschenliebe proklamiert« habe.[42] Aus ähnlichen Gründen verfielen auch die englischen und die französischen Frühsozialisten von Robert Owen bis Charles Fourier und Henri de Saint-Simon seinem Verdikt. Ihre wissenschaftlichen Systeme waren in seinen Augen ›doktrinär‹. Zwar gestand er ihnen zu, daß sie auch »in vieler Hinsicht revolutionär« seien, doch bildeten »ihre Schüler jedesmal reaktionäre Sekten«.[43] Dies führte Marx vor allem darauf zurück, daß sie »auf alle politische, namentlich alle revolutionäre Aktion« verzichtet und ihre Ziele auf friedlichem Wege hätten erreichen wollen.[44]

In der Überzeugung von seiner eigenen überlegenen historischen

Erkenntnis führte Marx sowohl den Wirklichkeitsbezug als auch den revolutionären Grundzug seines sozialistischen Denkens auf die geschichtliche Entwicklung zurück. Solange das Proletariat sich noch nicht als Klassenbewegung formiere, sei es unmöglich, seine Befähigung zu revolutionärer Selbsttätigkeit zu erkennen. Die frühen sozialistischen Theoretiker hätten deshalb am Proletariat nur »das Elend im Elend« bemerken können.[45] Alles, was sie zur Abhilfe dieses Zustandes vorgeschlagen hätten, sei das Produkt ihrer eigenen Phantasie gewesen. Die ihr entspringenden theoretischen Entwürfe einer bestmöglichen Zukunftsgesellschaft bezeichnete Marx deshalb als »kritisch-utopistisch«.[46] Erst in dem freilich unbestimmten Augenblick, in dem das Proletariat sich seiner selbst bewußt werde, könne die Wissenschaft »bewußtes Erzeugnis der historischen Bewegung werden«. Sie höre damit auf, »doktrinär zu sein« und werde »revolutionär«.[47]

Marx war sich der unaufgelösten Widersprüche in seiner Wissenschaftstheorie nicht bewußt. Der Sozialismus wurde in seinen Augen durch die Rückkoppelung an den Emanzipationsprozeß des Proletariats historisch objektiviert. In seinen wissenschaftlichen Aussagen stimmte er angeblich mit dem Klassenkampf des Proletariats theoretisch überein.[48] Die sozialistische Theorie werde in der Praxis der proletarischen Aktion aufgehoben: »Wir nennen Kommunismus die *wirkliche* Bewegung, welche den jetzigen Zustand aufhebt.«[49] Gleichzeitig sprach Marx jedoch immer wieder davon, daß der Sozialismus auch als positive, d. h. nicht mehr spekulative wissenschaftliche Theorie dem Klassenkampf als »einer unter unsren Augen vor sich gehenden geschichtlichen Bewegung« gegenüberstünde.[50] Wie die soziale Wissenschaft zugleich der historischen Klassenbewegung entspringen und mit dieser konfrontiert sein konnte, blieb dabei letzten Endes offen.

Ebensowenig wird geklärt, wie eigentlich der Zeitpunkt zu erkennen sein soll, zu dem der gesellschaftliche Formationsprozeß das Proletariat jeweils zu kollektivem Bewußtsein seiner Klassenidentität verhelfe. Als klassenbewußtes Kollektiv bleibt das Proletariat bei Marx letztlich ein theoretisches Konstrukt. Es kann deshalb nicht verwundern, daß er den proletarischen Konzentrationsprozeß in Deutschland bei seinem Eintritt in die Politik gründlich verkannte. Die Kontaktaufnahme mit den Arbeiterführern in der Pariser Emigration wurde von ihm in der ersten Begeisterung als Begegnung mit dem sich formierenden Proletariat mißverstanden. Emphatisch sprach Marx 1844 davon, daß bei den kommunistischen Arbeitern in Paris »die Brüderlichkeit der Menschen keine Phrase, sondern Wahrheit« sei.[51] Wilhelm Weitlings »Garantien der Harmonie und Freiheit« bezeichnete er zur gleichen Zeit als »riesenhafte Kinderschuhe des Proletariats«.[52] Erst zwei Jahre später stellte Engels gegenüber Marx resigniert fest, daß mit diesen Proletariern »nichts anzufangen« sei, »solange nicht in Deutschland eine ordentliche Bewegung existiert«.[53] Diese sehr viel realistischere Einstellung bestimmte seitdem auch die Haltung von Marx bis hin zu der skeptischen Frage, wie »mit solchen Leuten Weltgeschichte gemacht werden« könne.[54]

Niemals wäre Marx allerdings der Gedanke gekommen, daß seine theoretische Analyse des Geschichtsprozesses von falschen Voraussetzungen ausgehen könne. Auch wenn sich die sozialistische Theorie in der konkreten politischen Anwendung nicht bewährte, stand für ihn die Überlegenheit seiner revolutionären Wissenschaft eigentlich niemals in Frage. Marx zweifelte nicht daran, sein politisches Handeln an einer wissenschaftlich begründeten Theorie orientieren zu können. Das vermittelte ihm eine Selbstgewißheit, die ihn auch die größten politischen Mißerfolge überstehen ließ. Unerschütterlich ging er seinen Weg als Politiker, auch wenn er immer wieder von vorne anfangen mußte.

Politische Theorie als revolutionäre Handlungsanweisung

Die politische Theorie von Marx war im Kern eine Theorie der Revolution.[55] Das bedeutete zunächst zweierlei: Sie sollte politisches Handeln nicht bloß reflektieren, sondern vielmehr auch zu diesem anleiten, und sie sollte zum anderen nicht zu beliebigem politischen Handeln anleiten, sondern zu revolutionärem. Die politische Theorie von Karl Marx war also extrem anwendungsorientiert, und sie zielte auf radikale Veränderung – auf Revolution. Schon dadurch unterschied sie sich von der seiner meisten Zeitgenossen, auch von der vieler Sozialisten.

Auch als Revolutionstheorie hatte die politische Theorie von Marx einen historischen Sondercharakter, der sie in zweifacher Hinsicht von anderen Revolutionstheorien des 19. Jahrhunderts unterschied. Zum *ersten* verschränken sich in der Marxschen Revolutionstheorie auf eigentümliche, letzten Endes nicht auflösbare Weise objektive und subjektive Elemente. Die Revolution stellt sich für Marx einerseits als ein sich unabhängig vom Menschen vollziehender faktischer Geschichtsprozeß dar. Dieser ist für ihn im wesentlichen ökonomisch bedingt. Der revolutionäre Prozeß ergibt sich in dieser Hinsicht »aus den Widersprüchen des materiellen Lebens, aus dem vorhandenen Konflikt zwischen gesellschaftlichen Produktivkräften und Produktionsverhältnissen«.[56] Die Gesellschaft revolutioniert sich damit aufgrund der in ihr wirksamen Kräfte gewissermaßen selbst. Andererseits ist eine Revolution für Marx nicht ohne eine organisierte Aktion möglich. Es ist die bewußte revolutionäre Tat, die erst den politischen Umsturz herbeiführen kann. Entscheidende Voraussetzung dafür ist der Prozeß kollektiver Bewußtseinsbildung, den Marx als die Entstehung von Klassenbewußtsein bezeichnet. Seine Theorie vom Klassenkampf, dem er die gesamte Geschichte unterworfen sah, hat hier ihren Ursprung.[57]

Die Spannung von objektivem Formationsprozeß und subjektivem Handlungspotential glaubte Marx nun *zweitens* dadurch aufheben zu können, daß er die Revolution nicht als einen einmaligen Akt, sondern als langwierigen Geschichtsprozeß ansah. Wenn auch materialistisch gewendet, entwickelte er ganz im Geiste Hegels eine revolutionäre Prozeßtheorie. Die von ihm im Prinzip als unausweichlich angesehene Revolution der Zukunft sollte sich in mehreren, genau voneinander abgrenzbaren Schüben vollziehen. Als eher mythischen Endzustand prognostizierte er eine ›klassenlose Gesellschaft‹, die sich von der bisherigen Geschichte abheben werde. Bis dieser erreicht werde, gibt es nach Marx nur Phasen des revolutionären Übergangs. Er war in dieser Hinsicht nicht ein sozialistischer Theoretiker des End-, sondern des Durchgangszustandes.

Die einzelnen Übergangsphasen dieses revolutionären Prozesses hat er im Laufe seines Lebens durchaus unterschiedlich gesehen. Das historische Modell dafür lieferte ihm zweifellos die Französische Revolution, sowohl was ihren historischen Gesamtcharakter als auch was ihre verschiedenen Etappen anbetrifft.[58] Aus der Französischen Revolution leitete er vor allem »den folgenreichen historischen Analogieschluß von der bürgerlichen auf die proletarische Revolution«

ab.[59] Konkrete historische Erfahrungen seiner Zeit, wie die der Revolutionen von 1848/49 oder die der Entstehung des deutschen Nationalstaats, haben seine Revolutionsvorstellungen jedoch nachhaltig beeinflußt. Wichtig ist vor allem auch, daß er seine Revolutionstheorie, anders als später seine leninistischen Nachahmer, nicht schematisch auf alle Gesellschaften übertrug, sondern durchaus national differenzierte. Es sei hier nur an seine Äußerungen über England einerseits und Rußland andererseits erinnert.[60] Im einzelnen braucht das in diesem Zusammenhang nicht weiter zu interessieren. Für die Beurteilung seiner Rolle als handelnder Politiker reicht es im wesentlichen aus, die Revolutionserwartungen zu kennen, die Marx für Deutschland hatte.

Nach seiner ursprünglichen Vorstellung sollte die Revolution in Deutschland lediglich zwei Etappen durchlaufen. In einer ersten Stufe sollte eine ›bürgerliche Revolution‹ die Bourgeoisie an die Macht bringen. Die politische Verfassung dieser großbürgerlichen Herrschaft war in seinen Augen die konstitutionelle Monarchie: »Die preußische Märzrevolution sollte das konstitutionelle Königtum in der Idee und die Bourgeoisherrschaft in der Wirklichkeit schaffen.«[61] ›Bürgerliche Revolution‹ hieß also für Marx in Deutschland ursprünglich nichts anderes als Übergang vom monarchischen Absolutismus zum parlamentarischen Verfassungsstaat auf monarchischer Grundlage. Eine ›bürgerliche Demokratie‹ konnte es in seinen Augen dagegen in diesem Land nicht geben. Die »Erkämpfung der Demokratie« war für ihn mit der »Erhebung des Proletariats zur herrschenden Klasse« identisch.[62] Die Schaffung einer demokratischen Republik war somit für ihn folgerichtig erst in der zweiten Phase des revolutionären Prozesses möglich. Sie bezeichnete er als »Arbeiterrevolution«.[63]

Marx hat immer wieder betont, daß die Stufenfolge von der ›bürgerlichen Revolution‹ zur ›Arbeiterrevolution‹ in Deutschland unausweichlich sei. Die »bürgerliche Revolution« wurde von ihm ausdrücklich »als eine Bedingung der Arbeiterrevolution« bezeichnet.[64] Sie konnte daher für ihn nicht der Endpunkt des revolutionären Prozesses sein, durfte aber auch nicht einfach übersprungen werden. Das revolutionäre Stufenprogramm war für Marx bekanntlich nicht von politischen Konstellationen abhängig, sondern ökonomisch bedingt. Die ›proletarische Revolution‹ sollte erst stattfinden, wenn der gesellschaftliche Formationsprozeß des Proletariats abgeschlossen sei. Zunächst mußten daher nach seiner Vorstellung als Folge des kapitalistischen Industrialisierungsprozesses »die bisherigen kleinen Mittelstände, die kleinen Industriellen, Kaufleute und Rentiers, die Handwerker und Bauern« verschwinden und »ins Proletariat hinab« sinken, ehe an eine Arbeiterrevolution zu denken war.[65] Mit anderen Worten: Erst wenn das Proletariat als ›Klasse‹ die »ungeheure Mehrzahl« der Bevölkerung umfaßte,[66] war für Marx die gesellschaftliche Basis für den Erfolg einer proletarischen Revolution gegeben.

Auf welche Weise sollte aber das Proletariat diese gesellschaftliche Hegemonie erreichen? Marx war hier der Überzeugung, daß die Bourgeoisie, indem sie sich ihrerseits als ›Klasse‹ durchsetzte, die Voraussetzungen für die Formierung des Proletariats schaffe. Die Bourgeoisie hatte in seinen Augen die historische Aufgabe, die »buntscheckigen Feudalbande, die den Menschen an seinen natürlichen Vorgesetzten knüpften«, zu zerstören und die moderne, auf Lohnarbeit gestützte kapitalistische Eigentümergesellschaft aufzubauen.[67] Mit der Durchsetzung des auf Arbeitsteilung beruhenden modernen Industriesystems werde zugleich auch die Stunde des Proletariats schlagen. Bourgeoisie und Proletariat waren damit für Marx in ihrer Klassenexistenz miteinander verschränkt.

Diese geschichtsphilosophische Dialektik determiniert nun auch das politische Programm von Marx. Die Klassenherrschaft der Bourgeoisie ließ sich in seinen Augen nur verwirklichen, wenn der monarchische Absolutismus vollständig beseitigt würde. Das Proletariat könne analog dazu seine historische Rolle der Aufhebung aller Klassengegensätze nur erfüllen, wenn es zuvor seine politische Alleinherrschaft gegen die Bourgeoisie erzwinge. Beides war für Marx aufgrund der gesellschaftlichen Klassenprozesse notwendigerweise einander nachgeordnet: Erst die politische Herrschaft der zur Klasse sich formierenden Bourgeoisie, dann die politische Herrschaft des zur Klasse werdenden Proletariats.

Anders als für die Führer der beginnenden Arbeiterbewegung kam für Marx deshalb vor 1848 der sofortige Einstieg in eine proletarische Revolution nicht in Frage. Er teilte nicht einmal die sanguinischen Hoffnungen der ersten deutschen Arbeiterführer, daß Deutschland »am Vorabend einer bürgerlichen Revolution« stehe.[68] Der Ausbruch der Revolution war für ihn nicht eine für die nahe Zukunft erhoffte persönliche Lebenperspektive. Allerdings ließ er sich auf die Voraussage ein, daß die bürgerliche Revolution in Deutschland »nur das unmittelbare Vorspiel einer proletarischen Revolution« sein könne.[69] Entscheidend war an dieser Formulierung das Wörtchen ›unmittelbar‹: Die ›bürgerliche‹ und die ›proletarische‹ Revolution wurden dadurch zeitlich aneinandergerückt, ja geradezu miteinander verschmolzen. Die eine schien ohne Zwischenspiel in die andere überzugehen. Es spricht einiges dafür, daß Marx' entsprechende Äußerungen als Konzession an die ungeduldigen deutschen Arbeiterführer anzusehen waren.[70] Was ihn von diesen unterschied, war jedoch sein Glaube an die ökonomische Gesetzmäßigkeit der revolutionären Entwicklung. Die »Abschaffung der bürgerlichen Produktionsweise und darum den definitiven Sturz der politischen Bourgeoisieherrschaft« konnte das Proletariat in seinen Augen erst erreichen, wenn dies die materiellen Bedingungen erlaubten.[71] Jeder verfrühte Versuch proletarischer Machtergreifung könne, wie Marx bezeichnenderweise unter Verweis auf die Ereignisse von 1794 in Frankreich ausführte, nur zu vorübergehendem Erfolg führen. Oder anders gesagt: Solange das Proletariat als soziale Klasse nur eine Minderheit der Bevölkerung umfaßte, war es nach der festen Überzeugung von Marx nicht in der Lage, eine demokratische Herrschaft zu etablieren. Allenfalls hätte es eine Diktatur der proletarischen Minderheit über die Mehrheit des Volkes errichten können. Eine proletarische Minderheitsdiktatur lag Marx aber vor 1848 noch ganz fern.

Durch den Ausbruch der Märzrevolution konnte er sich in seinen Auffassungen fäschlicherweise bestätigt sehen. Das von ihm eiligst entworfene Aktionsprogramm der »Forderungen der Kommunistischen Partei in Deutschland« von Ende März 1848 verlangte daher die volle Durchsetzung bürgerlicher Herrschaft. Mit der Forderung, Deutschland »zu einer einigen und unteilbaren Republik« zu machen, wurde der Bourgeoisie gleichzeitig auch schon der Kampf angesagt.[72] Der Auseinandersetzung mit der sich in Preußen und auf Reichsebene konstituierenden parlamentarischen Monarchie sollte denn auch die im Mai 1848 gegründete »Neue Rheinische Zeitung« dienen. Es war durchaus programmatisch zu verstehen, wenn sie als »Organ der Demokratie« ins Leben gerufen wurde.[73]

Nur allzu rasch zeigt sich jedoch, daß sich das politische Revolutionsprogramm, das Marx vor 1848 für Deutschland entworfen hatte, nicht realisieren ließ. Durchaus zu Recht hat man daher die »Forderungen der Kommunistischen Partei« als das »unrealste aller politischen Aktionsprogramme« bezeichnet.[74] Es war jedenfalls von Anfang an wenig realistisch, von der Revolution in Deutschland einen baldigen Übergang zur Demokratie zu erwarten. Wie sich rasch zeigte, konnte die Bourgeoisie »ihre eigene Herrschaft nicht erkämpfen«.[75] Die bürgerliche Revolution blieb daher in Deutschland in den Anfängen stecken. Anstatt, wie geplant, die Bourgeoisie sofort mit aller Kraft bekämpfen zu können, sah sich Marx daher gezwungen, sie erst einmal politisch zu unterstützen. Bis November 1848 wagte er es nicht, in der »Neuen Rheinischen Zeitung« offen die Einführung einer demokratischen Republik zu fordern, wie das die »Forderungen der Kommunistischen Partei« eigentlich verlangt hätten. Die Parole »Autokratie oder Republik« wurde von ihm ausdrücklich als zukünftige, nicht als aktuelle politische Alternative bezeichnet.[76] Friedrich Engels nannte es sogar ein »utopistische[s] Verlangen«, »a priori eine einige und teilbare deutsche Republik« zu proklamieren. Er warnte deshalb davor, den »Ausgangspunkt des Kampfes« der revolutionären Bewegung mit deren Ziel zu verwechseln.[77]

Es ist jedoch für das politische Denken von Marx bezeichnend, daß er sein revolutionäres Grundsatzprogramm nicht völlig aufgab. Er paßte es nur insoweit der historischen Situation an, als dies noch mit seiner deterministischen Grundeinstellung vereinbar war. Da die Bourgeoisie in Deutschland wider Erwarten keine Anstalten machte, selbständig ihre politische Herrschaft durchzusetzen, sondern sich im Gegenteil mit dem monarchischen Staat zu arrangieren suchte, sah sich Marx für sie nach einem anderen politischen Bündnispartner um. Er fand ihn in der demokratischen Volksbewegung. Nach wie vor hielt er aber daran fest, daß in Deutschland zunächst das Großbürgertum an die Macht kommen müsse. Dazu sollte ihm nur mit einer anderen politischen Strategie als ursprünglich vorgesehen verholfen werden. Anstatt ein »Schutz- und Trutzbündnis mit der Reaktion« einzugehen, sollte die Bourgeoisie dazu gebracht werden, »die demokratische Seite der Revolution anzuerkennen«.[78]

Erst nachdem die konstitutionelle Revolutionsregierung in Preußen und in Österreich jeweils durch einen monarchischen Staatsstreich beseitigt worden waren, ließ Marx im November 1848 die Hoffnung auf ein Zusammengehen der konstitutionellen mit der demokratischen Bewegung fallen. Wortgewaltig rechnete er jetzt, aber eben erst jetzt, mit der Vereinbarungsstrategie der Bourgeoisie ab.[79] Die konstitutionelle Monarchie, deren volle Durchsetzung er bis dahin in Deutschland immer noch für notwendig gehalten hatte, wurde von ihm nun als ungeeignet angesehen, die deutsche Revolution voranzutreiben: »Die Geschichte des preußischen Bürgertums, wie überhaupt des deutschen Bürgertums vom März bis Dezember, beweist, daß in Deutschland eine rein bürgerliche Revolution und die Gründung der Bourgeoisherrschaft unter der Form der konstitutionellen Monarchie unmöglich, daß nur die feudale absolutistische Kontrerevolution möglich ist, oder die sozial-republikanische Revolution.«[80]

Entgegen seiner ursprünglichen Revolutionstheorie kämpfte Marx bis zum Ende der Revolutionszeit für die übergangslose Durchsetzung der Demokratie. ›Demokratie‹ hieß allerdings, und insofern blieb er seinem ursprünglichen Ansatz treu, immer noch nicht ›proletarische Demokratie‹. Es hätte auch allzusehr der historischen Realität widersprochen, wenn er die deutsche Arbeiterbewegung schon für fähig gehalten hätte, die Revolution selbständig im demokratischen Sinne zu vollenden. Marx sprach deshalb jetzt nicht nur von ›Arbeitern‹, sondern immer auch in einem Atemzug von ›Kleinbürgern‹ und ›Bauern‹, wenn er den Weg zur Herbeiführung der demokratischen Revolution aufweisen wollte.[81] Hatte er vorher die demokratisch orientierten Kleinbürger und die Bauern weitgehend unbeachtet gelassen, so wurden diese nunmehr von ihm in eine Allianz gegen die Bourgeoisie miteinbezogen. Alle zusammen, nicht etwa nur allein die Arbeiter, meinte er auch, wenn er jetzt zusammenfassend vom ›Volk‹ sprach.[82] Das Volk umfaßte für ihn das Proletariat und »alle Fraktionen des Bürgertums, deren Interessen und Ideen dem Proletariat verwandt« seien.[83] Anstatt von einer ›demokratischen Revolution‹ sprach er nun bezeichnenderweise meistens von einer ›Volksrevolution‹.[84] Das war kein Zufall. Nach wie vor hielt Marx offensichtlich auch 1849 noch daran fest, daß die eigentliche demokratische Revolution nur das Werk der proletarischen Machtergreifung sein könne. Die ›Volksrevolution‹ konnte insofern nur eine Vorstufe zu dieser sein. Sie wurde von Marx gewissermaßen zwischen die (unvollendete) bürgerliche Revolution und die (erst später zu vollendende) proletarische Revolution eingeschoben. Sie war als eine Zwischenstufe im demokratischen Revolutionsprozeß anzusehen, dessen nächste erst folgen konnte, wenn das Proletariat in der deutschen Bevölkerung die übergroße Mehrheit umfaßte.

Es liegt auf der Hand, daß Marx in der bis zum November 1848 andauernden, ersten Phase der deutschen Revolution nur wenig an einer eigenständigen proletarischen Organisation gelegen sein konnte. Seine volksrevolutionäre Sammlungsstrategie hielt ihn auch in der zweiten Phase der Revolution davon ab, sich vorrangig für den Aufbau einer ›proletarischen Partei‹ zu engagieren. Im Prinzip hatte er selbstverständlich nichts dagegen einzuwenden, daß sich die deutschen Arbeiter an dem allgemeinen demokratischen Revolutionsprozeß beteiligten, aber er hielt sie nach wie vor für zu schwach, um schon allein auf sich gestellt ihre ›revolutionären Zukunftsaufgaben‹ erfüllen zu können. Wenn irgendwo, dann war die Revolutionstheorie von Marx in dieser Hinsicht realistisch. Es ist deshalb verfehlt, seine politischen Aktivitäten in der Revolution von 1848/49 als unermüdlichen »Kampf für die proletarische Partei« hinzustellen.[85] Die selbständig organisierte Arbeiterbewegung konnte für ihn eigentlich erst am Ende der revolutionären Gesamtentwicklung stehen, nicht schon an deren Anfang.

Marx hielt im Grunde auch noch nach 1849 an dieser Auffassung fest. Auf den ersten Blick hin scheint das Scheitern der Revolution seine langfristig angelegte revolutionäre Phasentheorie verändert zu haben. Es wäre auch merkwürdig, wenn ihn der letzten Endes unerwartete Ausgang des großen europäischen Ringens nicht zum Überdenken seiner politischen Grundauffassungen veranlaßt hätte. Bei näherem Zusehen zeigt sich jedoch, daß er sich wiederum nur den neuen historischen Bedingungen anpaßte, seine revolutionäre Gesamtstrategie aber eigentlich nicht korrigierte.

Ohne Zweifel war es von Bedeutung, daß im März 1850 in seiner politischen Abrechnung sowohl mit der französischen wie mit der deutschen Revolution zwei Schlagworte auftauchten, die auf eine völlige Neuorientierung hinzudeuten schienen. Sowohl in seiner Artikelfolge über »Die Klassenkämpfe in Frankreich 1848–1850« als auch in der »Ansprache der Zentralbehörde an den Bund« ist zum einen von einer ›Revolution in Permanenz‹ und zum anderen von einer ›Diktatur des Proletariats‹ die Rede.[86] Das ist vielfach so interpretiert worden, als ob Marx sowohl seine bisherige Stufen- als auch seine bisherige Allianzstrategie aufgegeben hätte. Es ist jedoch zu beachten, daß er in beiden Fällen nur bedingt sein eigenes Programm darlegte.[87] Dies gilt mit Sicherheit für die Prognose einer Klassendiktatur des Proletariats. Entgegen seiner vorherigen Marschroute scheint er damit plötzlich eine proletarische Minderheitsdiktatur befürwortet zu haben. In Wahrheit beschrieb er jedoch nur das revolutionäre Verschwörungskonzept von Louis Adolph Blanqui, mit dessen versprengten Anhängern er in London vorübergehend kooperierte.[88] Er selbst zog aus dem gescheiterten Volksaufstand vom Juni 1848 aber gerade die Folgerung, daß das Proletariat der Aufgabe, aus einer Minderheitenposition heraus gewaltsam die Macht zu ergreifen, nicht gewachsen gewesen sei. Er rechtfertigte auch im Fall der Vorgänge in Frankreich nach wie vor die Notwendigkeit einer politischen Koalitionsbildung von Bauern, ›mittelständischen‹ Kleinbürgern und Arbeitern, allerdings, und das war eindeutig ein neuer Akzent, gruppiert um das Proletariat als der »entscheidende[n] revolutionäre[n] Macht«.[89]

Bei der Anwendung seiner Theorie auf Deutschland ging er noch einen Schritt weiter und erhob die organisatorische Verselbständigung der Arbeiter gegenüber den ›demokratischen Kleinbürgern‹ zum Programm der Arbeiterpartei. Diese sollte in der nächsten Revolution »möglichst organisiert, möglichst einstimmig und möglichst selbständig auftreten«.[90] Die Koalition mit den ›kleinbürgerlichen Demokraten‹ sollte deshalb nicht aufgegeben werden, aber sie wurde, ähnlich wie ursprünglich das Bündnis mit der Bourgeoisie gegenüber dem monarchischen Absolutismus, zu einer Koalition auf Zeit erklärt. Die »Arbeiterpartei« sollte mit der »kleinbürgerlichen Demokratie« zusammengehen; aber sie sollte ihr gegenübertreten »in allem, wodurch sie sich für sich selbst festsetzen« wolle.[91]

Ganz auf der Linie seines bisherigen Revolutionsdenkens brachte Marx damit auf eine dialektische Formel, was sich seinen intellektuell ungleich schlichteren Partnern im Kommunistenbund sehr viel einfacher darstellte. Sie empfahlen der »Arbeiterpartei«, künftig »andre Parteien und Parteifraktionen« zu ihren Zwecken zu gebrauchen, ohne sich einer »anderen Partei« unterzuordnen.[92] Was für Marx eine Folge historischer Dialektik war, wurde somit von den Arbeiterführern des Kommunistenbundes auf bloße Taktik verkürzt. Doch dürfte Marx es als ausreichend angesehen haben, daß der Kommunistenbund nach den Enttäuschungen der Revolutionszeit überhaupt noch für eine Zusammenarbeit mit bürgerlichen Demokraten offenblieb. Im Gegenzug mußte er die organisatorische Verselbständigung der Arbeiterbewegung anerkennen, die er während der Revolutionszeit noch als verfrüht angesehen hatte.

In ähnlicher Weise entsprang auch die Formel von der ›Revolution in Permanenz‹ einem politischen Kompromiß mit seinen kommunistischen Weggefährten im Londoner Exil.[93] Für die ungeduldigen Arbeiterführer des Kommunistenbundes kam alles darauf an, der Arbeiterschaft in einer neuen Revolution möglichst umgehend zur alleinigen politischen Herrschaft zu verhelfen. Das Äußerste, worauf sie sich einlassen wollten, war das Zugeständnis, daß »die kleinbürgerliche Demokratie« im Verlauf der Revolution »für einen Augenblick den überwiegenden Einfluß in Deutschland« erhalte.[94] Marx hielt demgegenüber an seinem Konzept einer langfristigen revolutionären Stufenfolge fest. Anstelle der ›konstitutionellen Monarchie‹ rechnete er zwar jetzt mit der sofortigen Durchsetzung einer ›bürgerlichen Demokratie‹. Jedoch war er der Überzeugung, daß die proletarische Revolution in Deutschland auch nach Einführung der politischen Demokratie noch lange auf sich warten lassen werde. Der offenkundige Widerspruch zwischen seinen Auffassungen und denen der Arbeiterführer des Kommunistenbundes wurde in der Formel von der »Revolution in Permanenz« aufgehoben.[95] Diese brachte zum Ausdruck, daß die kommende Revolution in Deutschland nicht bei der Einführung der ›bürgerlichen Demokratie‹ haltmachen, sondern den revolutionären Prozeß weitertreiben werde. Über die Frage nach der Dauer des Revolutionsprozesses und vor allem nach der des Abstandes zwischen den einzelnen Phasen bestand dagegen kein Konsens. Nicht zufällig brach der Geheimbund in dem Augenblick auseinander, in dem sich die unterschiedlichen politischen Handlungskonzepte, die innerhalb der Führungsgruppen bestanden, nicht mehr miteinander vereinbaren ließen.[96] Marx brachte die Gegensätze bei der entscheidenden Auseinandersetzung scharfsinnig auf den Begriff: »Während wir den Arbeitern sagen: Ihr habt, 15, 20, 50 Jahre Bürgerkrieg durchzumachen, um die Verhältnisse zu ändern, um euch selbst zur Herrschaft zu befähigen, ist statt dessen gesagt worden: Wir müssen *gleich* zur Herrschaft kommen, oder wir können uns schlafen legen.«[97] Für Marx bestand danach kein Anlaß mehr, sich nochmals auf die mißverständliche Begriffsbildung der ›Revolution in Permanenz‹ einzulassen. Es handelte sich für ihn dabei ganz offensichtlich um eine akzidentielle politische Formel, die für seine langfristige revolutionäre Strategie nicht substantiell war. Auch von einer ›Diktatur des Proletariats‹ hat er nach 1850 zwanzig Jahre lang kein einziges Mal mehr gesprochen.[98] Als er 1871 erstmals wieder darauf zurückkam, geschah dies bezeichnenderweise im Zusammenhang einer neuerlichen politischen Kooperation mit den französischen Blanquisten. Das Schlagwort erwies sich als »idealer Slogan für eine Einheitsfront«, ohne daß Marx deshalb seine seit langem feststehende Revolutionstheorie wesentlich zu verändern brauchte.[99]

Angesichts der unbestreitbaren Erfolge der Internationale dachte er weniger denn je daran, die revolutionäre Machtergreifung der Arbeiter auf bloßer Konspiration aufzubauen. Er glaubte, die Entwicklung abwarten zu können, die das Proletariat unausweichlich in eine überwältigende Mehrheitsposition bringen mußte. Die ›Diktatur des Proletariats‹ konnte also für ihn auch jetzt nicht die einer revolutionären Minderheit sein. Es ist bezeichnend, daß Engels den Blanquisten später vorwarf, sie hätten nicht die Notwendigkeit einer Diktatur »der ganzen revolutionären Klasse, des Proletariats« erkannt, sondern den »Handstreich einer kleinen revolutionären Minderheit« gepredigt.[100] Überdies verstand er, ebenso wie Marx, unter der ›Diktatur des Proletariats‹ letzten Endes nichts anderes als die seit jeher prognostizierte ›Klassenherrschaft des Proletariats‹. Der Begriff der ›Diktatur‹ war für ihn mit dem der ›Herrschaft‹ synonym.[101] Ebenso wie für Marx kam für ihn deshalb auch eine gewaltsame Aufhebung demokratischer Freiheitsrechte nicht in Frage. Die Herstellung einer demokratischen Regierungspraxis wurde von Marx und Engels vielmehr als Voraussetzung proletarischer Klassenherrschaft angesehen.

III. Anfänge 1847–1852

Im Bund der Kommunisten

Die politische Laufbahn von Marx begann in der Emigration. In Köln hatte er 1842/43 als Redakteur der »Rheinischen Zeitung« nach Abschluß seines Studiums seine ersten journalistischen Erfahrungen gemacht.[1] Nach dem Verbot dieser oppositionellen Zeitung sah er für sich in Deutschland zu Recht keine berufliche Zukunft mehr. Er nahm ein Angebot des radikaldemokratischen Publizisten Arnold Ruge an, in Paris gemeinsam eine politische Zeitschrift herauszugeben. Im November 1843 ging der Fünfundzwanzigjährige nach Paris, wo er bis zu seiner Zwangsausweisung im Februar 1845 bleiben sollte. Die Zeitschrift kam tatsächlich zustande und erschien 1844 unter dem Titel »Deutsch-Französische Jahrbücher«.[2] Marx konnte darin die Schriften veröffentlichen, mit denen er philosophisch seinen Übergang von der Theorie zur Praxis anzeigte. Die »Waffe der Kritik«, so verkündete er empathisch, könne »die Kritik der Waffen nicht ersetzen«. Deshalb müsse die Theorie »zur materiellen Gewalt werden, sobald sie die Massen« ergreife.[3]

Jedoch machte er in seiner ersten Pariser Zeit noch nicht wirklich ernst mit der Politik. Es ist bezeichnend, daß er rückblickend berichtete, er sei in dieser Zeit mit deutschen und französischen Arbeiterführern zusammengetroffen, »ohne jedoch in irgendeine dieser Gesellschaften einzutreten«.[4] Dies belegt zum einen, daß bei dem jungen Intellektuellen mit der Absage an die Hegelsche Philosophie und dem Übergang zum Sozialismus das Interesse an der politischen Bewegung der Arbeiter erwachte. Marx war fasziniert von dem »Adel der Menschheit«, der ihm in den »von der Arbeit verhärteten Gestalten« der Arbeiter entgegentrat.[5] Zum anderen läßt er aber auch keinen Zweifel daran, daß er sich bis 1845 noch von der organisierten Arbeiterbewegung fernhielt. Es ist deshalb nicht möglich, ihn schon in dieser Zeit »wohl kaum mehr als außerhalb des Bundes [der

Gerechten] stehend« anzusehen.[6] Eher ist sogar anzunehmen, daß seine Kontakte tatsächlich nur wenig über den Umgang mit einigen Führern der deutschen Arbeiterbünde hinausgingen, von denen einer (German Mäurer) in Paris ohnehin mit Marx im selben Haus wohnte.

Erst in Brüssel, wo Marx in den folgenden drei Jahren (von Februar 1845 bis März 1848) lebte, vollzog er den Schritt in die aktive Politik. Auch hier dauerte es zwar eine Weile, bis er den Anschluß an die organisierte Arbeiterbewegung fand, Marx ließ sich jedoch hier erstmals in eine politisch motivierte Gruppe einbinden. Gemeinsam mit Friedrich Engels, der sich im Sommer 1845 ebenfalls in Brüssel niederließ, bemühte er sich Anfang 1846 um den Aufbau eines internationalen Netzes sogenannter Kommunistischer Korrespondenzkomitees. Es handelte sich dabei um einen lockeren Verbund literarischer Initiativgruppen, die der publizistischen Verbreitung des ›Kommunismus‹ dienen sollten. Diese ersten politischen Organisationsbemühungen waren zwar nicht sonderlich erfolgreich; außer in Brüssel bildete sich nur noch in London und möglicherweise in Köln ein entsprechendes Komitee. Alle anderen Sozialisten und Kommunisten, darunter auch Proudhon, die von Marx angeschrieben wurden, reagierten eher ablehnend.[7] Selbst in Paris kam es trotz aller persönlichen Bemühungen von Friedrich Engels nicht zur förmlichen Bildung eines solchen Komitees.[8]

Nur vor dem Hintergrund dieses Scheiterns wird jedoch verständlich, daß Marx und Engels 1847 eher bereit waren, in den Bund der Gerechten einzutreten, als einige Jahre zuvor in Paris. Die Initiative dazu ging von den Londoner Führern dieses Geheimbundes deutscher Arbeiter und Handwerker aus, vor allem von Karl Schapper, Heinrich Bauer und Joseph Moll. Diese waren mit Marx zunächst als Londoner Korrespondenzkomitee in schriftliche Verbindung getreten. Am 20. Januar 1847 ermächtigten sie einen der ihren, den Uhrmacher Joseph Moll, mit den Mitgliedern des Kommunistischen Korrespondenzkomitees in Brüssel persönlichen Kontakt aufzunehmen. Marx und Engels haben es später so dargestellt, als ob sie von Moll aufgefordert worden seien, in den Bund der Gerechten einzutreten, ein Ansinnen, dem sie nach der Erfüllung einiger Bedingungen Folge geleistet hätten.[9] Der überlieferte Text der Londoner Vollmacht für Moll läßt das allerdings nicht erkennen. Moll sollte danach vielmehr auf der schon bestehenden Ebene der beiden Korrespondenzkomitees

»in Unterhandlung« treten.[10] Die »Ansprache« der Bundesführung an die Mitglieder vom Februar 1847 enthält auch noch keinerlei Hinweise auf den Eintritt der Brüsseler.[11] Wir wissen nicht, wann Marx sich schließlich veranlaßt sah, sein Kommunistisches Korrespondenzbüro aufzulösen und in den Geheimbund der deutschen Arbeiter einzutreten. Anfang Juni mußte er aus finanziellen Gründen noch auf die Reise zum Londoner Gründungskongreß des Bundes der Kommunisten verzichten.[12] Er könnte deshalb überhaupt erst im August 1847 Mitglied des umbenannten Geheimbundes geworden sein. In dem ersten Rundschreiben der neuen Bundesführung vom 9. Juni wird nämlich zwar eine Bundesgemeinde in Brüssel erwähnt,[13] jedoch können dieser damals nur seine Parteigänger Adolph Junge und Wilhelm Wolff angehört haben, nicht jedoch Marx selbst.[14]

Im Herbst 1847 entstand in Brüssel auch ein öffentlicher deutscher Arbeiterverein. Marx hat später behauptet, diesen zusammen mit Engels gegründet zu haben.[15] Selbst wenn das, wofür an sich wenig spricht, zutreffen sollte, handelte es sich auch in diesem Fall mit Sicherheit nicht um eine politische Eigeninitiative von Marx. Es entsprach vielmehr der Tradition der geheimen deutschen Auslandsvereine, politisch unverfängliche öffentliche Vereine zu gründen, in denen für die geheime Organisation Anhänger geworben werden konnten.[16] Marx hat sich auch, nach allem was wir bisher wissen, in diesem Brüsseler Arbeiterverein nicht sonderlich engagiert. Die Vereinsführung übernahmen jedenfalls Karl Wallau und Moses Heß.[17] Statt dessen ließ sich Marx am 9. November 1847 zum Vizepräsidenten der Demokratischen Gesellschaft in Brüssel wählen, einer internationalen Vereinigung eher bürgerlichen Zuschnitts.[18] Bis 1848 war er in dieser Gesellschaft auch weitaus aktiver als im Arbeiterverein.[19]

Vom 29. November bis 8. Dezember 1847 nahm Marx in London am zweiten Kongreß des Bundes der Kommunisten teil. Es war dies sein zweiter Aufenthalt in England, das er im Sommer 1845 gemeinsam mit Engels erstmals besucht hatte. Offensichtlich mußte er aber auch dieses Mal noch besonders gedrängt werden, sich nach London aufzumachen.[20] Der Kommunistenbund hatte für ihn in der Politik immer noch nicht erste Priorität. Auffällig ist auch, daß er die Reise gleichzeitig dazu nutzte, »die Brüßler Demokratische Gesellschaft mit den englischen Chartisten in Verbindung zu setzen«.[21] Dem historischen Kongreß des Kommunistenbundes in London galt also im

Unterschied zu Friedrich Engels nur ein Teil seiner Aufmerksamkeit. Marx hat sich nach der Rückkehr aus London in Brüssel auch keineswegs beeilt, den auf dem Kongreß übernommenen Auftrag, gemeinsam mit Engels ein »Manifest der Kommunistischen Partei« abzufassen, zügig auszuführen. Wissenschaftliche Studien zum Thema »Lohnarbeit und Kapital« standen für ihn ganz im Vordergrund. Die deutlich verärgerte Londoner Bundesführung mußte den programmatischen Text nach fast zwei Monaten bei Marx anmahnen.[22] Den schließlich auf den 1. Februar angesetzten Ablieferungstermin konnte Marx nur auf Kosten seines ursprünglichen Konzepts einhalten. Er nahm in Kauf, daß der dritte Teil des »Manifests« in einer höchst unsystematischen und wenig einleuchtenden Form publiziert wurde.[23] Ganz offensichtlich hielt er also die Fertigstellung des »Manifests« bei weitem nicht für so wichtig, wie er und vor allem Engels es dann später aus der Rückschau dargestellt haben.

Es wird häufig geradezu als das Ergebnis einer welthistorischen Dramaturgie angesehen, daß die ersten gedruckten Exemplare des »Kommunistischen Manifests« in London 1848 in derselben Woche ausgeliefert wurden, in der in Paris die Februarrevolution ausbrach.[24] Vor allem gilt die Voraussage des »Manifests«, daß »Deutschland am Vorabend einer bürgerlichen Revolution« stehe,[25] häufig als hellsichtiger programmatischer Vorgriff auf die revolutionären Ereignisse von 1848/49. In Wahrheit gehörte diese Revolutionsprognose zu den politischen Standardfloskeln der vormärzlichen deutschen Geheimbundführer im Ausland.[26] Marx war diese eher der eigenen revolutionären Selbstermutigung dienende als realistisch begründete Prognostik eigentlich fremd. Sie stimmte nicht mit seinen sehr viel langfristiger angelegten Revolutionserwartungen überein. Es spricht daher einiges für die Annahme, daß er diese Formel aus den Materialien übernommen hat, die ihm die Führer des Kommunistenbundes für die Abfassung des »Manifests« zur Verfügung gestellt hatten.[27] Zweifel sind auch angebracht, ob der Zeitpunkt des Erscheinens für die Verbreitung des »Manifests« wirklich günstig war. Aufgrund der sich überstürzenden revolutionären Ereignisse blieb überhaupt keine Zeit, die neue Programmschrift innerhalb der verstreuten Mitgliedschaft des Kommunistenbundes ausführlich zu diskutieren. Schließlich kann man die Frage aufwerfen, ob das »Manifest« überhaupt satzungsgemäß als Parteiprogramm verabschiedet worden ist.[28] Sta-

tutengemäß hätte der Text nämlich eigentlich allen lokalen Sektionen
(›Gemeinden‹) des Kommunistenbundes »zur Annahme oder Ver-
werfung vorgelegt« werden müssen, ehe er Gültigkeit erlangte.[29] Das
ist nicht geschehen. In Anbetracht der im Frühjahr 1848 gegebenen
außergewöhnlichen Umstände war das allerdings nicht weiter verwunderlich. Der Bund der Kommunisten hatte nach Ausbruch der
Revolution andere Sorgen, vor allem die, in Paris am Ort des revolutionären Geschehens präsent zu sein.

Die Londoner Bundesführung, die sogenannte Zentralbehörde,
löste sich auf, nachdem sie noch die erste Auflage des »Kommunistischen Manifests« versandt hatte, und bestimmte Brüssel zum Sitz
einer neuen Zentralbehörde. Da eigentlich nur ein allgemeiner Kongreß als »gesetzgebende Gewalt des Bundes« einen solchen Beschluß
hätte fassen können, war auch diese Verlegung statutenwidrig.[30]
Ebensowenig wie im Fall der Verabschiedung des »Kommunistischen
Manifests« scheint jedoch auch dieses Mal irgend jemand Einspruch
erhoben zu haben. Offensichtlich nahm es in der allgemeinen Aufre-
gung niemand mehr so genau mit den demokratischen Beschlußver-
fahren, wie sie in den Bundesstatuten vorgesehen waren. Die autori-
täre Eigenmächtigkeit der Bundesführung wurde von den Mitgliedern
stillschweigend hingenommen.

In Brüssel trat neben Friedrich Engels auch Karl Marx in das Führungsorgan des Kommunistenbundes ein. Es war das erstemal, daß er
ein politisches Amt übernahm. Nichts schien für den Verfasser des
»Kommunistischen Manifests« naheliegender gewesen zu sein.
Höchst auffällig ist jedoch, daß Marx für sich Sondervollmachten verlangte, welche die bisherige Bundesführung nicht besessen hatte.
Ihm wurde eine »diskretionäre Gewalt« übertragen, die ihn dazu er-
mächtigte, »alle Bundesangelegenheiten« nach eigenem Gutdünken
zu entscheiden.[31] Marx wurde damit mit einer Vollmacht ausgestat-
tet, die man offensichtlich dem Napoleonischen, in Belgien und in
der preußischen Rheinprovinz 1848 nach wie vor gültigen »Code Pénal« entnommen hatte. So wie danach ein Gericht ermächtigt wurde,
im Strafprozeß innerhalb eines genau festgelegten Rahmens nach
eigenem Ermessen zu entscheiden, so erhielt Karl Marx an der Spitze
des Kommunistenbundes politische Handlungsfreiheit zugebilligt.[32]
Es ist unbekannt, von wem dieser Vorschlag stammte, doch spricht
einiges dafür, daß die Führer des Kommunistenbundes der statuten-

widrigen Bevollmächtigung von Marx einen rechtsförmigen Anschein geben wollten. Möglicherweise sollte die Rechtsformel aber Marx dazu verpflichten, seine Sondervollmachten nicht zu mißbrauchen. Die Diktaturermächtigung widersprach nämlich, auch wenn sie nur »eine momentane« sein sollte,[33] der demokratischen Führungstradition der bisherigen Londoner Bundesführung. Daß sich Marx damit ausstatten ließ, läßt seine Tätigkeit als kommunistischer Bundesführer in besonderem Licht erscheinen. Er übernahm offensichtlich nur unter *der* Bedingung politische Verantwortung, daß er selbst unmittelbar niemand verantwortlich zu sein brauchte.

Die neue Zentralbehörde löste sich in Brüssel schon am 3. März wieder auf und verlegte ihren Sitz nach Paris,[34] wo sich um den 12. März herum wiederum eine neue Bundesführung konstituierte.[35] Auch diesem Vorgehen widersprach im Kommunistenbund niemand. Die Übersiedlung nach Paris wurde von den Londoner Sektionen sogar ausdrücklich gutgeheißen.[36] Dabei spielte es eine entscheidende Rolle, daß die Bundesführung in Brüssel ihre Entscheidungen in großer äußerer Bedrängnis hatte fassen müssen. Mehrere führende Mitglieder des Bundes waren kurz zuvor verhaftet oder aus Belgien ausgewiesen worden; den übrigen drohte dasselbe Schicksal.[37] Auch Marx wurde nur einen Tag nach dem Verlegungsbeschluß mit seiner Familie nach Frankreich abgeschoben.[38]

In Brüssel war Marx erstmals in die Führung des Bundes der Kommunisten eingetreten, in Paris ließ er sich von den dort zusammenkommenden Bundesmitgliedern förmlich zum »Präsidenten« des sich abermals neu konstituierenden Zentralkomitees wählen.[39] Auch dies war eine von den Statuten keineswegs vorgesehene Führungsposition. Der Kommunistenbund hatte vielmehr, wie alle erhaltenen Verlautbarungen ausweisen, zuvor eine kollektive Führung.[40] Marx trat als alleiniger Präsident an die Stelle des zuvor meist im Auftrag der Zentralbehörde zeichnenden Dreigestirns Schapper, Moll und Bauer.[41] Auch wenn wir die näheren Umstände dieser neuerlichen Privilegierung von Marx nicht kennen, weist wiederum alles darauf hin, daß er sich nur unter ganz besonderen, auf ihn persönlich zugeschnittenen Bedingungen auf die politische Führung des Kommunistenbundes einließ. Trotz dieser besonderen Zugeständnisse verschrieb er sich auch jetzt keineswegs ganz der politischen Arbeit für den Geheimbund. Es kann vielmehr kein Zweifel daran bestehen, daß der Kommunistenbund für Marx zunehmend an Bedeutung verlor, je mehr die Möglichkeit bestand, in Deutschland öffentlich politisch tätig zu sein. Das ist auch durchaus verständlich. Wozu war noch ein Geheimbund nötig, wenn die politische Parteibildung, so wie er sie verstand, in aller Öffentlichkeit möglich war? An die Stelle der geheimen Konspiration konnte im März 1848 ohne weiteres die öffentliche Agitation treten. »Kurz, mit dem Augenblick, wo die Ursachen aufhörten, die den Geheimbund notwendig gemacht hatten, hörte auch der geheime Bund auf, als solcher etwas zu bedeuten.«[42] Marx entwarf Ende März in Paris noch das politische Aktionsprogramm der »Forderungen der Kommunistischen Partei in Deutschland«.[43] Nachdem er in der ersten Aprilwoche nach Deutschland zurückgekehrt war, trat er jedoch 1848/49 im Bund der Kommunisten im wesentlichen nur noch mit dem Versuch in Erscheinung, die Aktivitäten des Geheimbundes einzuschränken.

In der historischen Forschung hat es einen ungewöhnlich erbitterten Streit darüber gegeben, ob Marx im Sommer 1848 nicht sogar die formelle Auflösung des Bundes betrieben habe. Dahinter steht die Frage, ob er tatsächlich eine von ihm selbst geführte Arbeiterorganisation liquidiert habe, und das auch noch mitten in einer revolutionären Aufschwungphase.[44] Die Quellenlage ist insgesamt so ungünstig, daß dieser Streit wohl kaum je eindeutig wird entschieden werden können. Alles hängt im Grunde von der Bewertung der Aussagen ab, die der Kölner Bundesführer Peter Gerhard Röser nach seiner gerichtlichen Verurteilung 1853/54 in der preußischen Festungshaft gemacht hat.[45] Röser sagte aus, Marx habe bald nach der Übersiedlung der Zentralbehörde des Kommunistenbundes von Paris nach Köln in einer eigens einberufenen Sitzung förmlich die Auflösung des Geheimbundes beantragt. Da Karl Schapper und Joseph Moll, die alten Londoner Arbeiterführer, sich dem widersetzt hätten, habe Marx »von seiner diskretionären Gewalt Gebrauch gemacht und den Bund von sich aus aufgelöst«.[46] Auch wenn Röser selbst an dieser Sitzung nicht teilgenommen hat – er gehörte zu diesem Zeitpunkt noch gar nicht dem Kommunistenbund an –, müssen seine Aussagen doch im Kern als glaubhaft angesehen werden. Er kann sich nämlich auf einen Sitzungsteilnehmer als Gewährsmann berufen, der sonst durchweg nachprüfbare Angaben gemacht hat.[47] Warum sollten deshalb gerade die bemerkenswerten Aussagen über den Versuch von Marx, den

Kommunistenbund aufzulösen, nicht zutreffen? Besonders wichtig ist Rösers Verweis darauf, daß sich Marx dabei auf seine ominöse ›diskretionäre Gewalt‹ berufen habe. Röser kann das unmöglich erfunden haben. Dafür war diese Diktaturermächtigung zu ungewöhnlich. Außerdem entsprach es vollkommen dem bisherigen Verhalten von Marx, daß er kurzerhand eine längst abgelaufene Sondervollmacht aus der Tasche zog, nachdem er mit einem förmlichen Auflösungsantrag nicht durchgekommen war. Statuten und Satzungen waren in seinen Augen ohnehin kaum mehr als zwar gelegentlich notwendiger, insgesamt aber lästiger bürokratischer Ballast. Sie bei Bedarf zu ändern, sah er als selbstverständlich an.[48]

Der Kommunistenbund lebte freilich weiter, auch ohne Marx. Zumindest bestanden in Paris, London und wahrscheinlich auch dem schweizerischen Lachauxdefonds bis in den Sommer 1848 hinein noch Sektionen des Bundes, wenn auch wohl ohne Kontakt miteinander zu haben und ohne von den Vorgängen in Köln etwas zu wissen.[49] In Deutschland waren von zurückgekehrten Bundesmitgliedern nach Ausbruch der Revolution außer in Köln ohnehin nur in Mainz und in Koblenz neue Bundesgemeinden gegründet worden.[50] Die überwiegende Masse der Bundesmitglieder hatte nach ihrer Rückkehr aus dem Ausland dagegen »alle Fühlung mit dem Bund« verloren.[51] Es war insofern durchaus zutreffend, wenn Stephan Born im Mai 1848 meinte, der Kommunistenbund sei »aufgelöst, überall und nirgends«.[52] Die Initiative von Marx konnte insofern nur bewirken, daß der Kommunistenbund auch in Köln seine Tätigkeit einstellte.[53] Seine Autorität reichte aber nicht aus, den Geheimbund auch im Ausland zum Einschlafen zu bringen.

Im Oktober 1848 wurde in London eine neue Zentralbehörde gebildet. Ihr gehörten ausnahmslos Arbeiterführer an, die schon im alten Bund der Gerechten aktiv gewesen waren: neben Heinrich Bauer und Johann Georg Eccarius vor allem auch der aus Köln geflohene Joseph Moll.[54] Die Statuten, welche die neue Bundesführung ungefähr im November 1848 vorlegte, wurden völlig unabhängig von Marx und Engels verfaßt. Die »Einführung einer einigen, unteilbaren, sozial-demokratischen Republik« als eigentlichen Bundeszweck auszugeben, hieß jedenfalls, auf alle weiterreichenden kommunistischen Zielsetzungen zu verzichten, wie sie von Marx und Engels für den Kommunistenbund formuliert worden waren.[55] »Marx und Konsorten« sollen sich denn auch von diesen Statuten distanziert haben, als sie Ende 1848 von Moll in Köln vorgelegt wurden.[56] Auch bei dieser Gelegenheit konnte Marx in Köln offenbar ein Wiederaufleben des Bundes, für das ihn Moll gewinnen wollte, verhindern. Er hielt den Geheimbund »bei der noch bestehenden Rede- und Preßfreiheit« weiterhin für überflüssig.[57] Das hinderte freilich Moll nicht daran, zumindest mit der Rückendeckung von Karl Schapper, anderswo in Deutschland weiterhin die Reorganisation des Kommunistenbundes zu betreiben.[58]

Die Zeit der Revolution

Bis zu seiner Ausweisung aus Preußen am 19. Mai 1849 hielt sich Marx, abgesehen von einigen Reisen (vom 23. 8. bis etwa 11. 9. 1848 nach Berlin und Wien und vom 14. 4. bis 9. 5. 1849 nach Nordwestdeutschland) während der gesamten Revolutionszeit in Köln auf. Die Stadt war für ihn aus seiner Zeit als Redakteur der »Rheinischen Zeitung« (1842/43) im Unterschied zu Berlin vertrautes politisches Gelände. Er hatte in seinem ersten, fünfjährigen Exil mehr Verbindungen zu dieser Stadt aufrechterhalten können als irgendwohin sonst in Deutschland. Hier konnte er sich vor allem auch vor politischer Verfolgung sicherer fühlen als in den altpreußischen Provinzen; denn in der Rheinprovinz galt 1848 nach wie vor der »Code Napoléon« und nicht das »elende preußische Landrecht«.[59] Faktisch wurde dadurch in der Rheinprovinz während der Revolutionszeit die Pressefreiheit garantiert. Politische Delikte wurden von mit Laien besetzten Geschworenengerichten abgeurteilt, nicht von Gerichten, die ausschließlich mit beamteten Richtern besetzt waren. Als Zentrum der durchaus selbstbewußten rheinischen Bourgeoisie von Handel und Banken war Köln im Vormärz überdies der politische Gegenpol zu Berlin gewesen. Die Übernahme des preußischen Staatsministeriums durch das Kabinett von Camphausen schien am 29. März 1848 dieses Großbürgertum an die Macht zu bringen. Das entsprach den vorrevolutionären Erwartungen von Marx. Auch wenn sich diese Einschätzung letzten Endes als irrig erweisen sollte, war die tatsächliche politische Schwäche des rheinischen Großbürgertums im Frühjahr 1848 noch nicht unbedingt zu erkennen. Was schien also für Marx näher zu liegen, als sich mit der angehenden bürgerlichen Herrschaft gerade dort auseinanderzusetzen, wo sie in Preußen ihre stärksten Bataillone hatte: in der rheinischen Metropole Köln?

Die Kölner Zeit stand für Marx vom ersten bis zum letzten Tag ganz im Zeichen der »Neuen Rheinischen Zeitung«.[60] Als »Organ der Demokratie« erschien diese Zeitung in 301 Nummern vom 1. Juni 1848 bis zum 19. Mai 1849, mit einer kurzen Unterbrechung vom 26. 9. bis zum 11. 10. 1848 als Folge des in Köln verhängten Belagerungszustandes. Sowohl ihrem politischen Niveau wie ihrer Verbreitung nach war die »Neue Rheinische Zeitung« ohne jeden Zweifel die bedeutendste demokratische Zeitung der Revolutionszeit. Ihre Veröffentlichung muß daher als der bei weitem wichtigste Beitrag von Marx zur Revolution von 1848/48 angesehen werden. Alle seine anderen politischen Aktivitäten standen demgegenüber eindeutig zurück.

Schon aus Zeitgründen war Marx gar nicht in der Lage, sich anderweitig ebenso intensiv politisch zu betätigen wie bei der Redaktion der »Neuen Rheinischen Zeitung«. Das Blatt hatte trotz aller Breitenwirkung ständig mit finanziellen Schwierigkeiten zu kämpfen. Die beiden Reisen, die Marx in seiner Kölner Zeit unternahm, dienten in erster Linie der Geldbeschaffung für die Zeitung. Unabhängig davon hielt ihn schon die reine Herausgebertätigkeit hinreichend in Atem. Er gab den Ton an und bestimmte von Anfang an die politische Linie der Zeitung. Die übrigen Redakteure, Wilhelm und Ferdinand Wolff, die Schriftsteller Ernst Dronke, Georg Weerth und (seit Oktober 1848) Ferdinand Freiligrath sowie selbst Friedrich Engels fügten sich seiner Leitung: »Die Verfassung der Redaktion war die einfache Diktatur von Marx.«[61] Nachdem sich Wilhelm Wolff, Dronke und Engels nacheinander drohender Verhaftung nur durch die Flucht aus Köln entziehen konnten, hatte Marx im Herbst 1848 außerdem vorübergehend auch noch den größten Teil der einfachen Redaktionsaufgaben zu erledigen. Sein tägliches Arbeitspensum war also gewaltig.

Wie alle seine Mitstreiter hatte auch Marx in Köln häufiger mit der Polizei und der Justiz Schwierigkeiten. Anders als diese kam er jedoch kein einziges Mal ins Gefängnis und mußte sich zunächst auch nicht vor einer Verhaftung schützen. Zwar wurde Marx in drei Fällen der Prozeß gemacht, aber am 7. Februar 1849 erfolgte für ihn und alle

Mitangeklagten in einer Presseangelegenheit von einem Geschworenengericht ebenso der Freispruch wie in einem weiteren Prozeß am folgenden Tage, in dem ihm wegen der sogenannten Steuerverweigerungskampagne »Aufreizung zur Rebellion« vorgeworfen worden war.[62] In einem dritten Prozeß kam es am 29. Mai 1849 erst zur Verhandlung, als Marx schon nicht mehr in Köln weilte. Aber auch dieser Prozeß endete sogar noch mit einem Freispruch.[63]

Ganz offensichtlich hat sich Marx also bei seinem politischen Auftreten in Köln stärker zurückgehalten als seine engeren Gefolgsleute, Engels eingeschlossen. Das kann sicherlich zum Teil damit erklärt werden, daß er als Staatenloser besonders davon bedroht war, aus Preußen ausgewiesen zu werden, ein Schicksal, das ihn dann am 19. Mai 1849 auch tatsächlich ereilte.[64] Für diese Interpretation spricht vor allem, daß Marx sich gleich nach seiner Ankunft in Köln nachdrücklich um die Wiedererlangung des preußischen Staatsbürgerrechts bemüht hat, ein Verlangen, das die rheinische Provinzialregierung aber am 3. August 1848 abschlägig beschied.[65] Doch ist damit seine auffallende politische Zurückhaltung nicht ausreichend zu erklären. Sein Handeln in der Revolutionszeit wurde vielmehr eindeutig durch die Überlegung bestimmt, die Existenz der »Neuen Rheinischen Zeitung« auf keinen Fall einem zusätzlichen politischen Risiko auszusetzen. Es war ihm wichtiger, die Zeitung als nationales politisches Sprachrohr der demokratischen Bewegung zu erhalten, als sich in politischem Aktionismus auf lokaler oder regionaler Ebene zu erschöpfen.

Es kann deshalb auch nicht überraschen, daß Marx in Köln weder an die Spitze der Arbeiterbewegung noch der bürgerlichen Oppositionsbewegung der Stadt trat. Das politische Tagesgeschäft überließ er anderen. Das galt zunächst für den Kölner Arbeiterverein. Dieser war in den Tagen der Ankunft von Marx durch Mitglieder der örtlichen Sektion des Bundes der Kommunisten gegründet worden. Er stand bald unter der Führung des charismatischen Andreas Gottschalk, der bei der Kölner Unterschicht als Armenarzt außerordentlich populär war.[66] Der in Köln weit verzweigte Arbeiterverein erreichte unter Gottschalk in kürzester Zeit Mitgliederzahlen, wie sie sonst in der Revolutionszeit wohl nicht einmal die Arbeitervereine in Berlin und in Wien aufzuweisen hatten. Es war deshalb naheliegend, daß sich Marx für den Verein interessierte. Gottschalk stand ihm ursprünglich in politischer Hinsicht auch gar nicht so fern. Er war schon vor 1848 Mitglied des Bundes der Kommunisten. Und nicht nur das: Ganz im Marxschen Sinne hatte er sich im Frühjahr 1848 in Köln nicht weiter für den geheimen Kommunistenbund, sondern für einen öffentlichen Arbeiterverein engagiert.[67] Als er dann am 11. Mai sogar aus dem Kommunistenbund ausschied,[68] lag er auch damit noch ganz auf der politischen Linie von Marx. Bezeichnenderweise unterstützte er ihn gegen die alten Londoner Bundesführer, als Marx den Versuch machte, die Kölner Sektion des Kommunistenbundes aufzulösen.[69] Der Vorstoß von Marx kann sogar eigentlich nur an demselben Tag stattgefunden haben, an dem Gottschalk den Kommunistenbund verließ. Nach dem 11. Mai hätte Marx nicht mehr die Unterstützung von Gottschalk erhalten können, weil dieser dem Geheimbund nicht mehr angehörte. Vorher kann er seinen Auflösungsantrag nicht gestellt haben, weil dann unerklärlich wäre, weshalb er am 11. Mai nochmals in einer Sitzung der Kölner Sektion anwesend war.[70] Vielleicht war das Ausscheiden des in Köln zu diesem Zeitpunkt unbestritten populärsten Arbeiterführers für Marx überhaupt der Anlaß, auf die Auflösung des kommunistischen Geheimbundes zu drängen. Jedenfalls hat er erst nach der Ankündigung von Gottschalk, aus dem Bund auszuscheiden, selbst entsprechende Konsequenzen gezogen.

Über das gemeinsame Desinteresse am Kommunistenbund hinaus gab es freilich zwischen Marx und Gottschalk kaum politische Gemeinsamkeiten. Der Kölner Arbeiterführer war weit entfernt davon, ein Marxist zu sein.[71] Er war ein sozial engagierter Demokrat, aber kein revolutionärer Sozialist. Als Arbeiterführer trat er rigoros für die organisatorische Selbständigkeit der Arbeiterbewegung ein. Die vorwiegend bürgerliche demokratische Bewegung kam für ihn, anders als für Marx, erst an zweiter Stelle. Er wollte eine reine »Arbeiterrepublik« errichten, d. h. »eine Republik, wo... das arbeitende Volk zur Anerkennung seiner Rechte komme«.[72] Das war eine einfache politische Botschaft, die von den Handwerkern und Arbeitern ohne weiteres verstanden und aufgenommen werden konnte. Hinzu kam seine hervorragende rhetorische Begabung, die, verbunden mit philantropischen Aktivitäten, Gottschalk in Köln zu überragendem öffentlichen Ansehen verhalf. Marx wäre, selbst wenn er es gewollt hätte, nicht gegen das proletarisch-demokratische Charisma des Armenarztes angekommen.

Eine Chance dazu hätte er allenfalls nur zu der Zeit gehabt, als Gottschalk am 3. Juli 1848 im Zuge der sich sammelnden Gegenrevolution verhaftet und bis zu seinem Prozeß, der im Dezember 1848 mit einem Freispruch endete, in Haft gehalten wurde. Auch in dieser Zeit blieb Marx jedoch dem Kölner Arbeiterverein zunächst fern. Zwar traten jetzt die alten Londoner Arbeiterführer Schapper und Moll, die mit Einschränkungen als seine Anhänger zu gelten hatten, an die Spitze des Vereins. Sie wurden dazu aber mit Sicherheit nicht von Marx aufgefordert, da sie sich in der politischen Praxis nur wenig von ihm beeinflussen ließen.[73] Wie selbständig sie politisch handelten, zeigte sich schon daran, daß sie gegen seinen Willen weiter am Fortbestand des Kommunistenbundes festhielten. Im Unterschied zu Marx hatte für sie im übrigen die politische Arbeit in Arbeitervereinen absoluten Vorrang vor allen anderen Aktivitäten. So waren sie es aus der Zeit der Emigration seit Mitte der dreißiger Jahre gewöhnt.[74] Konspiration im geheimen und propagandistische Aktivität in öffentlichen Vereinen schlossen sich für sie nicht aus, sondern gehörten nach ihrem politischen Verständnis unabdingbar zusammen. Daran hielten sie auch nach der Rückkehr aus der Emigration fest. Die alten Arbeiterführer machten also politisch so weiter, wie sie es gewohnt waren: Moll übernahm nach dem Ausfall Gottschalks die Präsidentschaft des Kölner Arbeitervereins, Schapper erhielt eine andere Führungsposition.[75]

Karl Marx sprang dagegen erst als Vereinspräsident ein, nachdem die preußische Regierung im September auch Schapper ins Gefängnis gebracht und Moll zur Flucht gezwungen hatte. Auch jetzt war er dazu nicht von sich aus bereit, sondern mußte erst von einer Deputation dazu gedrängt werden, an die Spitze des Arbeitervereins zu treten. Überdies gab er dem Verein nur eine bedingte Zusage: Er wollte nur »provisorisch bis zur Freilassung Dr. Gottschalks« als Präsident wirken.[76] Als Präsident des Kölner Arbeitervereins hat er dann bezeichnenderweise auch kaum das Nötigste getan. In den knapp fünf Monaten seiner nominellen Präsidentschaft war er überhaupt nur bei einer Generalversammlung des Vereins sowie bei höchstens vier der – in der Regel in wöchentlichem Abstand stattfindenden – Vorstandssitzungen anwesend.[77] Nur diese eine Generalversammlung scheint er auch als Präsident geleitet zu haben. Bei den übrigen Sitzungen ließ er sich durch den Vizepräsidenten des Vereins, zunächst durch

Peter Gerhard Röser und seit dem 19. November durch den wieder aus der Haft entlassenen Karl Schapper, vertreten.

Wichtiger als der Arbeiterverein war für Marx von Anfang an die Demokratische Gesellschaft, der er in Köln, ebenso wie Engels und Wilhelm Wolff, schon Ende Mai 1848 beigetreten und für diese – nicht für den Arbeiterverein – in den Demokratischen Kreisausschuß der rheinischen Großstadt eingetreten war.[78] Das kann kein Zufall gewesen sein. Die Bevorzugung der Demokratischen Gesellschaft gegenüber dem Arbeiterverein entsprach vielmehr durchaus dem allgemeinen demokratischen Programm, das Marx schon in den »Forderungen der Kommunistischen Partei in Deutschland« kurz vor seiner Rückkehr nach Deutschland formuliert hatte.[79] Nicht die sofortige Einführung einer proletarisch-demokratischen Republik, sondern die Herstellung einer Sozialrepublik auf der Basis einer breiten, den Mittelstand und die Arbeiterschaft umfassenden Volksbewegung war in Köln sein politisches Ziel.[80]

Nach allem, was wir bisher wissen, war Marx freilich auch in der Demokratischen Gesellschaft nicht sonderlich aktiv. Besonders auffällig ist, daß er während des rheinischen Demokratenkongresses, der am 13./14. August 1848 in Köln stattfand, weder als Organisator noch als Redner hervortrat, obwohl er die Einladung dazu selbst mitunterzeichnet hatte.[81] Bezeichnend ist auch, daß er am 25. September nicht aktiv wurde, als die preußische Polizei einen zweiten rheinischen Demokratenkongreß durch die Verhaftung einiger prominenter Führer mit Erfolg verhindern konnte.[82] Das entsprach seinem Verhalten in der sogenannten Septemberkrise von 1848, die der preußisch-dänische Waffenstillstand von Malmö in ganz Deutschland hervorrief. Bei dieser Gelegenheit ließ sich Marx zwar anscheinend auf einer großen Volksversammlung in einen ›Sicherheitsausschuß‹ wählen. Im Unterschied zu Karl Schapper und Wilhelm Wolff, aber auch zu Friedrich Engels, beteiligte er sich aber dann nicht an der Massenagitation, die von diesem in der Revolutionszeit einzigartigen Gremium in Köln betrieben wurde.[83]

Nur einmal scheint er sich als Mitglied der Demokratischen Gesellschaft in Köln stärker politisch engagiert zu haben. Anlaß dazu war die reaktionäre Wende in der Revolution, die König Friedrich Wilhelm IV. im Oktober 1848 mit der Vertagung der preußischen Nationalversammlung und der Verhängung des Belagerungszustandes in

Berlin einleitete. Der ohnmächtige Aufruf der bedrängten Nationalversammlung, als Antwort auf den königlichen Staatsstreich in ganz
Preußen so lange die Zahlung von Steuern zu verweigern, bis der
Belagerungszustand wieder aufgehoben werde, fand kaum irgendwo
ein so großes Echo wie in Köln.[84] Marx war einer der Initiatoren der
Kölner ›Steuerverweigerungskampagne‹ und stellte vor allem auch
die »Neue Rheinische Zeitung« ganz in den Dienst dieser politischen
Widerstandsaktion. Man kann insofern tatsächlich sagen, daß die,
freilich schnell zusammenbrechende, Steuerverweigerungskampagne der »einzige Aufruhr war, den Marx in seinem Leben persönlich auszulösen versuchte«.[85] Allerdings hielt er sich auch bei dieser
Gelegenheit auffällig zurück. Er bewegte sich mit der »Neuen Rheinischen Zeitung« bewußt »auf dem Stand der Emeute«, suchte aber
»trotz allen Erscheinungsbefehlen den Code Pénal« zu umschiffen.[86]
Um einer gerichtlichen Verfolgung zuvorzukommen, schränkte er
den Aufruf zur Steuerverweigerung sogar ausdrücklich auf passiven
Widerstand ein.[87] Die demokratischen Vereinsaktivitäten, die von
Marx aus seiner Kölner Zeit überliefert sind, zeigen also, daß er auch
hier kein großes politisches Risiko eingegangen ist. Er ließ sich nur in
begrenztem Umfang auf direkte Konflikte mit dem preußischen Poli-
zeistaat ein, den er publizistisch so virtuos bekämpfte. Sein politisches Handeln in der demokratischen Bewegung blieb dem obersten
Ziel untergeordnet, das Erscheinen der »Neuen Rheinischen Zeitung« auf keinen Fall zu gefährden. Die Zeitung, nicht eine politische
Organisation, war das Instrument, das er als Politiker vor allen anderen bevorzugte.

Durch sein Engagement in der demokratischen Vereinsbewegung
hat Marx aber erreicht, daß der Kölner Arbeiterverein bis zum Frühjahr 1849 nicht von dieser getrennte Wege ging. Das war angesichts
des überwältigenden nationalen Erfolges der Allgemeinen Deutschen Arbeiterverbrüderung durchaus ungewöhnlich. Seit ihrer
Gründung im Herbst 1848 hatte sich die Arbeiterverbrüderung nämlich als selbständige Arbeiterorganisation über das ganze Reichsge-
biet ausgebreitet.[88] Wenn man von Österreich absieht, hat sie bis zum
Frühjahr 1849 nur in großen Teilen der preußischen Rheinprovinz
nicht Fuß fassen können. Zwischen den Arbeitervereinen gab es hier
nicht einmal einen regionalen Zusammenschluß. Nur über die allgemeine demokratische Bewegung waren die rheinischen Arbeiterver-

eine indirekt miteinander verbunden. Diese politische Konstruktion entsprach exakt dem politischen Programm, das Marx vor Ausbruch der Revolution entworfen hatte. Proletarische und bürgerliche Demokraten sollten in Deutschland eng zusammengehen. Für die proletarische Revolution war es Marx aus gutem Grund noch zu früh.[89]

Anders stellte sich das jedoch für seine eher proletarischen Kampfgenossen aus dem Kommunistenbund dar. Eine selbständige Arbeiterorganisation blieb für sie trotz aller Unterstützung der allgemeinen demokratischen Bewegung ihr eigentliches politisches Anliegen. Sie gingen daher bei Ausbruch der Revolution fast überall in der Arbeiterbewegung auf. Besonders aufschlußreich war hierfür das Verhalten des Schriftsetzers Karl Wallau, der in Paris der Zentralbehörde des Bundes der Kommunisten angehört hatte. Als einer der ersten Bundesmitglieder kehrte er schon Ende März kurz nach Deutschland zurück. Mit den Mainzer Kommunisten Karl Adolph Cluß und Paul Stumpf gründete er in Mainz einen Arbeiterbildungsverein, der rasch mehrere hundert Mitglieder hatte.[90] Im Namen dieses Arbeitervereins erließen Wallau und Cluß am 5. April 1848 einen Aufruf »An alle Arbeiter Deutschlands«, in dem sie eine Vereinigung sämtlicher schon bestehender Arbeitervereine vorschlugen und sich selbst zu einem provisorischen Zentralkomitee des zu schaffenden Verbandes erhoben.[91] Die Mainzer scheinen daraufhin aus fast einem Dutzend deutscher Städte eine Antwort erhalten zu haben. Vor allem kam ein Kontakt mit dem soeben von Gottschalk gegründeten Kölner Arbeiterverein zustande.[92] Die Initiative war getragen von demselben erwachenden proletarischen Selbstbewußtsein, das auch das ehemalige Bundesmitglied Stephan Born im Herbst 1848 bei dem erfolgreicheren Versuch beseelte, eine gesamtdeutsche Arbeiterorganisation aufzubauen. Emphatisch sprachen die Mainzer davon, daß die »Rolle der deutschen Arbeiter in der Weltgeschichte« deutlich zu werden beginne. Der Keim zur »selbständigen Stellung der Arbeiter« müsse daher gelegt werden.[93] Das widersprach nicht nur der Sprache, sondern auch dem ganzen Inhalt nach der politischen Strategie, die Marx im Frühjahr 1848 entwickelt hatte. Als er bei seiner Rückkehr aus Paris am 8. April 1848 mit Engels in Mainz Station machte, dürfte er daher über die Mainzer Initiative alles andere als begeistert gewesen sein. Der Bericht des Bundesmitgliedes Johann Schickel vom 14. April dürfte ihn in seinen Vorbehalten gegenüber der Mainzer

Initiative noch bestärkt haben. Schickel hatte von dem Mainzer Arbeiterverein nämlich »wenig Erfreuliches« zu melden. Die Mitglieder schienen ihm durchweg »schwarz-rothgoldene Esel« zu sein, die »nicht den verworrensten Begriff von dem, was Communismus ist«, hätten.[94] Es ist deshalb nicht verwunderlich, daß die Mainzer von Marx keine Antwort erhielten, als sie am 23. April eine Meinungsäußerung zu der geplanten »Zusammenberufung der Arbeitervereins-Abgeordneten« erbaten.[95] Marx wird auch nicht unglücklich darüber gewesen sein, daß im Frühjahr 1848 keine überregionale Verbindung der rheinischen Arbeitervereine zustande kam.

Auch die alten Londoner Arbeiterführer, an ihrer Spitze Karl Schapper, waren nicht an einer öffentlichen Kooperation der Arbeitervereine interessiert, solange sie nicht sicher sein konnten, diese aus dem Verborgenen heraus durch den Kommunistenbund steuern zu können. Davon konnte im Frühjahr 1848 aber keine Rede sein. Schapper war am 20. April in Mainz »höchst erstaunt zu hören, daß, obgleich viele Mitglieder da waren, man noch keine Gemeinde organisiert hatte«.[96] In Wiesbaden, wohin Wallau, der Initiator des Mainzer Aufrufs, inzwischen gegangen war, stellte Schapper Ähnliches fest. Vor allem aber stand der Kölner Arbeiterverein zu dieser Zeit noch ganz unter dem Einfluß seines Gründers Gottschalk, der sich der Bindung an den Kommunistenbund zu entziehen suchte. Schapper stimmte deshalb zu dieser Zeit mit Marx, wenn auch aus unterschiedlichen Gründen, in der negativen Einschätzung der überregionalen proletarischen Vereinsbemühungen überein.

Seit Anfang 1849 stellte sich dies für ihn jedoch ganz anders dar. Der Bund der Kommunisten war am Jahresende 1848 reorganisiert worden.[97] Vor allem aber war Schapper seit dem 28. Februar Präsident des Kölner Arbeitervereins, und er blieb dies bis zu seinem Weggang aus Köln am 21. Mai 1849.[98] Bald nach seiner Wahl hatte er im Kölner Arbeiterverein auch eine grundlegende Statutenreform durchsetzen können. Die neue Vereinssatzung entsprach der der übrigen Arbeitervereine in Deutschland. Auch wenn sie noch keinen Zusammenhang mit einer überregionalen Organisation erkennen ließ, war sie doch deutlich auf eine solche hin angelegt.

Den Anstoß zu dieser Statutenänderung hatte zweifellos die Begegnung mit Stephan Born gegeben. Dieser war auf der Rückreise von einem Kongreß südwestdeutscher Arbeitervereine in Heidelberg

Anfang Februar auf der Heimreise durch Köln gekommen, um dort seine alten Freunde aus dem Kommunistenbund zu treffen.[99] Es spricht alles dafür, daß er bei dieser Gelegenheit vor allem Karl Schapper dazu überreden konnte, die Verbindung des Kölner Arbeitervereins zu den Demokraten aufzugeben und den Anschluß an das Leipziger Zentralkomitee der Arbeiterverbrüderung zu suchen. Es kann jedenfalls kein Zufall sein, daß gerade anläßlich der Statutenänderung in der Verbandszeitschrift der Arbeiterverbrüderung erstmals über den Kölner Arbeiterverein berichtet wurde.[100]

Als dann der Kölner Arbeiterverein am 11. April 1849 die Initiative zu einem regionalen Zusammenschluß aller rheinischen Arbeitervereine ergriff, geschah dies wahrscheinlich ohne Wissen von Marx. Der Vorstand des Arbeitervereins beschloß zwar ziemlich gleichzeitig, die Schrift von Marx über »Lohnarbeit und Kapital« in allen seinen Filialen zu diskutieren.[101] Es ist jedoch auffällig, daß der Aufruf vom 11. April nicht in der »Neuen Rheinischen Zeitung«, sondern in der »Neuen Kölnischen Zeitung« veröffentlicht wurde.[102] Das spricht nicht für eine von Marx ausgehende Initiative. Als Marx am 14. April gemeinsam mit Wilhelm Wolff, Anneke und Karl Schapper aus dem Demokratischen Kreisausschuß austrat, geschah auch dies wieder »auf Wunsch des Arbeitervereins, der nur in Verbindung mit Arbeitervereinen treten will«.[103] Und wenn der Austritt damit begründet wurde, daß »die jetzige Organisation der demokratischen Vereine zu viele heterogene Elemente in sich« schließe, weshalb dieser »eine engere Verbindung der Arbeitervereine, da dieselben aus den gleichen Elementen bestehen, vorzuziehen« sei, widersprach das der gesamten bisherigen politischen Strategie von Marx in der Revolutionszeit.[104] Marx war zwar 1849 zunehmend zu der Einsicht gekommen, daß die ›Kleinbürger‹ ihre revolutionäre Aufgabe nicht erfüllt hätten.[105] Doch hat er ebenso wie Engels das Konzept der volksrevolutionären Einheitsfront im Frühjahr 1849 noch keineswegs aufgegeben, wie sein weiteres politisches Verhalten nur allzu deutlich zeigen sollte. Wie hätte ihm auch entgehen sollen, daß eine rein proletarische Revolution im Frühjahr 1849 in Deutschland weniger denn je zuvor eine Chance hatte!

Nach dem Austritt aus dem Demokratischen Kreisausschuß hat sich Marx auch keineswegs wieder im Arbeiterverein engagiert. Noch am selben Tag begab er sich vielmehr auf Reisen nach Norddeutschland, um Geld für die »Neue Rheinische Zeitung« einzutreiben. Die entscheidenden Beschlüsse sind denn auch im Kölner Arbeiterverein in seiner Abwesenheit gefallen. Es muß also Schapper gewesen sein, der die Generalversammlung des Arbeitervereins am 16. April zum Austritt aus dem Verband der demokratischen Vereine Deutschlands und zum Anschluß an den sich neu formierenden Verband der deutschen Arbeitervereine in Leipzig bewegt hat. Eindeutig war es auch die Sprache Schappers, nicht die von Marx, die am 23. April 1849 den Aufruf des Kölner Arbeitervereins zu einem vorbereitenden Provinzialkongreß der rheinischen Arbeitervereine in Köln prägte. Als Teilnahmekriterium für den Kongreß, die Anerkennung der »Grundsätze der socialen Demokratie« festzulegen – das entsprach den Vorstellungen einer Arbeiterdemokratie, die Schapper mit Born vereinte, nicht aber mit Marx.[106] Marx wurde auf dem Aufruf vom 23. April ausdrücklich auch als »abwesend« aufgeführt.[107]

Der Kölner Regionalkongreß der rheinischen Arbeitervereine kam ebenso wie der Nationalkongreß der Arbeitervereine in Leipzig nicht mehr zustande. Es ist deshalb schwer zu sagen, wie Marx sich zu diesen politischen Verselbständigungsbemühungen der Arbeiter am Ende gestellt hätte. In der letzten Nummer der »Neuen Rheinischen Zeitung« vom 19. Mai 1849, die bekanntlich mit roten Lettern gedruckt wurde, hinterließ er den Kölner Arbeitern das Versprechen, weiterhin für die »Emanzipation der arbeitenden Klasse« zu kämpfen. Zugleich warnte er »die Arbeiter Kölns« jedoch eindringlich vor jedem Putschversuch.[108] Das läßt vor allem die Sorge erkennen, sie könnten, auf sich allein gestellt, zu früh losschlagen.

Im übrigen hielt Marx an seiner bisherigen Linie fest, sich mehr in der bürgerlichen als in der proletarischen Revolutionsbewegung direkt zu engagieren. Nachdem er in Köln die »Neue Rheinische Zeitung« liquidiert hatte, begab er sich mit Engels geradewegs nach Frankfurt, um hier mit der parlamentarischen Linken Kontakt aufzunehmen. Den Zugang zu den an sich wenig geliebten Parlamentariern dürfte ihnen ihr alter Mitstreiter Wilhelm Wolff verschafft haben, der im Mai 1849 überraschend noch in die Nationalversammlung als Abgeordneter nachgerückt war.[109] Der Versuch von Marx, die demokratischen Abgeordneten zum bewaffneten Aufstand zu animieren, schlug allerdings ebenso fehl wie der umgekehrte, die Führer des badischen Aufstandes zum Marsch auf Frankfurt zu bewegen. Ende Mai landeten Marx und Engels schließlich in Kaiserslautern, dem Sitz der provisorischen Revolutionsregierung. Auch hier hatten sie einen Kontaktmann, den Arzt Dr. Karl D'Ester.[110] Schon vor 1848 Mitglied der Kölner Sektion des Kommunistenbundes, war D'Ester vom ersten Zusammentreten bis zur Auflösung der Preußischen Nationalversammlung deren Mitglied gewesen, ehe er im Mai 1849 in die Pfalz floh. Hier gehörte er zur ›Roten Kamerilla‹ der provisorischen Reichsregierung.[111] Er trat dabei nach wie vor als Vorsitzender des nur noch auf dem Papier bestehenden Zentralausschusses der demokratischen Vereine auf, zu dem er im Oktober 1848 auf dem zweiten Kongreß der demokratischen Vereine in Berlin gewählt worden war.[112] Von D'Ester wurde Marx angeblich mit dem Mandat versehen, in Paris »bei den französischen Sozialdemokraten die deutsche revolutionäre Partei zu vertreten«.[113] Dieser Auftrag konnte freilich nicht die merkwürdige Tatsache aus der Welt schaffen, daß Marx in den letzten Tagen der Revolution der Entscheidung auswich, persönlich am bewaffneten Kampf teilzunehmen. Schon damals mußte er sich gegen öffentliche Vorwürfe wehren, er habe sich nach Paris zurückgezogen.[114] Später wurde sein Verhalten ungewollt auch von Engels bloßgestellt. Wenn dieser rückblickend pathetisch davon sprach, beim Ausbruch des Bürgerkriegs »die einzige Stellung« eingenommen zu haben, welche die ›Neue Rheinische Zeitung‹ in dieser Bewegung einnehmen konnte: die des Soldaten«,[115] so traf das außer für ihn selbst z. B. für Wilhelm Wolff zu, nicht aber für Marx. Die ganze badisch-pfälzische Revolution hielt Marx überhaupt bloß für einen »Ulk«. Daß Engels daran teilgenommen hatte, schien ihm allein nur aus dem Grunde sinnvoll gewesen zu sein, weil er dadurch »die schönste Gelegenheit« erhalten habe, darüber »eine Geschichte oder ein Pamphlet« zu schreiben.[116]

Marx blieb seinen Grundsätzen also auch in der politischen Niederlage treu: Nicht die Vereinssitzung, nicht die Volksversammlung und schon gar nicht der Straßenkampf waren sein politisches Aktionsfeld, sondern immer in erster Linie der Schreibtisch. Kaum war der revolutionäre Brand überall in Europa erloschen, suchte er auch schon wieder »eine politisch-ökonomische Zeit(Monats)Schrift« zustande zu bringen.[117] Als in Deutschland daraus nichts mehr wurde, setzte er seine Hoffnungen auf London. »In London habe ich *positive* Aussicht, ein deutsches Journal zu stiften«, schrieb er am 23. August an Engels.[118] In Frankreich konnte er ohnehin nicht bleiben: Die französische Regierung hatte ihn in das Departement Morbihan verwiesen, die »Pontinischen Sümpfe der Bretagne«. Marx sah das nicht ganz zu Unrecht als einen »verkleideten Mordanschlag« an.[119] Ungefähr am 26. August 1849 traf er in London ein, zum drittenmal in seinem Leben. Von meist kurzen Reisen abgesehen, sollte er die zweite Hälfte seines Lebens hier verbringen. London wurde zur eigentlichen Heimat des staatenlosen Emigranten, ohne dies freilich je auch im politischen Sinne zu sein.

Nach der Revolution

Es ist nicht genau bekannt, wann Marx in London wieder in den Bund der Kommunisten hineinfand. Fest steht nur, daß im Herbst 1849 »die meisten Mitglieder der früheren Zentralbehörden und Kongresse wieder in London zusammenkamen«.[120] Im September wurde Marx gemeinsam mit Heinrich Bauer und Carl Pfänder in einen Ausschuß zur Unterstützung deutscher politischer Flüchtlinge gewählt.[121] Er muß also zu diesem Zeitpunkt mit den alten kommunistischen Bundesführern zumindest schon wieder in engem Kontakt gestanden haben. Ende des Jahres hat er dann der Bundesführung auf Empfehlung von Engels vorgeschlagen, August Willich in die Zentralbehörde aufzunehmen.[122] Und um die Jahreswende 1849/50 forderte er das alte Bundesmitglied Peter Röser auf, in Köln wieder eine Sektion des Kommunistenbundes zu gründen.[123] Noch am 19. Dezember hatte er jedoch in einem Brief an Joseph Weydemeyer, der schon vor 1848 zu seinen engeren Gefolgsleuten gehört hatte, den Kommunistenbund mit keinem Wort erwähnt.[124] Das läßt darauf schließen, daß er wahrscheinlich überhaupt erst Ende Dezember 1849 wieder in diesem aktiv geworden ist. Auf jeden Fall ist auszuschließen, daß die Initiative zur Reorganisation des Kommunistenbundes nach dem Ende der Revolution von Marx ausging.[125] Er berichtete später selbst, daß er bei seiner Ankunft in London schon »die Trümmer der dortigen Zentralbehörde rekonstituiert und die Verbindung mit den wiederhergestellten Kreisen des Bundes in Deutschland erneuert« fand.[126]

Marx steckte in London zunächst auch »bis über die Ohren in Arbeit«,[127] um das erste Heft der »Politisch-ökonomischen Revue« fertigzustellen, die als Fortsetzung der »Neuen Rheinischen Zeitung« erscheinen sollte.[128] Wie gewohnt stellte er somit wieder die publizistische vor die organisatorische Tätigkeit. Wohl als einziger unter den von den Gegnern der Revolution Verfolgten setzte er weiterhin konsequent auf das öffentliche Wort. Die geheime Organisation scheint ihn zunächst überhaupt nur deshalb wieder interessiert zu haben, weil sie ihm für die neue Zeitschrift als Verteiler dienen konnte. Als Konrad Schramm im Januar 1850 als ›Emissär‹ nach Amerika geschickt werden sollte, um dort Geld für die »Revue« aufzutreiben, sprach Marx ausdrücklich von einer »Bundesangelegenheit«.[129] Und Joseph Weydemeyer, Ferdinand Freiligrath, Hermann Ewerbeck, Ernst Dronke und Ferdinand Lassalle wurden von ihm ganz offensichtlich nur deshalb als ehemalige Bundesmitglieder angeschrieben, weil er sich von ihnen eine Verbreitung der »Revue« erhoffte. Von sonstigen Bundesaktivitäten war im Briefwechsel mit diesen Anhängern sonst kaum die Rede.[130] Auch die Bundesmitglieder in Lachauxdefonds, die sich Mitte Januar an Willich gewandt hatten, wurden von Marx in erster Linie gebeten, ihr »Bestes für die Revue« zu tun.[131]

Wenn auch nur ungern, fand Marx sich allerdings schon seit Ende November 1849 dazu bereit, im kleinen Kreise und im deutschen Arbeiterbildungsverein Vorträge über politische Ökonomie zu halten.[132] Er entwickelte dabei »ein merkwürdiges Talent der Popularisierung«.[133] Nicht weil er etwa Schwierigkeiten hatte, sich auf das intellektuelle Niveau der Arbeiter einzustellen, überließ Marx also anderen die Kaderarbeit im Kommunistenbund, er hatte vielmehr nach wie vor andere politische Präferenzen.

Aufgrund seiner alle überragenden politischen Intelligenz mochte Marx der Überzeugung sein, daß die Londoner Bundesführung seiner ohnehin bedürfe, sobald es um die politische Neuorientierung des reorganisierten Bundes ginge. Wie sich bald erweisen sollte, war der Autor des »Kommunistischen Manifests« in dieser Hinsicht tatsächlich unentbehrlich. Keiner von den Mitgliedern der kollektiven Bundesführung, von Engels einmal abgesehen, war sonst in der Lage, einen programmatischen Text für die Bundesmitglieder zu formulieren. Allenfalls hätte dies vielleicht noch Karl Schapper tun können; aber der kam erst im Juli 1850 nach London.[134] Ein solcher Grundsatztext wurde benötigt, als die Zentralbehörde des Kommunistenbundes Anfang 1850 den Schuhmacher Heinrich Bauer als Emissär nach Deutschland schicken wollte. Bauer sollte versuchen, dort den Geheimbund wieder aufzubauen. Seine schon Ende 1849 geplante Abreise verzögerte sich aber um mehrere Monate. Er fuhr erst Ende März 1850 nach Köln.[135] Das kann an dem notorischen Geldmangel des Bundes gelegen haben, an dem nachweislich zur gleichen Zeit die Reise eines anderen Emissärs nach Amerika scheiterte.[136] Ebenso wahrscheinlich ist jedoch die Annahme, daß Marx sich, wie schon bei der Abfassung des »Kommunistischen Manifests«, mit dem Entwurf des Grundsatztextes Zeit gelassen hat. Er war zu dieser Zeit ja vollauf mit seiner »Politisch-ökonomischen Revue« beschäftigt. Erst im März 1850 scheint er einen Text, das später als »Ansprache der Zentralbehörde des Bundes der Kommunisten« bekannt gewordene Rundschreiben, vorgelegt zu haben. Die »Ansprache« wurde nach seinen Angaben von ihm gemeinsam mit Engels »verfaßt«.[137] Engels berichtete später, sie sei von ihm und Marx »redigiert« worden.[138] Das läßt darauf schließen, daß der Text dieser Adresse »kollektiv diskutiert« und vielleicht »teilweise überarbeitet« worden ist.[139] Auf jeden Fall wurde über sie schließlich in der Zentralbehörde förmlich abgestimmt, wobei die »Ansprache« einstimmig gebilligt wurde.[140]

Ähnlich wie das »Kommunistische Manifest« gibt die »Ansprache« also keineswegs nur die politischen Ansichten von Marx und Engels wieder. Es handelt sich vielmehr um ein offizielles Strategiepapier der gesamten Bundesführung, in das verschiedene politische Auffassungen eingegangen sind.[141] Nur so wird verständlich, weshalb der von Marx seinerzeit nicht gebilligte Versuch der Londoner Zentralbehörde, den Bund zu reorganisieren, jetzt durchaus positiv gewürdigt wurde. Die Feststellung der »Ansprache«, die einzelnen Sektionen des Kommunistenbundes hätten in der Revolutionszeit »ihre Verbindung mit der Zentralbehörde erschlaffen und allmählich einschlafen« lassen, muß sogar als Kritik am Verhalten von Marx angesehen werden.[142] Während der Revolutionszeit hatte es schließlich durchaus nicht der politischen Strategie von Marx entsprochen, die Selbständigkeit der Arbeiterbewegung zu betonen. Jetzt aber instruierte die Zentralbehörde die Mitglieder des Kommunistenbundes, unabhängig von den bürgerlichen Demokraten »eine selbständige, geheime und öffentliche Organisation der Arbeiterpartei herzustellen und jede Gemeinde *zum Mittelpunkte* und Kern von Arbeitervereinen zu machen«.[143] Das war nahezu das Gegenteil von dem, was Marx in der Revolutionszeit aus gutem Grund den Arbeitern gepredigt hatte. Wie konnte er dem zustimmen?

Seine politische Grundauffassung, daß die bürgerliche Revolution der proletarischen vorangehen müsse, war nicht erschüttert. Um aber davon überhaupt noch etwas durchsetzen zu können, mußte Marx sich auf die Kompromißformel von der ›Revolution in Permanenz‹ einlassen.[144] Für ihn stand zwar nach wie vor fest, daß die Arbeiter in Deutschland nicht »zur Herrschaft und zur Durchsetzung ihrer Klasseninteressen kommen können, ohne einen längeren revolutionären Entwicklungsgang durchzumachen«.[145] Mit der Forderung, »*die Revolution permanent zu machen*«, wurden für die ungeduldigen Arbeiterführer jedoch die bürgerliche und die proletarische Revolution gleichsam zusammengezogen.[146] Die bürgerliche Revolution sollte nach ihrer Vorstellung übergangslos in die proletarische umschlagen. Die Zusammenarbeit im Kommunistenbund konnte auf dieser Basis eine Zeitlang gutgehen. Bei der Sitzung der Zentralbehörde, die am 15. September 1850 zur Spaltung des Bundes führen sollte, zeigte sich jedoch, daß sich der Glauben an einen gesetzmäßigen Verlauf der Revolution auf die Dauer nicht mit einem revolutionären Volontarismus vereinbaren ließ.[147] Die gemeinsame Beschwörung der ›Revolution in Permanenz‹ hatte das eine Weile verdecken, die fundamentalen Gegensätze innerhalb des Kommunistenbundes jedoch nicht aufheben können.

Schon das zweite Rundschreiben der nachrevolutionären Bundesführung, die sogenannte »Juni-Ansprache«, hatte gezeigt, daß innerhalb der Zentralbehörde des Kommunistenbundes keine Übereinstimmung mehr erzielt werden konnte. Nach allem, was wir wissen, ist diese zweite »Ansprache« mit an Sicherheit grenzender Wahrscheinlichkeit nicht von Marx und Engels redigiert oder gar verfaßt worden.[148] Marx und Engels haben, anders als im Fall der »März-Ansprache«, später für die »Juni-Ansprache« auch zu keiner Zeit eine Autorschaft reklamiert.[149] Zu Gustav Adolf Techow, dem ehemaligen Generalstabschef der pfälzischen Revolutionsarmee, sagten sie offenbar im August 1850, »die Absicht, das Zirkular abzufassen, hätten sie durchaus nicht gehabt«.[150] Der Kölner Kommunist Röser will sogar gehört haben, Marx und Engels hätten »auf das Entschiedenste gegen die Ansprache protestiert und sich gegen jede Übertreibung erklärt«.[151] Als reichlich übertrieben erscheint in der Tat die Erfolgsbilanz, welche die Zentralbehörde in der »Juni-Ansprache« über ihre bisherige Tätigkeit vorlegte. So scheute man sich nicht, die phantastischen Berichte des Emissärs Karl Bruhn über angebliche Verbindungen zu militärischen Kreisen in Schleswig-Holstein für bare Münze zu nehmen, obwohl man gleichzeitig die Ausstoßung Bruhns aus dem Kommunistenbund mitteilte.[152] Insgesamt werden in der »Juni-Ansprache« 18 deutsche Städte aufgezählt, in denen der Kommunistenbund im Sommer 1850 angeblich Sektionen gebildet hatte. In Wahrheit gab es in den meisten Städten allenfalls einzelne Kontaktleute. Außer vielleicht in Frankfurt gab es eine wirklich aktive Sektion im Grunde nach wie vor nur in Köln.

Trotz allem standen Marx und Engels am Ende aber zu der »Juni-Ansprache«.[153] Der Emissär Karl Wilhelm Klein, der Anfang Juni 1850 ein handgeschriebenes Exemplar des Textes nach Köln brachte und von dort aus für die weitere, allerdings zu rascher Entdeckung durch die Polizei führende Verbreitung sorgte, ist nicht gegen ihren Willen gereist. Peter Röser bestätigte am 18. Juni Karl Marx ausdrücklich, die »bewußten Sachen« von Klein erhalten zu haben.[154] Nachträglich sollen Marx und Engels sogar sehr zufrieden gewesen sein, weil die »Ansprache« »gut gewirkt« habe.[155] Das wäre vor allem deshalb verständlich, weil darin die organisatorischen Eigenmächtigkeiten der Kölner Gemeinde des Bundes verurteilt wurden, denen auch Marx kritisch gegenüberstand.[156] In einem privaten Brief an Heinrich Bürgers scheint Marx die Kölner am 25. Juni jedenfalls heftig kritisiert zu haben. Daniels bezichtigte er des »post-festum-Klugseins«;[157] der gesamten Kölner Sektion des Bundes warf er vor, sich in Deutschland ungerechtfertigterweise zum leitenden Zentrum des Bundes aufgeschwungen zu haben: »Köln kann so gut wie jeder andere Ort sich zu einem beliebigen Zentrum erklären. Es wird sogar besser wie irgendein anderer Ort der spinozistischen Erklärung entsprechen, wo die Peripherie mit dem Zentrum zusammenfällt.«[158] Der höhnische Unterton des Briefes ist bemerkenswert. Die Kölner hatten sich in den Augen von Marx ausschließlich zum Führungsorgan über sich selbst ernannt. Ihnen unterstehende Sektionen in anderen Städten des Rheinlandes gäbe es nicht. Tief gekränkt verwahrten sich die Kölner Kommunisten förmlich gegen eine solche »gehässige

Insinuation« und warfen Marx »unbrüderliches Verhalten« vor.[159] Daniels empfand es darüber hinaus als »zum wenigsten taktlos«, daß Marx ihn aus der Ferne beleidige.[160]

Genau in den Tagen, in denen die Entrüstung der Kölner Kommunisten über Marx am größten war, traf Karl Schapper auf dem Weg nach London in der Domstadt ein.[161] Das muß die Ursache dafür gewesen sein, daß er bei seiner Ankunft in London entschieden für die Kölner Partei nahm. Die zuvor schon bestehenden Spannungen im Führungsorgan des Kommunistenbundes wurden dadurch erheblich verschärft. Die Mitglieder der Zentralbehörde spalteten sich in zwei Fraktionen auf, die einander mit zunehmender Erbitterung bekämpften. Auf der einen Seite standen Marx und Engels. Die andere Seite wurde von Karl Schapper und August Willich angeführt. Zweifellos handelte es sich um höchst ungleiche Gegner. Den keiner bestimmten sozialen Schicht zuzuordnenden Intellektuellen standen zwei soziale Absteiger gegenüber. Der adelige August von Willich gehörte wie Friedrich Anneke, Friedrich Karl Ludwig von Beust, Hermann Korff, Karl von Bruhn, Gustav Adolf von Techow, Alexander Schimmelpfennig von der Oye und Joseph Weydemeyer zu der nicht unbeträchtlichen Gruppe preußischer Offiziere, die in der Revolutionszeit den Dienst quittierten und auf die Seite der Revolution überwechselten. Im Unterschied zu den anderen Offizieren hatte Willich nach seinem Ausscheiden aus dem Heer jedoch ein Handwerk erlernt.[162] Das verband ihn mit dem ehemaligen Forststudenten Schapper, der nach seiner Flucht aus Deutschland zunächst Bierbrauer und dann Schriftsetzer geworden war.[163] Beide konnten sich somit der Arbeiterschaft unmittelbar verbunden fühlen, wenn sie dieser auch ihrer Herkunft nach nicht angehörten. Das stärkte ihr Selbstbewußtsein gegenüber Marx und Engels, denen sie intellektuell freilich gänzlich unterlegen waren. Willichs Renommé im Kommunistenbund entsprach im übrigen seiner militärischen Kompetenz, die er 1849 als Führer eines Freikorps im badisch-pfälzischen Aufstand erworben hatte. Engels hatte ihn seinerzeit gerade deswegen für die Aufnahme in den Kommunistenbund empfohlen.

In der Auseinandersetzung zwischen den beiden Fraktionen des Kommunistenbundes ging es sowohl um das bessere politische Programm als auch um die politische Führung im Kommunistenbund. Marx erkannte bezeichnenderweise die »prinzipiellen Differenzen«

hinter den »persönlichen Differenzen«.[164] Schapper und Willich sahen das umgekehrt. Für sie waren »anstelle des Prinzips Personen getreten«.[165] Der Streit zog sich mehrere Monate hin, ehe es am 15. September 1850 endgültig zur Spaltung des Bundes kam. Beide Fraktionen kämpften dabei um die Mehrheit in der zehnköpfigen Zentralbehörde, der außer dem Kaufmann Konrad Schramm und dem Miniaturmaler Konrad Pfänder die Arbeiter-Handwerker Heinrich Bauer, Johann Georg Eccarius, Salomon Fränkel und Adalbert Lehmann angehörten.[166] Beiden Seiten waren dabei ziemlich alle Mittel recht bis hin zu einem persönlichen Zusammenstoß, der zu einem Duell zwischen Willich und Konrad Schramm führte.[167]

Marx hat sich in diesen Auseinandersetzungen stark engagiert und dabei erstmals auch in die Niederungen politischer Intrigen und organisatorischer Grabenkämpfe begeben. So soll er versucht haben, Techow, der gleich Willich im pfälzischen Aufstand seine revolutionären Meriten erworben hatte, in die Zentralbehörde aufzunehmen, obwohl dieser bis dahin noch nicht einmal Mitglied des Kommunistenbundes gewesen war. Als Grund gab er an, »eine militärische Größe« als Gegengewicht gegen Willich zu benötigen.[168] Auch wenn bei dieser Werbeaktion offenbar viel Wein im Spiel und Marx »vollständig besoffen« war,[169] hat die Unterhaltung doch zweifellos stattgefunden. Marxens späterer Versuch, den Bericht Techows zu widerlegen, mißlang nämlich gründlich.[170] Sehr geschickt scheint Marx zunächst auch den Versuch von Willich unterlaufen zu haben, in einer Generalversammlung der Mitglieder aller Londoner Sektionen des Kommunistenbundes eine Entscheidung im Streit der Fraktionen herbeizuführen. Willich hatte am 5. September verlangt, daß die Zentralbehörde die Einberufung einer solchen Generalversammlung beschließen möge.[171] Marx verstand es jedoch, dies »unter allen möglichen Ausflüchten« zu verschieben. Alle Vorstöße von Willich soll er mit der Bemerkung abgewehrt haben: »Ihr könnt machen, was Ihr wollt, wir werden doch die Majorität haben.«[172] Erst als Willich am 14. September in der der Zentralbehörde unterstehenden Londoner Kreisbehörde des Kommunistenbundes einen entsprechenden Mehrheitsbeschluß durchsetzte, sah sich Marx zum Handeln gezwungen.[173] Er berief in aller Eile auf den nächsten Tag eine außerplanmäßige Sitzung der Zentralbehörde ein. Um ihre Umfunktionierung zu einer Generalversammlung zu verhindern, scheint er die Sitzung nicht an dem gewohnten Versammlungsort, sondern in einem anderen Lokal angesetzt zu haben.[174] Pfänder, Bauer und Eccarius, die zuvor eher auf der Seite von Willich und Schapper gestanden hatten, scheinen von ihm schließlich zuvor insgeheim umgestimmt worden zu sein. Eccarius soll er dabei dadurch gewonnen haben, daß er ihn »als den einzigen wirklichen intelligenten Proletarier erklärte«.[175] Marx hatte mit diesem bemerkenswert geschickten taktischen Vorgehen Erfolg. Entgegen den Erwartungen von Schapper und Willich hatte er bei der entscheidenden Sitzung die Majorität der Zentralbehörde hinter sich, keine Zufallsmehrheit, wie später Lenin mit den ›Bolschewiki‹, sondern tatsächlich die absolute Mehrheit der Mitglieder in der Zentralbehörde.

Die Vorstandsmehrheit überrumpelte die Minderheit, zu der neben Schapper und Willich nur die Handwerker Albert Lehmann und Salomon Fränkel gehörten, mit dem Beschluß, in London zwei getrennte ›Kreise‹ des Kommunistenbundes zu bilden und die Zentrale nach Köln zu verlegen.[176] Kurioserweise berief Marx sich bei diesem Vorschlag darauf, »unsere Sache statutengemäß« abgemacht zu haben, obwohl es sich um ein ähnlich satzungswidriges Verfahren handelte, wie es von ihm schon 1848 mehrfach praktiziert worden war.[177] Zudem hatte Marx zuvor die ohne seine Mitwirkung entstandenen Statuten vom Herbst 1848 immer als ›aufgehoben‹ angesehen.[178] Selbst auf der Sitzung vom 15. September hatte er sie zunächst für ungültig erklärt und der neuen Zentralbehörde in Köln aufgegeben, neue Statuten zu entwerfen.[179] Es war deshalb nicht ganz falsch, wenn Schapper und Willich das Vorgehen von Marx und Engels als »Staatsstreich im kleinen« bezeichneten.[180] Sie hatten allerdings zuvor ebenfalls satzungswidrig versucht, die Mittelinstanz des Kommunistenbundes in Köln (die ›Kreisbehörde‹) zu einer »allgemeinen deutschen Kreisbehörde« aufzuwerten.[181] Insofern wurden sie von Marx durch die Verlegung der Bundesführung von London nach Köln nur übertrumpft.

Marx konnte seine Widersacher im Führungsorgan des Kommunistenbundes freilich nicht völlig ausmanövrieren. Seine Mehrheit in der Zentralbehörde entsprach keineswegs einer Mehrheit in der Londoner Mitgliedschaft des Kommunistenbundes. Schapper und Willich hatten keine Mühe, in der Londoner Kreisbehörde einen einstimmigen Beschluß herbeizuführen, durch den die unterlegene

Minderheit der ehemaligen Zentralbehörde, erweitert um drei weitere Mitglieder, zu einer provisorischen Bundesführung erhoben wurde. Marx und Engels wurden gleichzeitig mit sieben ihrer Parteigänger aus dem Kommunistenbund ausgeschlossen.[182] Die marxtreue Kölner Zentralbehörde antwortete darauf einige Monate später mit dem Ausschluß der Gegenseite.[183] Das alles entsprach längst nicht mehr den Statuten des Kommunistenbundes, sofern diese überhaupt noch gültig waren. Weder die von Marx am 15. September durchgesetzte Übertragung der Bundesführung auf die Kölner Kreisbehörde noch die Neubildung einer Zentralbehörde durch die Londoner Kreisbehörde waren mit der Bundessatzung zu vereinbaren. »Was die formelle Legalität anlangt, so hatten beide Parteien den Weg der Statuten verlassen, denn hiernach hätten beide an den Kongreß appellieren müssen.«[184] Die Auseinandersetzung der beiden Fraktionen des Kommunistenbundes war zu einem Machtkampf zweier voneinander getrennter Führungscliquen herabgesunken. Beide Seiten konnten sich dabei gleichermaßen als rechtmäßige Erben des bisherigen Kommunistenbundes betrachten, beide hatten aber die Bundesführung letzten Endes usurpiert. Es ist deshalb irreführend, den von Marx und Engels geführten Bund als den Alleinerben des alten Kommunistenbundes und den von Schapper und Willich geführten als ›Sonderbund‹ anzusehen.[185] Das entspricht zwar der späteren Sichtweise von Marx. Fast mit dem gleichen Recht könnte jedoch auch der von Marx geführte Kommunistenbund als ›Sonderbund‹ angesehen werden. Für die Gegenseite bestand nämlich überhaupt bloß eine ›Marx-Engelssche Clique‹.[186] Man gestand dem Marx-Engelsschen Bund also nicht einmal eine organisatorische Eigenexistenz zu. Daß die Kölner sich für Marx und Engels entschieden hatten, führte man auf eine von London aus gestellte Falle zurück, glaubte aber, »daß die Kölner über kurz oder lang zur Besinnung kommen würden«.[187]

Das übersteigerte Selbstbewußtsein von Schapper und Willich entsprang der durchaus irrigen Auffassung, Marx und Engels seien »selbst unfähig, das Geringste zu organisieren oder etwas Praktisches durchzuführen«.[188] Es wurde nach der Spaltung des Kommunistenbundes noch verstärkt, als sich außer den Kölnern alle anderen Sektionen des Kommunistenbundes an ihren Bund anschlossen und nicht an den von Marx und Engels: Die Bundesgemeinden in Paris, Straßburg und Valenciennes traten sofort auf ihre Seite;[189] die in Brüssel, sowie in Genf und Lachauxdefonds folgten, nachdem die letztere im Mai 1851 noch einen vergeblichen Versöhnungsversuch zwischen den beiden Kommunistenbünden gemacht hatte.[190]

Die Kölner Zentralbehörde blieb zwar nicht untätig, konnte auch durch die Entsendung von vier Propagandisten in Deutschland einzelne Mitglieder für sich gewinnen. Was sie in ihrem ersten Rechenschaftsbericht im Dezember 1850 vorlegte, konnte jedoch nur eine »nicht schmeichelhafte Schilderung der Bundesverhältnisse in Deutschland« sein.[191] Einen im Frühjahr 1851 fälligen Bericht haben die Kölner offenbar gar nicht erst mehr geschrieben. Die Politik der Kölner Bundesführung war somit gescheitert, noch ehe die preußische Polizei im Mai 1851 damit begann, ihre Mitglieder nach und nach zu verhaften.

Marx wollte das allerdings bis zuletzt nicht wahrhaben. Noch am 21. Mai 1851 glaubte er, »ganz gute Nachrichten aus Deutschland« erhalten zu haben. Die Kölner seien sehr tätig. In wenigen Wochen würden sie einen »kommunistischen Kongreß« abhalten.[192] Erstaunlicherweise hatte Marx jedoch 1851 überhaupt nicht mehr mit den Mitgliedern der Kölner Zentralbehörde (Peter Röser, Heinrich Bürgers und Karl Otto), sondern nur noch mit Heinrich Becker und Roland Daniels korrespondiert.[193] Es ist deshalb die Frage zu stellen, inwieweit Marx überhaupt von dem Unvermögen der Kölner Zentralbehörde wußte, die Organisationsstruktur des Bundes wesentlich zu erweitern.

Auch in London war Marx als Organisator des Bundes nicht gerade erfolgreich. Nach der Spaltung des alten Kommunistenbundes war er gezwungen, mit seinen Anhängern aus dem 1840 von Karl Schapper mitbegründeten deutschen Arbeiterverein in der Londoner Windmill Street auszutreten.[194] Das hatte zur Folge, daß er in diesem öffentlichen Arbeiterverein nicht mehr wie bisher Mitglieder für den Kommunistenbund anwerben konnte.[195] Gegenüber seinen Widersachern war das, wie sich bald herausstellen sollte, ein entscheidender Nachteil, da auch alle seine Versuche, den von Schapper und Willich beherrschten Arbeiterverein durch Druck von außen und durch Unterwanderung von innen in die Hand zu bekommen, scheiterten.[196] Erst im Dezember 1851 gelang es Marx, einige Arbeiter von Schapper und Willich zu sich herüberzuziehen. »Mit diesen Straubingern«, schrieb er triumphierend an Engels, »werde ich jedenfalls neue Krisen in der elenden Schneider- und Bummlerherberge hervorrufen.«[197] Am 18. Januar 1852 kam es daraufhin unter der Führung des Tischlers Gottfried Ludwig Stechan zur Gründung des Neuen Arbeitervereins in London, der nunmehr bis zu seiner Auflösung als Rekrutierungsbasis des Marx-Engelsschen Kommunistenbundes dienen konnte.[198] Wie gewöhnlich beteiligte sich Marx allerdings nicht persönlich an dem neuen Arbeiterverein. Anfangs hatte er dem Präsidenten Stechan auch nicht recht über den Weg getraut, da dieser sich nach seiner Ankunft in London zunächst in das »Gefolge von Willich/Schapper« begeben hatte.[199] Erst als Stechan »offen mit diesem Gesindel« brach, hielt Marx ihn für »bildungsfähig«, wenn er auch in seinen Augen weiterhin »etwas zunftbürgerlich Solides und kleinmeisterlich Schwankendes an sich« hatte.[200] Die Gründung des Neuen Arbeitervereins konnte im übrigen nicht darüber hinwegtäuschen, daß der Marx-Engelssche Kommunistenbund zu dieser Zeit längst in seinen letzten Zügen lag. Die Zerschlagung der Kölner Zentrale hatte diesen seines einzigen wirklichen Stützpunktes außerhalb Londons beraubt. Zwar versuchte Marx noch im März 1852, den emigrierten Joseph Weydemeyer in New York für den Neuaufbau des Bundes in den USA zu gewinnen,[201] doch war er sich längst im klaren, daß der Bund auf dem europäischen Kontinent »seit der Verhaftung von Bürgers/ Röser faktisch schon aufgehört« habe zu bestehen.[202] Nach dem Ende des Kölner Kommunistenprozesses zog er daraus die Konsequenz, den von ihm mitgeführten Kommunistenbund ganz aufzulösen. Am 19. November 1852 schrieb er an Engels: »Der Bund hier hat sich vergangenen Mittwoch auf meinen Antrag hin *aufgelöst* und die Fortdauer des Bundes auch auf dem Kontinent für *nicht mehr zeitgemäß* erklärt.«[203]

Das einzige, was er noch tun konnte, war, das politische Aufsehen, welches der Kölner Kommunistenprozeß erregt hatte, propagandistisch für sich auszunutzen. »Ein günstigerer Moment, zur nation en large zu sprechen«, schrieb er an Engels, »kömmt nicht wieder.«[204] Aus der ursprünglich geplanten öffentlichen Erklärung zu dem Prozeß wurde ein »Pamphlet von ungefähr 3 Druckbogen«.[205] Dies wurde im Januar 1853 in Basel anonym unter dem Titel »Enthüllungen über den Kommunistenprozeß zu Köln« gedruckt. Die Schrift war ein publizistisches Meisterstück. Marx zeigte darin, was er als Politiker wirklich beherrschte: die treffsichere politische Polemik.

Dabei nutzte er die Gelegenheit, zwei Fliegen mit einer Klappe zu schlagen. Auf der einen Seite rechnete er mit der ›Fraktion Schapper-Willich‹ ab, deren geheimbündlerische Geschäftigkeit er als sinnlosen Putschismus abtat. Dem von ihm geführten Kommunistenbund sprach er eine direkt konspirative Absicht ab und bezeichnete ihn als »Oppositionspartei der Zukunft«.[206] Andererseits deckte er minuziös die haarsträubenden, selbst Diebstahl und Fälschung einschließenden Machenschaften der preußischen Polizei bei der Vorbereitung und die ebenso skandalösen Eingriffe der Regierung im Verlauf des Prozesses auf. Die Öffentlichkeit sollte sehen, welch ein tendenziöses Justizurteil gegen die Kölner Angeklagten gefällt worden war.

Die Broschüre hatte freilich nicht die von Marx erhoffte Wirkung. Fast die gesamte Auflage von 2000 Exemplaren wurde am Grenzort Weil von der badischen Polizei beschlagnahmt. Von einem separaten Druck, der 1853 in Boston erschien, erreichte ebenfalls kein Exemplar deutschen Boden.[207] Die erhoffte öffentliche »Brandmarkung der preußischen Regierung« gelang Marx deshalb nicht.[208] Der aufgeputschte Haß gegen die ›Kommunisten‹ konnte nicht, wie erhofft, »durch den Horror vor der Niederträchtigkeit der Polizei« paralysiert werden.[209]

Das Ende des Kommunistenbundes stellt eine Zäsur in der politischen Biographie von Marx dar. Erst zwölf Jahre später bot sich ihm wieder die Gelegenheit, aufs neue aktiv in die Politik einzusteigen. Der Bund der Kommunisten hatte allerdings schon seit der Spaltung im September 1850 keineswegs mehr im Vordergrund seines Interesses gestanden. Chronischer Geldmangel, Krankheit und familiäre Sorgen bis hin zum Tod einer kleinen Tochter, von denen hier im einzelnen nicht die Rede sein soll, belasteten ihn Anfang der fünfziger Jahre aufs äußerste. Marx war gezwungen, sich durch ständige Korrespondenzen für die »New York Daily Tribune« wirtschaftlich über Wasser zu halten. Das »beständige Zeitungsschmieren« nimmt ihm »viel Zeit weg, zersplittert und ist schließlich doch Nichts«.[210] Es hält ihn vor allem von dem ab, was ihm jetzt mehr und mehr am Herzen liegen sollte: vom wissenschaftlichen Arbeiten. 1851 begann er mit breit angelegten Studien zur politischen Ökonomie. Verbissen füllte er allein in diesem Jahr 14 Hefte mit Exzerpten vornehmlich aus Werken statistisch-nationalökonomischer Literatur.[211] Zwischendurch schrieb er, immer wieder durch Krankheiten geschwächt, den politischen Essay »Der 18. Brumaire des Louis Bonaparte«, ein Stück glanzvoller politischer Prosa, in dem er seine Revolutionstheorie nochmals weiterentwickelte.[212] Seit 1851 war er deswegen schon über Wochen und Monate »meist von 9 Uhr morgens bis abends 7 auf dem Britischen Museum« zu finden,[213] und das sollte in der »schlaflosen Nacht des Exils« (Engels) über Jahre hinweg so bleiben. Die Wissenschaft hatte sich vor die Politik geschoben.

IV. Höhepunkt und Ende 1864–1872

Jahre der Isolation

Auch wenn er es gewollt hätte, hätte Marx in den ausgehenden fünfziger und beginnenden sechziger Jahren keine Möglichkeit gehabt, politisch zu wirken. Der Chartismus hatte in England seine große Zeit hinter sich. Von der großen Massenbewegung der dreißiger Jahre waren nur noch einige politische Zirkel übriggeblieben. Ein einziges Mal nur noch schien die Bewegung zu neuer Größe aufzusteigen, als Ernest Jones im März 1854 in Manchester ein allenglisches Arbeiterparlament zusammenbrachte. Marx wurde dazu als Ehrendelegierter eingeladen. Er nutzte diese Gelegenheit zu öffentlichem Auftreten jedoch nicht, sondern begnügte sich mit einem offenen Brief an das Arbeiterparlament.[1] Der rasche Zerfall dieses ›Parlaments‹ rechtfertigte auch nur zu bald seine Zurückhaltung.

Von den zahlreichen Flüchtlingen aus vielen Ländern Europas, deren prominenteste Vertreter der Ungar Kossuth und der Italiener Garibaldi waren, hielt Marx sich in England bewußt fern. Dagegen konnte er es nicht lassen, sich weiterhin mit den deutschen Emigranten anzulegen, die sich nach der gescheiterten Revolution nach London geflüchtet hatten. Die Verbissenheit seiner Polemik und der publizistische Aufwand, mit dem er sie bekämpfte, standen in keinem Verhältnis zu der marginalen politischen Bedeutung dieser versprengten Gruppen. Die übertriebene Beachtung, die Marx ihnen schenkte, ist im Grunde nur mit dem Fehlen eines wirklichen politischen Umfeldes zu erklären. Nach der politischen Erregung der Revolutionsjahre konnte Marx sich nicht sogleich damit abfinden, weitgehend zur Tatenlosigkeit verurteilt zu sein. Deshalb ließ er sich auf politische Fehden ein, die häufig ihren Gegenstand nicht wert waren.

Noch vor dem Ende des Kommunistenbundes hatte er sich 1852 in einem Pamphlet ausführlich mit den exilierten Demokratenführern um Gottfried Kinkel, Arnold Ruge und Karl Heinzen auseinandergesetzt und diese als »Die großen Männer des Exils« verspottet.[2] Auch die »Enthüllungen über den Kommunisten-Prozeß zu Köln« dienten nicht nur der Entlarvung der preußischen Polizeimachenschaften, sondern hatten zugleich auch den Nebenzweck, die abgespaltene ›Fraktion Schapper-Willich‹ politisch zu diskreditieren.[3] Als Willich sich dagegen zur Wehr setzte, ließ Marx auch das nicht auf sich beruhen. Er nahm sich die Zeit, eine polemische Broschüre zu verfassen, in der er Willich als »Ritter vom edelmütigen Bewußtsein« angriff. Er wollte es nicht hinnehmen, daß dieser »hinter der *richtigen Tatsache* ein *falsches Bewußtsein*« vermutet habe.[4]

Schließlich ließ sich Marx auch noch darauf ein, die Angriffe des an sich durchaus unbedeutenden demokratischen Achtundvierzigers Karl Vogt umständlichst zu widerlegen. Vogt hatte ihn beschuldigt, im Zusammenspiel mit der preußischen Polizei revolutionäre Verschwörungen allein zu dem Zweck anzuzetteln, daran Beteiligte in Deutschland um Geld erpressen zu können.[5] Die preußische »National-Zeitung« hatte diese absurden Vorwürfe aufgenommen und darüber im Januar 1860 in großer Aufmachung berichtet.[6] Marx fühlte sich dadurch nicht nur politisch angegriffen, was er wohl hingenommen hätte, er sah sich vielmehr dem Vorwurf »*krimineller* und *infamierender* Handlungen« ausgesetzt, den er nicht auf sich sitzen lassen wollte.[7] Folgerichtig versuchte er zunächst gegen die »National-Zeitung« gerichtlich vorzugehen. Das Verfahren wurde jedoch von dem Königlichen Preußischen Obertribunal in Berlin niedergeschlagen, ehe es zur öffentlichen Verhandlung kam. Marx sah daraufhin keine andere Möglichkeit mehr als die einer publizistischen Rechtfertigung. Ob er für die Materialsammlung und Ausarbeitung des Manuskripts »Herr Vogt« jedoch fast ein Jahr seines Lebens darangeben mußte, erscheint sehr zweifelhaft. Eine zudem verspätet erscheinende Streitschrift von zwölf Druckbogen war schlicht zu lang, um die von Marx erhoffte Wirkung zu erzielen. Als unverständlich muß heute deshalb das Urteil von Engels angesehen werden, der »Herr Vogt« spontan als Marxens »beste polemische Schrift« bezeichnete.[8] Sicher, Marx konnte die Haltlosigkeit der Vogtschen Unterstellungen überzeugend beweisen – aber doch nur mittels einer sehr umständlichen, mit zahllosen Dokumenten überladenen Darstellung. Und politisch war allein von Bedeutung, daß er die später tatsächlich erwiesene Finanzierung Vogts durch Napoleon III. wahrscheinlich machen konnte. Bemerkenswert ist die unförmige Schrift daher tatsächlich nur »um des schwermütigen Lichtes willen«, das sie auf die zehn Jahre des politischen Scheiterns nach dem Ende des Kommunistenbundes warf.[9] Marx beteiligte sich nur deshalb so intensiv an dem im Grunde unfruchtbaren Emigrantengezänk, weil ihm die politische Bühne in Deutschland verschlossen war.

Spätestens seit 1854 gab es in Deutschland keine überregional organisierte Arbeiterbewegung mehr. Und wo sich auf lokaler oder auch regionaler Ebene vereinzelt Arbeiterorganisationen halten konnten, hatten sie keine Verbindungen zu dem einsamen Revolutionär in London.[10] Eine Ausnahme waren allenfalls die sozialistischen Arbeiterzirkel, die sich im verborgenen um Ferdinand Lassalle in Düsseldorf gebildet hatten. Sie stellten über Gustav Levy, der 1853 und 1856 jeweils einmal nach London reiste, eine persönliche Verbindung zu Marx her. Marx widmete sich dem Verbindungsmann beim zweitenmal eine ganze Woche lang,[11] so außergewöhnlich waren solche Begegnungen für ihn in diesen Jahren! Am Ende hielt er die Aufstandspläne der rheinischen Arbeiter, von denen ihm Levy berichtete, zwar für »Blödsinn«, doch schmeichelte es ihm, daß sie »das Bedürfnis politischer und militärischer Chefs« spürten.[12]

Nur schwer begreiflich ist gleichwohl, weshalb Marx sich, so mißtrauisch er gegen »Arbeiterklatsch« war, von den denunziatorischen Intrigen Levys gegen Lassalle beeindrucken ließ.[13] Neben Johannes Miquel war Lassalle für ihn nach dem Zusammenbruch des Kommunistenbundes in Deutschland an sich als einziger wirklicher Vertrauensmann übriggeblieben. Marx hatte mit Lassalle einen intensiven Briefwechsel über philosophische und staatstheoretische Fragen geführt, wobei er ihn ganz selbstverständlich als seinen Schüler ansehen konnte. Den Berichten Levys, so lügenhaft sie sein mochten, scheint er 1856 jedoch erstmals entnommen zu haben, daß Lassalle einen selbständigen politischen Weg gehen könnte.[14] Bestärkt durch Friedrich Engels, der ohnehin seit jeher schwer erträgliche Vorurteile gegen den, wie er sich auszudrücken beliebte, »schmierigen Breslauer Jud« hegte,[15] brach er den Briefwechsel mit Lassalle abrupt ab. Versuche Lassalles, den brieflichen Kontakt wiederaufzunehmen, ließ er über ein Jahr lang unbeantwortet. Erst Ende 1857 kam die Korrespondenz wieder in Gang. Marx' Argwohn blieb jedoch bestehen, auch wenn er diesen vor Lassalle sorgfältig verborgen hielt. Schon im

Frühjahr 1859 kam es allerdings neuerlich zu einer offenen Verstimmung, weil Marx Lassalles positive Einschätzung der italienischen Politik Napoleons III. ablehnte und von ihm eine Unterwerfung unter seine politischen Richtlinien erwartete.[16] Zu seinen politischen Vorbehalten kam eine wachsende persönliche Abneigung, nachdem er im Frühjahr 1861 in Berlin und im Herbst 1862 in London bei zwei Begegnungen den extravaganten, sich so gar nicht mit seiner eigenen familiären Misere vertragenden Lebensstil des Jüngeren kennengelernt hatte. Brüsk schlug er daher bei dem Londoner Treffen Lassalles Angebot aus, sich mit ihm an die Spitze einer künftigen Arbeiterbewegung zu stellen. In seiner Erregung über den »jüdischen Nigger Lassalle« (sic!) verkannte er völlig dessen agitatorisches Talent.[17] Als Lassalle ihm sein »Offenes Antwortschreiben« schickte, mokierte er sich über den »künftigen Arbeiterdiktator«;[18] alle theoretischen Äußerungen Lassalles bewertete er ohnehin als Plagiate[19] oder als »schlechte Vulgarisation des ›Manifests‹«.[20] So konnte es dazu kommen, daß der sensationelle Erfolg, den Lassalle 1863 mit der Gründung seines Allgemeinen Deutschen Arbeitervereins (ADAV) hatte, ohne jede Beteiligung von Marx zustande kam. Auch wenn es erstaunlich war: Der eigentliche, entscheidende Wiederaufschwung der deutschen Arbeiterbewegung fand ohne Mitwirkung von Marx statt.

Mit der schon 1860 einsetzenden Bewegung der Arbeiterbildungsvereine hatte Marx ohnehin nichts zu tun gehabt. Sie ging vom liberalen Bürgertum aus.[21] Daß Lassalles antiliberale Gegengründung einer selbständigen Arbeiterpartei Erfolg haben könnte, wollte er nicht für möglich halten. Die unter den in Preußen gegebenen Bedingungen einzig mögliche staatsfreundliche Taktik Lassalles war ihm zutiefst suspekt. Auch diese Bewegung ging daher zunächst an ihm vorbei. Erst nach dem plötzlichen Duelltod Lassalles bot sich ihm im Herbst 1864 überraschend die Chance, den ADAV in die Hand zu bekommen. Die Lassalle-Erben Bernhard Becker und Johann Baptist von Schweitzer boten ihm über Liebknecht an, als Nachfolger des Parteigründers die Präsidentschaft der Arbeiterpartei zu übernehmen. Das Vorhaben mißlang nicht nur deswegen, weil Marx von der Regierung nach wie vor die Wiedererlangung der preußischen Staatsangehörigkeit verweigert wurde.[22] Wie sich auch unmittelbar anschließend am Scheitern seiner Mitarbeit am »Social-Democrat«, dem Zentralorgan des ADAV, zeigte, konnte Marx seine Abneigung gegenüber Lassalles Ansichten nicht überwinden. Die von diesem vorgegebene Strategie der Lassalleaner blieb in seinen Augen ein »königlich-preußischer Regierungssozialismus«,[23] und mit diesem wollte er nichts zu tun haben.

Seine einzige Hoffnung, den Aufschwung der deutschen Arbeiterbewegung doch noch politisch beeinflussen zu können, blieb damit Wilhelm Liebknecht. In jahrelangem persönlichem Umgang mit Marx und Engels, so schien es, marxistisch geschult, hatte dieser 1862 das Londoner Exil verlassen und sich in Berlin in die lassalleanische Arbeiterbewegung eingeschaltet. Zu Lassalle selbst hielt er hier »distance, ohne mit ihm gebrochen zu haben«.[24] Er konnte sich mit dieser Taktik aber trotz aller guten Ratschläge von Marx und Engels (oder gerade deswegen) gegen den autoritären Führungsanspruch Lassalles nicht durchsetzen. Seinem Versuch, nach dem plötzlichen Tode des Parteigründers in der Berliner Sektion des ADAV die Führung an sich zu reißen, bereitete die Polizei im Juli 1865 durch seine Ausweisung aus Preußen ein Ende. Liebknecht ging nach Leipzig, wo er 1866 gemeinsam mit dem jüngeren August Bebel mit der Gründung der Sächsischen Volkspartei einen neuen politischen Anfang unternahm. Auch die neue Partei entsprach nicht den politischen Ansichten von Marx. Sie wurde von Liebknecht und Bebel ausdrücklich als eine nicht klassengebundene Partei konzipiert. Ihr Kern war zwar der Verband Deutscher Arbeitervereine (VDAV), dessen liberaldemokratische Gründer von Bebel und Liebknecht nach und nach von der Verbandsführung verdrängt wurden. Der VDAV sollte sich nach ihrer ursprünglichen Auffassung jedoch nicht als selbständige Arbeiterpartei konstituieren. Einen solchen Schritt hielten sie aufgrund der Schwäche der deutschen Arbeiterbewegung erst in späterer Zeit für möglich. Marx mußte so mit ansehen, wie nach Lassalle auch Wilhelm Liebknecht in Deutschland in der politischen Praxis selbständige Entscheidungen traf. Dessen politische Haltung gegenüber Marx unterschied sich zwar grundlegend von der Lassalles. Während letzterer sich ihm als politischer Denker ebenbürtig fühlte, erkannte Liebknecht die sozialistische Lehrautorität von Marx zeitlebens vorbehaltlos an. Das sicherte Marx einen ungleich größeren theoretischen Einfluß auf Liebknecht, als er ihn auf Lassalle je besessen hatte. Aber das heißt nicht, daß er ihn von London aus politisch fern-

steuern konnte. Liebknecht ging gemeinsam mit Bebel in der parteipolitischen Praxis seinen eigenen politischen Weg.[25]

Während Marx somit zu seiner Enttäuschung der Entfaltung der
politischen Arbeiterbewegung in Deutschland weitgehend ohnmäch-
tig zusehen mußte, erhielt er Mitte der sechziger Jahre unversehens
die Möglichkeit, auf einer sehr viel breiteren Plattform politisch aktiv
zu werden. Diese bot ihm die Internationale Arbeiterassoziation
(IAA). Marx fand in der Internationale nach dem Kommunistenbund
zum zweitenmal ein internationales Betätigungsfeld, das seinen Nei-
gungen und Fähigkeiten als Politiker in vollem Umfang entsprach. In
den acht Jahren, die er von 1864 bis 1872 in der IAA politisch aktiv
sein sollte, erreichte er ohne Frage den Gipfel seiner politischen
Laufbahn. Er errang hier eine in mancher Hinsicht einzigartige
Machtstellung, die er freilich am Ende nicht zuletzt aus eigener
Schuld auch wieder verlieren sollte.

Marx' Aufstieg in der Internationalen Arbeiterassoziation

Die Gründung der Internationale war nicht das Werk von Karl Marx.
Sie kam überhaupt auf eher zufällige Weise zustande.[26] Anläßlich der
großen Industrieausstellung durfte 1862 mit der Erlaubnis Napoleons III. auch eine Delegation französischer Arbeiterführer nach
London reisen. Einige von ihnen kamen abseits der offiziellen Treffen mit liberalen englischen Arbeiterführern (meist bürgerlicher
Herkunft) auch mit einigen jüngeren Gewerkschaftsführern proletarischer Herkunft zusammen. Daraus ergaben sich Verbindungen, die
ein Jahr später in London zu der Vereinbarung führten, eine internationale Arbeitervereinigung zu gründen. Zur Gründungsversammlung dieser Vereinigung luden die Initiativgruppen für den 28. September 1864 nach London ein. Marx wußte von diesen Vorgängen
wahrscheinlich so gut wie nichts. Erst kurz vor der Gründungsversammlung wurde er von dem in London lebenden Franzosen Victor
Le Lubez aufgefordert, an der Versammlung teilzunehmen.[27] Obwohl der Emigrant Le Lubez in der langen Vorbereitungsphase als
Verbindungsmann zwischen den englischen und den französischen
Initiativgruppen gedient hatte, scheint er in den Augen von Marx

als Arbeiterführer nicht hinreichend legitimiert gewesen zu sein. Jedenfalls reagierte Marx erst, als er in letzter Minute auch noch eine förmliche Einladung des englischen Gewerkschaftsführers William Randal Cremer erhielt, der zu den eigentlichen Organisatoren der Versammlung gehörte.[28] Erst diese Einladung scheint ihn endgültig zu seiner Zusage bewogen zu haben.

Marx wurde von Le Lubez als Repräsentant der deutschen Arbeiter angesprochen. Den einzigen Arbeiter, den er aber zunächst präsentieren konnte, war der Schneider Georg Eccarius, der im Kommunistenbund bis zuletzt zu ihm gehalten hatte.[29] Taktisch durchaus geschickt, schob er Eccarius auf der Versammlung als deutschen Redner vor und nahm selbst daran nur »als stumme Figur auf der platform« teil.[30] Gemeinsam mit Eccarius wurde er aber schließlich als deutscher Vertreter in das provisorische Führungsgremium der neuen Working Men's International Association – so der ursprüngliche Name – gewählt.

Abgesehen von der Verabschiedung einiger Resolutionen, in denen die in London Versammelten an die internationale Solidarität der Arbeiter appellierten, war die Wahl der später als ›Zentralrat‹ und schließlich als ›Generalrat‹ bezeichneten Zentralkommission das einzige konkrete Ergebnis des Londoner Treffens.[31] Die Zentralkommission wurde damit beauftragt, eine politische Prinzipienerklärung, Statuten und die Geschäftsordnung für eine internationale Arbeitervereinigung zu entwerfen. Außerdem, und das sollte sich als besonders wichtig erweisen, erhielt sie die Vollmacht, selbst »weitere Mitglieder zu ernennen«.[32] Niemand konnte nach dieser ersten Zusammenkunft voraussehen, daß die IAA ungleich länger bestehen und politisch erfolgreicher sein sollte als alle vorausgehenden internationalistischen Arbeitervereinigungen, die meist über kurzatmige Appelle zu proletarischer Solidarität nicht hinausgekommen waren.[33] Doch wäre auch der IAA mit Sicherheit keine lange Lebensdauer beschieden gewesen, wenn es nicht Marx gelungen wäre, in ihr in raschem Zugriff einen bestimmenden politischen Einfluß zu erlangen. Aufstieg und Niedergang der IAA sind engstens mit der politischen Biographie von Karl Marx verbunden.

Zunächst jedoch konnte Marx den anfänglichen Versammlungen nicht beiwohnen. Die Zentralkommission begann ihre Tätigkeit am 5. Oktober 1864 mit der Einsetzung einer neunköpfigen Programmkommission. Marx wurde in diese Unterkommission gewählt, versäumte aber ihre erste Sitzung ebenso wie die darauffolgende der Zentralkommission. Bei seinen neuen politischen Freunden entstand deswegen beträchtlicher Unmut, der sich erst legte, als die Ursachen seines Fehlens bekannt wurden.[34] Marx hatte, wie das in den folgenden Jahren noch so oft der Fall sein sollte, aus Krankheitsgründen den Sitzungen fernbleiben müssen. Hartnäckige Furunkolosen, eine sich verschlimmernde Leber- und Gallenkrankheit, Rheumaleiden sowie dauernde Schlaflosigkeit warfen ihn immer wieder auf das Krankenbett. Zu wirklicher Gesundung kam es eigentlich nie, zumal Marx sich aufgrund seiner anhaltenden finanziellen Misere meist noch nicht einmal die ärztliche Hilfe leisten konnte, die damals immerhin möglich gewesen wäre. Was immer er auch in der Internationale politisch zu erreichen suchte: Er mußte es seinem kranken Körper abringen.

Marx versäumte sogar noch eine weitere Sitzung der Programmkommission, weil er über den Termin der Zusammenarbeit zu spät unterrichtet wurde. Erst beim drittenmal war er tatsächlich anwesend. Sein Fernbleiben brachte ihn freilich unbeabsichtigt in eine günstige politische Position. In seiner Abwesenheit hatte sich nämlich in der Kommission sowohl die Programm- wie die Statutendiskussion festgefahren.[35] Ein zentralistischer Organisationsentwurf des italienischen Mazzinianhängers Luigi Wolff war von Le Lubez überarbeitet worden. Außerdem hatte der französische Sozialist auch einen ersten Programmentwurf des ehemaligen Chartistenführers John Weston, eines Anhängers des englischen Frühsozialisten Robert Owen, umgeschrieben. Der Versuch, es allen recht zu machen, hatte jedoch nur dazu geführt, daß mit dem Entwurf niemand mehr zufrieden war. Alle Hoffnungen richteten sich daher auf Marx. Um nicht nochmals ohne ihn tagen zu müssen, wurde die Programmkommission zu ihrer dritten Sitzung sogar in seine Wohnung einberufen!

Marx konnte es daher darauf anlegen, den Versuch, das heterogene Textgemisch zu überarbeiten, scheitern zu lassen. Er konnte sicher sein, auf diese Weise die Formulierung der Grundsatztexte allein in die Hand zu bekommen. Fest entschlossen, »not one single line von dem Zeug« stehen zu lassen, verfaßte er innerhalb einer Woche zwei völlig neue Textentwürfe, die von ihm dann am 27. Oktober 1864 der Zentralkommission vorgelegt wurden. Beide wurden schließlich gemeinsam als »Address and Provisional Rules of the Working Men's International Association« veröffentlicht.[36] Sowohl am Text der »Inaugural-Adresse« als auch an dem der »Provisorischen Statuten« waren bei der Beratung zuvor einige kleinere Änderungen vorgenommen worden. Marx hielt diese für nebensächlich.[37] Was er »›duty‹ und ›right‹ Phrasen« nannte, war der Mehrheit seiner neuen politischen Partner jedoch zweifellos besonders wichtig. Ohne den Rückbezug auf die Menschen- und Bürgerrechte konnten weder die Anhänger Mazzinis noch die französischen Republikaner mit dem Grundsatzprogramm der Internationale einverstanden sein. Wenn der Zentralrat sich nicht nur bei Marx, sondern gleichermaßen auch bei Weston und bei Le Lubez für die »Ausarbeitung einer so bewundernswerten Adresse« bedankte, so zeigt das, für wie wichtig die Korrekturen am Marxschen Entwurf angesehen wurden.[38]

Marx war klug genug, seine eigentliche Autorschaft an den ersten programmatischen Texten der Internationale nicht besonders herauszustreichen. Er verzichtete (zunächst) ganz bewußt auf seine »alte Kühnheit der Sprache« und bemühte sich, seine politischen Ansichten in eine Form zu bringen, »die sie dem jetzigen Standpunkt der Arbeiterbewegung acceptable machte«.[39] Diese taktische Zurückhaltung sollte sich für ihn rasch auszahlen. Wie selbstverständlich wurde er schon damit beauftragt, die nächsten großen Resolutionen des Zentralrats zu entwerfen.[40] Er war der einzige in dem anfangs äußerst heterogen zusammengesetzten Führungsgremium der Internationale, der propagandistisch wirksame Erklärungen zu den verschiedensten politischen Tagesfragen so zu formulieren vermochte, daß sie von allen Mitgliedern unterschrieben werden konnten. Insgesamt hat er von 1864 bis 1872 über 50 Dokumente des Generalrates mit einem Gesamtumfang von über 200 Druckseiten verfaßt und redigiert.[41] Obwohl er im Unterschied zu den meisten anderen, vor allem den englischen und französischen Mitgliedern, keine Arbeiterorganisation hinter sich hatte, nahm er aufgrund seiner überragenden intellektuellen Fähigkeiten zu politischer Vermittlung daher im Zentralrat der Internationale schon nach kurzer Zeit eine führende Stellung ein. Das ist um so bemerkenswerter, als Marx innerhalb des Generalrates zu keinem Zeitpunkt ein besonders herausragendes Amt bekleidete. Solange es diese – freilich eher repräsentativen – Führungspositionen gab, lehnte er es ausdrücklich ab, Präsident oder auch nur Vizepräsident des Generalrates zu werden.[42] Auch an dem zentralen Exekutivamt des Generalsekretärs hatte er keinerlei Interesse und überließ dies nacheinander William Randal Cremer, Peter Fox, Georg Eccarius und John Hales.[43] Er sprang nicht einmal ein, als dieses Amt zwischendurch mehrmals provisorisch vertreten werden mußte. Während der ganzen Zeit seiner Zugehörigkeit zum Generalrat begnügte er sich mit der Position eines Korrespondierenden Sekretärs für Deutschland. Für einige Zeit übernahm er zusätzlich auch noch für Belgien (1865/66), für Holland (1871) und für Rußland (1871/72) analoge Sekretärsfunktionen.[44] Er blieb aber formal den zunächst vier, dann (seit Herbst 1866) acht und schließlich (seit Herbst 1871) elf weiteren Korrespondierenden Sekretären gleichgestellt. Insofern war er zwar der führende Kopf der Internationale, aber doch immer ein *primus inter pares*.

Wie die Gründungsgeschichte der Internationale zeigt, fiel ihm diese eigentümliche Führungsstellung schon ziemlich früh zu. Unumstritten war sie aber wohl erst, nachdem er im Juni 1865 den Zentralrat nach längeren, über zwei Sitzungen gehenden Diskussionen davon überzeugen konnte, daß die Vorstellungen John Westons von einer Art ›ehernem Lohngesetz‹ für die Arbeiter »theoretisch falsch und praktisch gefährlich« seien.[45] Marx war kurz darauf schon stark genug, den Zentralrat dazu zu bringen, den nach den Statuten eigentlich für 1865 vorgeschriebenen »allgemeinen Arbeiterkongreß« mit »Repräsentanten aller Arbeitergesellschaften, die sich in der Zwischenzeit der internationalen Assoziation angeschlossen haben«,[46] aufzuschieben und statt dessen nur eine »vorläufige (Privat)-Konferenz zu London« einzuberufen.[47] Nach außen hin wurden für diese Verschiebung allerlei Gründe angegeben, die allesamt nicht zwingend waren. Entscheidend war, daß Marx, ganz in die Arbeit für den ersten Band des »Kapitals« vertieft, keine Zeit fand, »für den Central Council die nötigen Papiere zu schreiben«.[48]

Auf der Londoner Konferenz wurden dann im September 1865 bezeichnenderweise auch fast ausschließlich nur organisatorische Fragen diskutiert.[49] Die Konferenz verlief damit so, wie Marx sich das gewünscht hatte, und das sollte im wesentlichen so bleiben. Außer auf dem letzten, so dramatisch verlaufenden Kongreß in Den Haag (1872) war Marx zwar auf keinem der Jahreskongresse der Internationale persönlich anwesend, aber an der inhaltlichen Festlegung des

Kongreßprogramms war er jedesmal maßgeblich beteiligt. Ohne seine politische Vorarbeit wäre im Generalrat vor den Kongressen eine einvernehmliche oder zumindest mehrheitliche Meinungsbildung von Anfang an kaum möglich gewesen. Als es Marx selbst nicht mehr auf politischen Ausgleich, sondern auf die einseitige Durchsetzung seiner eigenen Auffassungen ankam, brach die Internationale auseinander.

Marx war erfolgreich, solange er bei seiner Arbeit um ideologische Vermittlung bemüht war, wie er es bei der Formulierung der »Inaugural-Adresse« getan hatte. An diese knüpfte er bewußt an, als er 1866 für den Genfer Kongreß der Internationale die politischen Instruktionen für die Delegierten des Zentralrats formulierte.[50] Wie er an seinen Freund Kugelmann nach Deutschland schrieb, beschränkte er seine Programmvorschläge »absichtlich auf solche Punkte, die unmittelbare Verständigung und Zusammenwirken der Arbeiter erlauben und den Bedürfnissen des Klassenkampfes und der Organisation der Arbeiter zur Klasse unmittelbar Nahrung und Anstoß geben«.[51] Keineswegs handelte es sich also bei den »Instruktionen« für den Genfer Kongreß um ein Programm, das sich ausschließlich auf den historischen Materialismus bezog.[52] Obwohl Marx weder mit der programmatischen Grundhaltung der englischen Gewerkschaftsführer noch den »proudhonschen Phrasen« der französischen Arbeiterführer übereinstimmte,[53] vermied er in seinen »Instruktionen« alles, was eine Zusammenarbeit mit diesen in der Internationale gefährden konnte. Der Erfolg dieser Taktik war bemerkenswert, zumal Marx ursprünglich »kaum einen Ausweg« gesehen hatte, »den Kongreß in irgendeiner anständigen Form möglich zu machen«.[54]

Die »Instruktionen« wurden auf dem Genfer Kongreß von dem für die Schweiz zuständigen Sekretär Hermann Jung als offizieller Bericht des Generalrats vorgetragen. Trotz zum Teil heftiger Auseinandersetzungen wurden immerhin sechs der neun Programmpunkte ziemlich unverändert von der Kongreßmehrheit als Resolution verabschiedet, ein weiterer (zur polnischen Frage) wurde in einer Kompromißfassung von Johann Philipp Becker angenommen.[55] Der Integrationskurs von Karl Marx hatte sich damit erstmals öffentlich bewährt.

Marx hielt an ihm grundsätzlich auch in den folgenden Jahren fest. 1867 mußte jedoch die praktische Politik für ihn ganz hinter der Arbeit an der Drucklegung des ersten Bandes von »Das Kapital« zurücktreten. Er nutzte »jeden arbeitsfähigen Moment«, um das Werk fertigzustellen, dem er »Gesundheit, Lebensglück und Familie geopfert« hatte.[56] Obwohl er im Mai vom Generalrat zur Vorbereitung des Lausanner Kongresses in eine fünfköpfige Programmkommission gewählt worden war, nahm er an deren Beratungen nicht teil.[57] Der am 9. Juli 1868 verabschiedete »Aufruf des Generalrats« kam ohne seine Mitwirkung zustande.[58] Erst als die Pariser Sektionen der Internationale wenig später ohne Absprache mit dem Generalrat für den Lausanner Kongreß einen eigenen Programmvorschlag vorlegten,[59] schaltete Marx sich doch noch ein und erweiterte die von Paul Lafargue angefertigte französische Fassung des »Aufrufs« erheblich.[60] Sein später Versuch, den Vorstoß der proudhonistischen Franzosen abzufangen, scheiterte freilich. Es gelang diesen, die Agenda des Generalrats umzustoßen und dem zweiten Kongreß der Internationale (5.–9. September 1867) eine eigene Tagesordnung aufzuzwingen. Jedoch waren sie nicht stark genug, den Kongreß auch inhaltlich zu bestimmen. In den wichtigsten politischen Fragen entstand vielmehr eine Art Pattsituation. Vor allem blieb die Debatte über das für jede sozialistische Standortbestimmung zentrale Problem des Gemeineigentums an den ›Produktionsmitteln‹ unentschieden. »Da die fortgeschrittene Zeit es nicht zuläßt«, heißt es im Kongreßprotokoll, »in den voneinander abweichenden Standpunkten zu einem Beschluß zu kommen, wird einmütig beschlossen, die Beratung der Eigentumsfrage auf den nächsten Kongreß zu verschieben.«[61] Die Einheit der Internationale war damit fürs erste gerettet. Auch für Marx war das zu diesem Zeitpunkt die Hauptsache. Die Wahrung der internationalen Einheitsfront war ihm 1867 wichtiger als die ideologische Reinheit der proletarischen Bewegung. In einem vertraulichen Brief an Engels erregte er sich zwar über die »französischen Schwätzer von Paris«, in einem Atemzug fügte er jedoch hinzu: »Doch tut das alles nichts. Die Hauptsache ist die Abhaltung des Kongresses, nicht, was dort geschieht.«[62]

Die Erfahrungen, die Marx mit dem Lausanner Kongreß machen mußte, bewogen ihn allerdings dazu, sich 1868 bei den Kongreßvorbereitungen schon frühzeitig einzuschalten. Schon 1867 nahm er sich vor, »das nächste Mal 20 Engländer und 30 Deutsche nach Brüssel zu bringen« – ein Vorhaben, das sich freilich nicht realisieren ließ.[63] Als

die belgische Regierung im Frühjahr 1868 aus Sorge vor dem Auftreten der Internationale das Fremdengesetz zu ändern versuchte, veranlaßte er den Generalrat dazu, von Brüssel als nächstem Tagungsort
der Internationale abzusehen.[64] Getreu seiner bisherigen Politik lag
ihm daran, die Spannungen innerhalb der Internationale nicht durch
äußere Konflikte zu erhöhen. Aus den gleichen Gründen war er
durchaus auch bereit, den Beschluß drei Wochen später wieder um-
zuwerfen, als die belgischen Arbeiterführer nach dem Scheitern des
Gesetzes im belgischen Parlament auf Brüssel als Tagungsort bestanden.[65]

Wenig später beteiligte er sich im Generalrat intensiv an der Diskussion über die Tagesordnung des Brüsseler Kongresses.[66] Zum er-
stenmal zog er auch die Abfassung des Rechenschaftsberichtes an
sich, den der Generalrat dem Kongreß satzungsgemäß vorzulegen
hatte.[67] Wenn es nach ihm gegangen wäre, hätte sich der Brüsseler
Kongreß schließlich auch nur mit Gegenständen befassen sollen, die
allgemein konsensfähig waren. Er bereitete infolgedessen im Generalrat lediglich zwei Resolutionen zur Frage der Beschränkung des
Arbeitstages und zur Frage der Folgen einer »Anwendung von Ma-
schinen durch die Kapitalisten« vor.[68] Beide wurden von Eccarius auf
dem Brüsseler Kongreß vorgetragen; nur die erstere wurde jedoch
auch angenommen.[69] Eccarius und Friedrich Leßner, die von Marx
noch eigens instruierten Kongreßdelegierten des Generalrats, konnten überdies nicht verhindern, daß »wiederum Massen neuen Zeugs«
auf die Tagesordnung gesetzt wurden.[70] Vor allem wurde von dem
Belgier César De Paepe die Frage der Sozialisierung wieder zum
Kongreßthema erhoben. Entgegen der vorsichtigen Strategie von
Karl Marx sprach sich der Brüsseler Kongreß offen dafür aus, land-
wirtschaftlich nutzbares Grundeigentum sowie Bergwerke, Steinbrü-
che und Eisenbahnen in Gemeineigentum zu überführen, wobei letztere, ebenso wie die landwirtschaftlichen Betriebe, nicht staatlich,
sondern genossenschaftlich betrieben werden sollten.[71] Marx war
trotz allem der Meinung, der Kongreß sei »noch gut abgelaufen«.[72]
Vor allem war er darüber erleichtert, daß es den proudhonistischen
Franzosen nicht gelungen war, den Sitz des Generalrates von London
nach Brüssel zu verlegen. Als Erfolg meinte er auch verbuchen zu
können, daß sich Leßner in einem Diskussionsbeitrag öffentlich auf
den ersten Band des »Kapitals« bezogen und daß die kleine Gruppe

der deutschen Kongreßdelegierten das ein Jahr zuvor erschienene Buch sogar in einer gemeinsamen Erklärung allen anderen Nationen zur Übersetzung empfohlen habe.[73] Überzeugt, daß sich seine Strategie der Integration ideologisch differierender Arbeiterparteien in Brüssel noch einmal bewährt hätte, hielt Marx auch weiterhin an dieser fest. Erst der folgende Kongreß, der vom 7. bis 11. September 1869 in Basel stattfand, sollte ihm vor Augen führen, daß diese nicht mehr ohne weiteres tragfähig war.

Wie schon im vorausgehenden Jahr, wurde Marx auch 1869 wieder vom Generalrat damit beauftragt, den fälligen Jahresbericht zu schreiben.[74] Getreu seiner bisherigen Linie stellte er darin ausschließlich wieder die verbindenden Gemeinsamkeiten der internationalen Arbeiterbewegung heraus, und zwar dieses Mal die der jüngsten Streikbewegungen.[75] Gleichzeitig instruierte er zwar die Mitglieder des Generalrates, die am Baseler Kongreß teilnehmen wollten, wie sie dem angekündigten Versuch der Proudhonisten, die Grundeigentumsfrage nochmals aufzurollen, begegnen sollten.[76] Aber auch damit wollte er nicht seine eigenen Auffassungen durchsetzen, sondern nur den einmal erreichten Konsens in dieser sozialistischen Zentralfrage ideologisch absichern. Als der Baseler Kongreß dann mit überwältigender Mehrheit den Standpunkt der IAA bekräftigte, daß die Gesellschaft das Recht habe, »das Privateigentum am Boden abzuschaffen« und dieses zum gesellschaftlichen Eigentum zu machen«,[77] konnte Marx sich in seiner politischen Linie nochmals bestätigt sehen.

Zu Marx' Bestürzung wurde seine bisherige Politik in der Internationale auf dem Baseler Kongreß jedoch durch den Auftritt eines Mannes in Frage gestellt, dessen Erscheinen ihn zwar beunruhigt hatte, den er aber politisch im Griff zu haben glaubte. Gemeint ist der russische Altrevolutionär Michael Bakunin, dessen anarchistischer Kommunismus dem marxistischen ernsthaftere Konkurrenz machen sollte als alle anderen sozialistischen Strömungen des Jahrhunderts.

Marx kannte Bakunin aus der gemeinsamen Zeit des Pariser Exils. 1864 war dieser, aus der sibirischen Verbannung entflohen, bei ihm in London aufgetaucht. Marx gewann von ihm zunächst einen sehr positiven Eindruck, hielt ihn sogar für einen »der wenigen Leute«, die er »nach sechzehn Jahren nicht zurück, sondern weiterentwickelt finden konnte«.[78] Seine Einschätzung änderte sich nicht bis zu dem Augenblick, als Bakunin Ende November 1868 plötzlich den Antrag stellte, mit der von ihm kurz zuvor gegründeten Alliance Internationale de la Démocratie Socialiste in die IAA aufgenommen zu werden. An sich hätte Marx über jeden Neuzugang einer sozialistisch orientierten Organisation froh sein können. Die Alliance war aber im Unterschied zu allen anderen Mitgliederorganisationen der IAA, zumindest der Intention nach, nicht auf nationaler Basis organisiert. Sie war vielmehr organisatorisch nach ähnlichen internationalistischen Prinzipien verfaßt wie die IAA selbst.[79] Wenngleich die Alliance zu diesem Zeitpunkt außerhalb von Genf noch gar nicht Fuß gefaßt haben dürfte, fürchtete Marx insofern nicht zu Unrecht, daß die IAA von der neuen Mitgliedsorganisation unterwandert werden könnte.[80] Er ließ sich daher zunächst einmal vom Generalrat damit beauftragen, Bakunin einen ablehnenden Bescheid zu geben, der dann auch noch als Zirkularbrief an alle Sektionen der IAA versandt wurde.[81] Befriedigt stellte er hinterher fest, »dieses moskowitische Kuckucksei aus dem Wege« geräumt zu haben.[82]

Das hieß jedoch nicht, daß Marx gegenüber Bakunin schon völlig auf Konfrontationskurs gegangen wäre. Das Verhalten des künftigen politischen Rivalen gab da zunächst auch keinen Anlaß. Noch bevor er die Absage des Generalrates erhielt, hatte er in einem sehr persönlichen Brief sein Bekenntnis zur Internationale mit der ausdrücklichen Erklärung verbunden, sich als Schüler von Marx zu fühlen.[83] Auf die Ablehnung hin erklärte er sich dann am 27. Februar 1869 ohne weiteres bereit, die Alliance aufzulösen, sofern der Generalrat ihr Programm billigen und ihre Sektionen einzeln in die IAA aufnehmen würde. Der Generalrat akzeptierte dies auf Vorschlag von Marx; er verlangte lediglich, eine als »fehlerhaft«, weil die »Gleichmachung der Klassen« anstatt die »Abschaffung der Klassen« fordernde Formulierung des Programms zu ändern. Diesen Eingriff in die theoretische Programmatik der Alliance glaubte Marx überdies noch eigens rechtfertigen zu müssen. Bezeichnenderweise betonte er dabei, daß es nicht »zu den Funktionen des Generalrates« gehöre, »das Programm der Allianz kritisch zu prüfen«. Und er fuhr fort: »Wir haben nicht zu untersuchen, ob es ein adäquater Ausdruck der proletarischen Bewegung ist oder nicht. Für uns ist nur wichtig zu wissen, ob es nichts enthält, was der *allgemeinen Tendenz* unserer Assoziation, d. h. der *vollständigen Befreiung der Arbeiterklasse* zuwiderläuft.«[84] So prägnant wie kaum je zuvor formulierte er damit noch einmal seine politische Integrationsstrategie. Obwohl er sofort den Verdacht hatte, »dieser Russe« wolle »Diktator der europäischen Arbeiterbewegung« werden, sah er, nachdem Bakunin auch die verlangte Statutenänderung akzeptiert hatte, deshalb auch keinen Grund mehr, dem Generalrat nicht die Aufnahme der Genfer Sektion der Alliance in die IAA vorzuschlagen.[85]

In programmatischer Hinsicht glaubte Marx im übrigen offenbar hinreichend vorgesorgt zu haben. Bakunin hatte den Generalrat aufgefordert, die Frage des ›Erbrechts‹ auf die Tagesordnung des Baseler Kongresses zu setzen. Marx arbeitete daraufhin eine Stellungnahme aus, in der er das Erbrecht nicht als Ursache, sondern als Wirkung der bestehenden Eigentumsverhältnisse bezeichnete. Entgegen der Auffassung Bakunins war er aus diesem Grunde der Ansicht, daß die Forderung, das Erbschaftsrecht aufzuheben, »nur die Arbeiter von dem wahren Punkt der Aufmerksamkeit für die heutige Gesellschaft« ablenken würde.[86] Er scheint nicht einen Augenblick daran gezweifelt zu haben, daß der von ihm formulierte Text auf dem Baseler Kongreß eine Mehrheit finden würde. Er sah jedenfalls keinen Grund, sich deswegen etwa selbst nach Basel zu begeben. Auch die angekündigte Kongreßteilnahme Bakunins beunruhigte ihn offensichtlich nicht. Marx begab sich vielmehr, erstaunlich genug, wenige Tage vor Kongreßbeginn mit seiner Tochter Jenny aus familiären Gründen auf eine Rundreise nach Deutschland. Dabei genoß er eine Schiffsreise auf dem Rhein, die ihn immerhin bis Mainz führte. Eine Weiterfahrt bis Basel scheint ihm überhaupt nicht in den Sinn gekommen zu sein. Trotz allen Mißtrauens unterschätzte er den russischen Berufsrevolutionär bis zum Baseler Kongreß ebenso, wie er ihn später wohl überschätzen sollte.

Entgegen den Erwartungen von Marx wurde die von ihm verfaßte Resolution des Generalrats auf dem Baseler Kongreß mit großer Mehrheit abgelehnt. Fast wäre statt dessen sogar eine Gegenresolution Bakunins angenommen worden, in der erneut die Aufhebung des Erbrechts verlangt wurde.[87] Bakunin hatte damit auf Anhieb demonstriert, welchen Einfluß er bei einem persönlichen Auftreten innerhalb der IAA ausüben konnte. Allerdings gelang es ihm nicht, eine Verlegung des Generalrats von London nach Genf zu erzwingen. Die Kompetenzen des Londoner Führungsgremiums der Internationale wurden in Basel sogar noch erweitert.

Wenn Marx der Meinung war, daß der Baseler Kongreß »verhältnismäßig so gut verlaufen« sei, so wohl aus diesem Grunde.[88] Stärker beunruhigt war er erst, als Bakunin im November 1869 dazu überging, den Generalrat in verschiedenen schweizerischen Zeitungen öffentlich anzugreifen. Er veranlaßte den Generalrat, alle Vorwürfe zurückzuweisen. Die von ihm formulierte Antwort war in der Sache zwar bestimmt, im Ton jedoch durchaus verbindlich. Ganz offensichtlich wollte er immer noch alles Aufsehen vermeiden und Bakunin keinen Anlaß zu weiterer Polemik geben.[89] Diese Taktik war jedoch nicht erfolgreich. Zwar fiel in Genf eine Gruppe russischer Emigranten von Bakunin ab, die umgehend als eigene Sektion in die IAA aufgenommen werden konnte.[90] Die Hoffnung von Marx, daß damit »das Spiel dieses höchst gefährlichen Intriganten« in der Internationale bald ausgespielt sein würde, erfüllte sich jedoch nicht.[91] Wie sich vielmehr Anfang April 1870 auf dem Kongreß der Romanischen Föderation in Lachauxdefonds zeigte, hatten die Anhänger Bakunins in dieser Regionalorganisation der Internationale die Mehrheit. Es kam hier zur offenen Spaltung; beide Seiten appellierten an den Generalrat.[92] Dieser entschied am 28. Juni auf Antrag von Marx, das Genfer Föderalkomitee in seinen bisherigen Funktionen zu belassen und das konkurrierende Föderalkomitee der Bakunisten in Lachauxdefonds als lokale Sektion der IAA anzuerkennen, sofern es sich einen neuen Namen zulegte.[93] Das bakunistische Komitee erkannte jedoch die seit 1869 durchaus in dessen Vollmacht liegende Entscheidung des Generalrates nicht an. Die Auseinandersetzung blieb damit vorläufig in der Schwebe.

Erregt hatte Marx aber schon zu Beginn des schweizerischen Zerwürfnisses registriert, daß es »diesem verdammten Moskowiter« gelungen sei, »einen großen öffentlichen Skandal in unseren Reihen hervorzurufen, ... und unsere Aktionsfähigkeit durch geheime Intrigen zu lähmen«.[94] Das traf zwar in dieser Form nicht zu, aber Marx sah sich endgültig in seinem ohnehin latenten Mißtrauen gegenüber Bakunin bestätigt. Was unterschiedliche politische Grundauffassungen, wie sie auf dem Baseler Kongreß der Internationale hervorgetreten waren, noch nicht hatten bewirken können, lösten die organisatorischen Aktivitäten Bakunins aus: Marx begann die Sorge umzutreiben, der russische Revolutionär könne seinen Führungsanspruch in der Internationale ernsthaft gefährden. Die Vorbereitung des für den

Herbst 1870 anstehenden Jahreskongresses der IAA war daher schon ganz durch sein Bestreben gekennzeichnet, »Bakunin et Co.« auszumanövrieren.[95] Aus taktischen Gründen ging Marx dabei sogar so weit, dem Kongreß eine Beratung darüber vorzuschlagen, den Sitz des Generalrats von London nach Brüssel zu verlegen.[96]

Je mehr sich der Verschwörungsverdacht gegenüber Bakunin bei ihm festsetzte, desto mehr war Marx bereit, seine Vermittlerrolle in der IAA aufzugeben und seine eigenen politischen Auffassungen zu verabsolutieren. Wenn aber die politische Programmatik der Internationale vereinheitlicht wurde, dann mußte ihre Anziehungskraft auf Arbeiterparteien mit divergierenden politischen Anschauungen entsprechend geringer werden. Ein Sieg über die Anhänger Bakunins konnte die Internationale daher erst recht gefährden. Es war dieses politische Dilemma, in das Marx sich in der Endphase seiner politischen Laufbahn immer stärker verstricken sollte.

Der Machtkampf um die Internationale Arbeiterassoziation

Der Ausbruch des Deutsch-Französischen Krieges schuf im Juli 1870 freilich zunächst einmal eine völlig neue Situation. Die inneren Streitigkeiten der IAA traten nicht nur für Marx hinter den europäischen Konflikten zurück. Der Generalrat verabschiedete schon wenige Tage nach Kriegsausbruch ein Manifest, in dem die Haltung der IAA dargelegt wurde. Es stammte wie üblich von Marx.[97] Vordergründig schlug Marx sich auf die Seite der Deutschen, die in seinen Augen einen Verteidigungskrieg gegen Napoleon III. führten. Er warnte jedoch vor einem Umschlag in einen offensiven Nationalkrieg. Für diesen Fall forderte er die Arbeiterklasse Europas zum Widerstand auf. Der Krieg wurde so für ihn zum Testfall für den Zusammenhalt der Internationale. Der Fortgang des Krieges bestätigte seine Prognosen, zugleich aber auch seine Befürchtungen, daß die Internationale der Situation nicht gewachsen sein könnte. Anlaß zur Beunruhigung gab ihm vor allem die sogenannte French Federal Branch, eine Gruppe französischer Emigranten, die aus der IAA ausgeschlossen worden waren, aber gleichwohl weiterhin in deren Namen agitierten.[98] Als sich ihre Mitglieder nach dem Sturz Napoleons III. und der Ausrufung der Republik eiligst nach Frankreich begaben, befürchtete Marx, daß sie dort »Dummheiten im Namen der Internationale« machen, die provisorische Regierung stürzen und eine »commune de Paris« etablieren könnten.[99] Er veranlaßte deshalb den Generalrat zu einem zweiten »Manifest über den deutsch-französischen Krieg«, in dem die französischen Arbeiter davor gewarnt wurden, sich in Erinnerung an 1792 in einen nationalen Revolutionskrieg hineinziehen zu lassen: »Jeder Versuch, die neue Regierung zu stürzen, wo der Feind fast schon an die Tore von Paris pocht, wäre eine verzweifelte Torheit.« Es sei vielmehr geboten, die neue »republikanische Freiheit« auszunutzen.[100]

Es gibt keinen Hinweis darauf, daß Marx seine Meinung im Laufe des Winterkriegs von 1870/71 geändert hätte. Wenn Engels später einmal behauptete, daß die Pariser Kommune »intellektuell unbedingt das Kind der Internationale« gewesen sei, »obwohl die Internationale keinen Finger rührte, um sie zu machen«,[101] so stimmte daran nur das letztere. Die Internationale hatte mit der Vorbereitung des Kommuneaufstandes nicht nur nichts zu tun, Marx tat vielmehr sogar alles, um eine Erhebung der französischen Arbeiter zu verhindern. Seiner stets vertretenen Überzeugung entsprechend, hielt er es für verfehlt, aus einer Minderheitsposition heraus eine proletarische Revolution zu wagen. Als es am 18. März 1871 in Paris zum Aufstand gegen die republikanische Regierung kam, wurde er davon ebenso überrascht wie die gesamte europäische Öffentlichkeit.

Nichts verdeutlicht das mehr als die erstaunliche Tatsache, daß sich der Generalrat, der sich zuvor meist umgehend zu aktuellen Entwicklungen in der internationalen Arbeiterbewegung zu Wort gemeldet hatte, während der ganzen zwei Monate, die sich die Kommune halten konnte, nicht ein einziges Mal öffentlich zu den Pariser Ereignissen äußerte. Marx ließ sich zwar schon am 28. März vom Generalrat in gewohnter Weise damit beauftragen, eine Adresse an die Pariser Arbeiter abzufassen,[102] doch wartete er danach wochenlang die weitere Entwicklung ab, ohne überhaupt mit der Arbeit zu beginnen. Einerseits bewunderte er den Heroismus der Pariser Aufständischen und lobte ihre Aufopferungsfähigkeit in den höchsten Tönen: »Nach sechsmonatiger Aushungerung und Verruinierung durch inneren Verrat noch mehr als durch den auswärtigen Feind, erheben sie sich, unter preußischen Bajonetten, als ob nie ein Krieg zwischen Frankreich und Deutschland existiert habe und der Feind nicht noch vor den Toren von Paris stehe. Die Geschichte hat kein ähnliches Beispiel ähnlicher Größe!«[103] Andererseits zweifelte Marx jedoch frühzeitig am Erfolg des Kommuneaufstandes. Nach seiner Behauptung hätten es die Kommunarden versäumt, ihrerseits im rechten Augenblick den Bürgerkrieg gegen die Republik zu eröffnen.[104]

Das war eine höchst fragwürdige Behauptung, zumal wenn man bedenkt, daß Marx es in den ersten entscheidenden Wochen des Kommuneaufstandes nicht nur versäumt hatte, entsprechende Ratschläge zu geben, sondern überhaupt stumm geblieben war. Was in Paris vor sich ging, lief nur allzu offensichtlich der langfristig angelegten proletarischen Formierungsstrategie zuwider, die Marx bisher in der IAA verfolgt hatte. Es entsprach weit eher der Umsturzstrategie Bakunins. Der »Erzverschwörer«[105] hatte sich zwar nach einem vergeblichen Putschversuch in Lyon im Herbst 1870 aus Frankreich zurückgezogen. Aber ein Mann wie der Kommunarde Louis-Eugène Varlin handelte in Paris durchaus in seinem Sinne. Marx stand deshalb vor der Schwierigkeit, sich ungeachtet grundsätzlicher Zweifel zum Kommuneaufstand bekennen zu müssen, wenn er dessen politische Instrumentalisierung durch die Bakunisten verhindern wollte. Die Art und Weise, in der er dieses Problem löste, kann als eine seiner politischen Meisterleistungen angesehen werden. Wie schwer ihm dies allerdings fiel, läßt sich daran ablesen, daß er die im Generalrat am 18. April erneut angemahnte Stellungnahme zum Kommuneaufstand erst im dritten Anlauf zustande brachte. Sie konnte infolgedessen erst zwei Tage nach der blutigen Niederlage der Kommunarden durch den Generalrat verabschiedet werden.[106]

Für Marx hatte das allerdings den Vorteil, daß er auf die politische Lage der Kommunarden keine Rücksicht mehr zu nehmen noch gar Prognosen über ihr weiteres Schicksal zu geben brauchte. Die Kommune war Geschichte, als Marx seinen »Bürgerkrieg in Frankreich« abschloß und als Dokument des Generalrates in die Öffentlichkeit brachte.

Als ein abgeschlossenes historisches Experiment hat Marx die Kommune auch in erster Linie aufgefaßt. Es ging ihm nicht um eine historisch zuverlässige Darstellung vom Aufstieg und Fall des Aufstandes, auch nicht um eine genaue Ursachenanalyse seines Scheiterns. Woran ihm lag, war zweierlei: Zum *ersten* deutete er den Kommuneaufstand entschlossen zum historischen Modell einer ›Volksrevolution‹ unter proletarischer Führung um. Die Kommune lieferte ihm vor allem den Beweis, daß die künftige proletarische Revolution nicht einfach die bisherige ›Staatsmaschinerie‹ übernehmen könne, sondern eine völlig neue schaffen müsse. Er war sich jedoch völlig darüber im klaren, daß in Frankreich insgesamt die ökonomischen Voraussetzungen für eine Beseitigung der ›bürgerlichen Klassenherrschaft‹ noch keineswegs gegeben waren. Nur in dem kriegsbedingten Vakuum des isolierten Paris bestanden nach seiner Ansicht vorübergehend Ausnahmebedingungen, die das Experiment einer »Regierung der Arbeiterklasse« auf breiter sozialer Grundlage zuließen.[107] In einem sehr bemerkenswerten Brief an seinen deutschen Freund Kugelmann hatte er die Entstehung der Kommune schon am 17. April 1871 aus der »Anwesenheit der Preußen in Frankreich und ihrer Stellung dicht vor Paris« hergeleitet. Er bemühte dafür – und das ist für ihn so gut wie einmalig – sogar den historischen Zufall. Die Weltgeschichte wäre »sehr mystischer Natur, wenn ›Zufälligkeiten‹ keine Rolle spielten«. Zwar hielt Marx daran fest, daß diese dem »allgemeinen Gang der Entwicklung« unterworfen blieben, sie könnten diesen aber beschleunigen oder verzögern.[108] Ungeachtet ihrer völlig unvorhersehbaren Gestalt konnte er der Kommune so eine beschleunigende Wirkung zuschreiben. Er bezeichnete sie als »ruhmvollen Vorboten einer neuen Gesellschaft«.[109] Was sie vorwegnahm, war in den Augen von Marx die Regierungsform einer direkten Demokratie unter den Bedingungen proletarischer Herrschaft.

Die zukunftsträchtige Deutung der Kommune diente nicht nur seiner eigenen theoretischen Selbstverständigung, so wichtig ihm diese auch sein mochte. Sie sollte vielmehr auch, das war sein *zweites* Anliegen, für die Internationale verbindlich sein. Erstmals seit den Tagen des Kommunistenbundes nahm Marx als Politiker kein Blatt mehr vor den Mund und versuchte den Generalrat auf sein politisches Programm festzulegen. Die ihrer Entstehung und ihrem ganzen Selbstverständnis nach vollständig im nationalen französischen Rahmen bleibende, überdies alles andere als proletarische Kommunebewegung erhob er kurzerhand zu einem Bestandteil der internationalen Arbeiterbewegung. Die aufständischen Kommunarden wurden von ihm als »Vorhut des ganzen modernen Proletariats« bezeichnet.[110] Sie hatten damit in seinen Augen für dieselben politischen Ziele gekämpft, die für die Internationale verbindlich waren. In der zweiten Fassung der Kampfschrift hatte er sogar behauptet, daß die Pariser Sektionen der IAA an der »glorious revolution of Paris« einen hervorragenden Anteil gehabt hätten.[111] Die nach der Niederschlagung des Kommuneaufstandes einsetzende Verfolgung aller französischen Mitglieder der IAA schien diese durchaus nicht der Realität entsprechende Behauptung zu bestätigen. Doch konnte er sie nicht weiter aufrechterhalten, um die bedrängten Franzosen nicht noch mehr zu gefährden. Im »Bürgerkrieg in Frankreich« wurde die Beteiligung der IAA am Aufstand der Kommune nur noch indirekt unterstellt. Vorstellungen, die IAA könnte aus dem Geheimen heraus Aufstände anzetteln, tat Marx ironisch als Verschwörungstheorien eines »polizeigefärbten Bourgeoisverstandes« ab, er nahm für die IAA aber in Anspruch, daß ihre Mitglieder, wie überall, wo es zum offenen Klassenkampf komme, »im Vordergrund« aktiv gewesen seien.[112]

Auch diese eher vorsichtige Identifizierung der Internationale mit der Pariser Kommune reichte freilich aus, im konservativen Europa einen Sturm der Entrüstung auszulösen. Die republikanische Regierung von Louis-Adolphe Thiers nutzte die Chance, von ihren eigenen Untaten bei der blutigen Unterdrückung der Kommune abzulenken und den Pariser Aufstand als internationale revolutionäre Bedrohung erscheinen zu lassen.[113] Der französische Außenminister Jules Favre forderte zu diesem Zweck über seine Botschafter mit zwei diplomatischen Zirkularnoten alle europäischen Regierungen auf, die Internationale durch koordinierte Polizeiaktionen zu unterdrücken.[114] Dieser Vorstoß führte zwar nicht zum Erfolg, da sich mit der schweizerischen und der britischen gerade die Regierungen der beiden Länder, in denen die Internationale am stärksten war, einer internationalen polizeilichen Zusammenarbeit verweigerten. Jedoch benutzte Bismarck die Gelegenheit, durch bewußte Übertreibungen die Umsturzgefahren hochzuspielen, die von der Internationale angeblich ausgingen. Dazu trug sicherlich bei, daß August Bebel am 25. Mai 1871 im Deutschen Reichstag durch sein emphatisches Bekenntnis zur Pariser Kommune Bismarcks »Dämonenfurcht vor der Revolution« neuerdings geweckt hatte.[115] Aber der Reichskanzler hätte, wenn ihn die Existenz der Internationale wirklich so außergewöhnlich beunruhigt hätte, ohne weiteres mit der französischen Regierung zusammenarbeiten können. Statt dessen nutzte er das plötzliche Interesse für die Internationale, um über diese Gemeinsamkeit seine eigene konservative Allianzbildung mit Österreich-Ungarn und mit Rußland zu verwirklichen. Noch bei dem Dreikaisertreffen in Berlin im September 1872 stand die Internationale auf der Tagesordnung. Sie war aber immer nur Mittel zum politischen Zweck.

Weit mehr noch als in der Zeit des Kommunistenbundes war aber Karl Marx infolge dieser politischen Manöver in ganz Europa in aller Munde. Ihm wurde mit einem Male eine politische Macht zugeschrieben, die weit über dem realen Einfluß lag, den er in und mit der Internationalen ausüben konnte. Er galt in der internationalen Öffentlichkeit als der »Grand Chef de l'Internationale«, und er genoß es. Es tat ihm wohl, nach einer »zwanzigjährigen Sumpfidylle« der »best calumniated and the most menaced man of London« zu sein.[116] Daß ihm die »Zeitungskerls« die Tür einrannten, um das »monster« zu sehen, hielt er zwar für eine Folge moderner Mythenbildung,[117] aber er nahm auch das durchaus befriedigt hin. Und wenn er sich, gemeinsam mit Engels, darauf einließ, die internationale Presse mit Gegendarstellungen, Leserbriefen und Dementis regelrecht zu bombardieren, so diente das vordergründig der Widerlegung zahlreicher verleumderischer Falschmeldungen, die über ihn in Umlauf gesetzt worden waren.[118] Der Pressekrieg war jedoch, wie Engels es ausdrückte, auch eine Bestätigung dafür, »daß die Internationale eine europäische Großmacht« geworden sei.[119]

Zweifellos hatte Marx im Sommer 1871 den Höhepunkt seiner öffentlichen Wirksamkeit als Politiker erreicht. Hatte er sich bis dahin bewußt im Hintergrund gehalten und die politische Repräsentation in der Öffentlichkeit anderen überlassen, so schien die Internationale sich mit einem Male in seiner Person zu verdichten. Die im Generalrat institutionalisierte kollektive Führung der IAA schien nur noch eine politische Fiktion zu sein angesichts der tatsächlichen Alleinführerschaft von Karl Marx.

Es muß diese plötzliche Popularität gewesen sein, die in Marx den Entschluß reifen ließ, seine Rolle als *primus inter pares* im Generalrat der IAA aufzugeben und die alleinige Führung zu übernehmen. Noch Anfang Juli 1871 beharrte er zwar in einem Interview darauf, daß die Internationale keine zentralistische Organisationsform habe; sie sei »eher eine Vereinigung als ein Befehlsorgan«.[120] Aber schon wenig später griff er den schon seit längerem im Generalrat diskutierten, von ihm aber bisher aus taktischen Gründen abgelehnten Vorschlag auf, statt eines ordentlichen Jahreskongresses in London nur eine kleinere, geschlossene Konferenz abzuhalten.[121] Es gab zweifellos Gründe, wie schon im vorausgehenden europäischen Kriegsjahr auch 1871 nochmals auf die Einberufung eines Kongresses der Internationale zu verzichten. Aufgrund der allgemeinen Repression, der sich die Sektionen der IAA in fast allen europäischen Ländern ausgesetzt sahen, hätte eine öffentliche Zusammenkunft kaum irgendwo organisiert werden können. Allenfalls hätte man in der Schweiz oder in England einen Kongreß ansetzen können. Aber französische, deutsche, österreichische oder spanische Delegierte hätten auch in diese beiden Länder nicht unbehindert anreisen können.

Mit diesen »außergewöhnlichen Umständen« hat denn Marx auch nach außen hin die Ersetzung des Kongresses durch eine interne Konferenz begründet.[122] Auch Engels, der nach seiner Übersiedlung nach London im September 1870 auf Vorschlag von Marx Mitglied des Generalrates geworden war,[123] bediente sich dieser Sprachregelung,[124] obwohl er sich darüber im klaren war, daß die Konferenz »an sich eine ungesetzliche... Maßregel« war.[125] In Wirklichkeit nutzten Marx und Engels die Gelegenheit, »den langvorbereiteten Schlag« gegen die Bakunisten zu führen.[126]

Das zeigte sich schon daran, daß die Sektionen des bakunistischen Förderalkomitees der romanischen Schweiz nicht zu der Londoner Konferenz eingeladen wurden.[127] Der nur zu begründete Protest, den die Bakunisten gegen den Beschluß des Generalrats, eine interne Konferenz einzuberufen, einlegten, wurde von den Londonern überdies ignoriert.[128] Die Planung und der Ablauf der Konferenz wurden schließlich von Marx und Engels bewußt gegen die Bakunisten ausgerichtet. Diese sollten darin »mit Recht eine Kriegserklärung« sehen.[129] Zwar schreckte Marx noch davor zurück, regelrecht den Ausschluß der Bakunisten aus der Internationale zu betreiben, eine Maßnahme, die auch schwerlich durch die Londoner Konferenz, sondern nur durch einen regulären Kongreß hätte gedeckt werden können. Aber er legte es mit Engels planmäßig darauf an, die Internationale organisatorisch so umzuformen, daß den Anhängern Bakunins nur noch die Alternative blieb, sich entweder der (übermächtigen) Führung des Generalrats zu unterwerfen oder auszuscheiden.

Marx war eindeutig der Regisseur der Londoner Konferenz, weit mehr jedenfalls als 1865 bei seiner bisher einzigen Teilnahme an einer Jahresversammlung der IAA. Er nahm an allen Sitzungen von Anfang bis Ende teil, verlegte in einem entscheidenden Moment auch noch eine Ausschußsitzung in seine Wohnung.[130] Man hat ausgezählt, daß er sich in den auf sechs Tage (17.–22. 9. 1871) verteilten acht Sitzungen der Konferenz über 100 Mal zu Wort gemeldet hat. Die nächst aktiven Teilnehmer kamen nur auf 75 bzw. 50 Wortmeldungen.[131] Es kam hinzu, daß Marx zuvor umsichtig für eine Mehrheit unter den Delegierten der Konferenz gesorgt hatte. Da von auswärts nur neun Delegierte kommen konnten (sechs aus Belgien, zwei aus der Schweiz, darunter der Marx genehme Russe Utin, und einer aus Spanien), fiel es ihm nicht schwer, sich mit Hilfe von Delegierten des Generalrats eine sichere Mehrheit zu verschaffen: Sechs Delegierte wurden ernannt, um den Generalrat selbst zu vertreten, und sieben weitere, um die Länder zu vertreten, die keine Delegierten schicken konnten.[132] Mit dieser sicheren Generalratsmehrheit konnte Marx die wenigen Opponenten, zu denen vor allem der französische Gymnasiallehrer Paul Robin, der spanische Sozialist Anselmo Lorenzo sowie mit Abstrichen der Marseiller Kommunarde André Bastelica und die Belgier Coenen und Verrycken gehörten, mühelos in Schach halten.[133] Besonders günstig wirkte sich dabei aus, daß die Bakunisten auf der Londoner Konferenz im Grunde nicht repräsentiert waren. Marx versuchte zwar seine nicht gerade demokratische, geschweige denn statutengemäße Einladungspolitik zu der Konferenz später damit zu beschönigen, daß Robin als einer der »bekanntesten Parteigänger der Allianz« Bakunins auf seinen Vorschlag hin sogar in den Generalrat aufgenommen worden sei und als dessen Mitglied an der Londoner Konferenz teilgenommen habe.[134] Mit Recht konnten die Schweizer Bakunisten jedoch darauf verweisen, daß Robin von ihnen keinerlei Mandat erhalten habe.[135] Weder stand der Franzose vor der Konferenz mit dem bakunistischen Föderalkomitee in Genf in irgendeiner Verbindung, noch vertrat er überhaupt eine streng bakunistische Linie. Der politische Triumph, den Marx auf der Londoner Konferenz erzielen konnte, hatte insofern den Schönheitsfehler, daß er ohne wirkliche Gegner erzielt wurde.

Das soll nicht heißen, daß Marx die Delegierten der Konferenz beliebig manipulieren konnte. Er war sich der hinter ihm stehenden Mehrheit durchaus nicht immer sicher, und er mußte es zulassen, daß die vorbereitete Tagesordnung der Konferenz um mehr als doppelt so viel Beratungsgegenstände erweitert wurde.[136] Obwohl er bei der Vorbereitung der Konferenz im Generalrat den größten Wert darauf gelegt hatte, auf der Konferenz nur organisatorische Fragen zu behandeln,[137] konnte er die Diskussion ideologischer Fragen nicht ganz verhindern. Allerdings nutzte er mit bemerkenswertem Geschick auch diese Themen dazu, seine eigenen politischen Auffassungen durchzusetzen. Das gelang ihm vor allem bei der Diskussion über die Notwendigkeit von politischen Aktionen der Arbeiterklasse, die von dem ehemaligen Pariser Kommunarden Edouard Vaillant auf die Tagesordnung gesetzt worden waren.[138]

Der Vorstoß Vaillants entsprang, wie seine Begründung zeigte, der traditionellen Gegnerschaft der Blanquisten zu den Proudhonisten. Mit Sicherheit richtete er sich nicht gegen die Anhänger Bakunins, deren Einwänden er in der Diskussion vielmehr entgegenkam.[139] Vaillant wollte innerhalb der Internationale die Prinzipien revolutionärer Umsturzpolitik festschreiben. Ausdrücklich distanzierte er sich aber davon,»mit dem Wort Politik« etwa auch die politische Mitwirkung von Arbeitern in Parlamenten zu verstehen.[140] Marx münzte die Resolution IX, die die Londoner Konferenz schließlich zu dieser Frage mehrheitlich verabschiedete, so um, daß sie die Konstituierung politischer Arbeiterparteien voraussetzte. Das beinhaltete für ihn ausdrücklich auch,»Arbeiter in den Parlamenten zu haben«.[141] Damit schloß er die revolutionäre Aktion der Arbeiterklasse selbstverständlich nicht aus, aber sie wurde, bemerkenswert genug, von ihm auch nicht mehr als das alleinige Mittel proletarischer Politik angesehen. Vielmehr zeichnete es den Politiker Marx gerade aus, daß er im Unterschied zu allen seinen Kampfgenossen in der Internationale die parlamentarische Tätigkeit als politische Alternative zu revolutionärer Fundamentalopposition entdeckte. Auf eine Formel gebracht, wollte er gegenüber der ›Reaktion‹ die folgende politische Linie vertreten: »Nous savons que vous êtes la force armée contre les prolétaires – nous agirons contre vous pacifiquement là où cela nous sera possible – et par les armes quand cela sera necéssaire.«[142]

Marx war sich darüber im klaren, daß die Festlegung der Internationale auf eine solch pragmatische Linie proletarischer Politik auf Bakunin und seine Anhänger wie ein ideologischer Präventivschlag wirken mußte. Auch die Bakunisten waren zwar eigentlich keine politischen ›Absentionisten‹, wie ihnen das Marx und vor allem Engels absichtsvoll unterstellten. Aber sie konnten sich doch nie und nimmer vorstellen, daß die ›politische Aktion der Arbeiterklasse‹ auch innerhalb von gewählten Parlamenten stattfinden könnte. Und schon gar nicht konnten sie akzeptieren, daß diese Politik entgegen aller bisherigen Praxis in der IAA für alle Sektionen verbindlich sein sollte. Obwohl der Name Bakunins in der Diskussion kein einziges Mal genannt wurde, war die antibakunistische Stoßrichtung der Resolution IX auch deshalb offenkundig, weil sie im Kontext mit den wichtigsten organisatorischen Beschlüssen der Londoner Konferenz stand. Marx selbst stellte sie ausdrücklich in den Zusammenhang mit den Konferenzbeschlüssen I, II und III, die die hierarchische Führungsstellung des Generalrats gegenüber den Föderalräten und Sektionen stärkten, sowie XVI und XVII, welche die Spaltung der IAA in der französischen Schweiz endgültig zu Ungunsten der Sektionen des bakunistischen Föderalrates entschied.[143] Die Konferenzbeschlüsse über die schweizerischen Streitigkeiten wurden bezeichnenderweise von einer Untersuchungskommission vorbereitet, die nicht nur in seinem Hause tagte, sondern überhaupt vollständig von Marx gesteuert wurde.[144] Überdies hatte auch noch die Resolution XIV, die ausschließlich dazu diente, Bakunin aufgrund seiner Beziehungen zu dem anarchistischen Fememörder Sergej Netschajew zu diskreditieren, dieselbe politische Zielrichtung.[145]

Kein Zweifel also, die große Energie, die Marx auf die Londoner Konferenz verwandte, diente in allererster Linie der Durchsetzung seines Führungsanspruches gegenüber dem von ihm zunehmend als gefährlicher erkannten Gegenspieler Bakunin. Seine so erfolgreiche vermittelnde Strategie, in der IAA die gegensätzlichsten sozialistischen Strömungen gleichberechtigt nebeneinander bestehen zu lassen, wenn nur dem allgemeinen Fernziel der ›ökonomischen Emanzipation der Arbeiterklasse‹ entsprochen werde, gab er auf zugunsten einer programmatisch und organisatorisch strafferen Führung. Das heißt nicht, daß er, wie man gemeint hat,[146] die IAA zu einer einheitlichen Arbeiterpartei umbauen wollte. Keine Rede auch davon, daß Marx und Engels auf der Londoner Konferenz in der IAA das Prinzip des ›demokratischen Zentralismus‹ eingeführt hätten.[147] Die Internationale wurde, wie die von ihm persönlich im Auftrag des Generalrats revidierten Statuten beweisen, nicht in eine einheitliche Organisation umgeformt.[148] Sie blieb vielmehr in organisatorischer Hinsicht ein politischer Dachverband selbständiger Arbeitervereinigungen. Der nach wie vor als ›internationale Agentur‹ definierte Generalrat hatte in der Endphase der Internationale nur sehr viel stärkere Kontrollfunktionen gegenüber den regionalen und lokalen Mitgliederorganisationen als zuvor. Marx hielt dies auf der Londoner Konferenz offensichtlich noch für ausreichend, um eine Art politischer Richtlinienkompetenz durchzusetzen.

Wie sicher sich Marx seiner Sache aufgrund des reibungslosen Verlaufs der Londoner Konferenz war, zeigte sich u. a. daran, daß er auch zu diesem Zeitpunkt ganz offensichtlich noch nicht an einen Ausschluß der bakunistischen Sektionen dachte. Die Londoner Konferenz hätte dazu zwar auch keinerlei Kompetenz gehabt. Es ist aber doch auffällig, daß Marx diese Möglichkeit zu diesem Zeitpunkt noch nicht einmal in privaten Äußerungen erwog. Er hielt sich in seiner Stellung als unbestrittener *spiritus rector* des Generalrates der IAA für politisch stärker, als er tatsächlich war.

Zunächst einmal besiegelte die Londoner Konferenz auch eine Entwicklung, die entscheidend zur Schwächung der Internationale beitrug, nämlich die Verselbständigung und allmähliche Abwendung der englischen Arbeiterorganisationen von der Internationale. Die Konferenz forderte die englischen Mitglieder der IAA in ihrer XII. Resolution auf, schrittweise einen ›Föderalrat für England‹ zu bilden.[149] Sie folgte damit einer Anregung, die der englische Generalsekretär der IAA kurz zuvor im Generalrat gemacht hatte.[150] Rein formal wurde den Engländern mit der Bildung eines eigenen Föderalrates nur etwas eingeräumt, was den Sektionen anderer Länder längst zugestanden, ja sogar in manchem Fall vom Generalrat vergeblich aufgedrängt worden war. Die direkte Steuerung der englischen Mitgliedsorganisationen durch den Generalrat war jedoch für die Internationale bis zu diesem Zeitpunkt geradezu konstitutiv. Wie erinnerlich, waren es in erster Linie englische Arbeiterführer gewesen, die 1864 die Initiative zur Gründung der IAA ergriffen hatten. Die Internationale war für sie eine Art Resonanzboden, der ihren gesellschaftspolitischen Forderungen, vor allem im Verlauf von Streikaktionen, in England verstärkt Gehör verschaffen sollte. Sie benutzten daher den Generalrat ausschließlich dazu, sich zusätzliche Publizität zu verschaffen.[151] Politische Solidaritätsaktionen mit der internationalen Arbeiterbewegung interessierten sie von Anfang an wenig. Je mehr sie ihre Ziele gewerkschaftlicher Anerkennung und sozialpolitischer Gleichberechtigung in England durchsetzen konnten, desto weniger bedurften sie im Grunde der Internationale. Seit der Durchsetzung solch grundlegender Reformgesetze wie dem »Master and Servant Act«, dem »New Factory Act« und schließlich auch der Wahlreformakte von 1867 schwand daher in der englischen Arbeiterbewegung das Interesse an der Internationale. Endgültig konnten die Engländer auf die IAA verzichten, als die Gewerkschaften im Sommer 1871 durch den »Trade Union Act« gesetzlich anerkannt wurden. Es ist kein Zufall, daß John Hales nur wenige Monate später im Generalrat auf Distanz ging. Die einflußreichen Gewerkschaftsführer George Odger und Benjamin Lucraft waren schon vorher im Streit aus dem Generalrat ausgeschieden, weil sie sich die Erklärung von Marx über den ›Bürgerkrieg in Frankreich‹ nicht zu eigen machen wollten.[152]

Aus der Sicht von Karl Marx sah das von Anfang an völlig anders aus – und hierin lag eine der tieferen Ursachen für sein schließliches Scheitern als Politiker. Er hatte sich 1864 überhaupt nur deswegen auf das neuerliche Abenteuer aktiver Politik eingelassen, weil er glaubte, über die entstehende Internationale in die machtvolle englische Gewerkschaftsbewegung politisch eingreifen zu können. England stand als das fortgeschrittenste kapitalistische Land Europas auch im Mittelpunkt seiner politischen Hoffnungen. Wenn es ihm gelang, die im europäischen Vergleich am meisten entwickelte, wenngleich ganz auf gewerkschaftliche Solidaritätsaktionen sich beschränkende englische Arbeiterbewegung zu politisieren, so mußte das, wie er irrtümlich annahm, zum Durchbruch der politischen Machtergreifung des Proletariats in ganz Europa führen. Aus diesen Gründen war ihm in besonderem Maße daran gelegen, die assoziierten englischen Gewerkschaftsorganisationen vom Generalrat aus zu erreichen und nicht nur mittels eines zentralen englischen National-komitees. Noch Anfang 1870 lehnte er deshalb die Einrichtung eines vom Generalrat getrennten Föderalrats für England entschie-den ab. In seiner Begründung faßte er alle seine Argumente noch einmal zusammen: Obgleich die »revolutionäre Initiative« wahr-scheinlich von Frankreich ausgehen werde, könne »allein England als Hebel für eine ernsthafte ökonomische Revolution dienen«. Aufgrund seiner fortgeschrittenen »kapitalistischen Form« sei es das einzige Land, »wo der Klassenkampf und die Organisation der Ar-beiterklasse durch die Trade-Unions einen gewissen Grad der Reife und der Universalität erlangt« hätten. Jede »Revolution in den öko-nomischen Verhältnissen« müsse deshalb von England »auf die ganze Welt zurückwirken«. In grandioser Selbstüberschätzung meinte Marx, daß der Generalrat »seine Hand direkt auf diesen gro-ßen Hebel der proletarischen Revolution« gelegt hätte: »Welche Torheit, ja man könnte fast sagen, welches Verbrechen wäre es, ihn englischen Händen allein zu überlassen.«[153]

Die Ereignisse von 1870/71 zeigten Marx dann freilich, daß seine politischen Prognosen falsch waren. Die englische Arbeiterklasse er-wies sich nicht als der ›große Hebel‹ der proletarischen Revolution. Vor allem ließ der Pariser Kommuneaufstand, in den Marx nachträg-lich so viele Hoffnungen gesetzt hatte, die englischen Arbeiter nicht nur völlig kalt, sie sahen dadurch sogar ihre eigenen sozialen Errun-genschaften als gefährdet an. Weit davon entfernt, mit seiner empha-tischen Parteinahme für die Kommune die englischen Arbeiterführer zum politischen Aufbruch zu bewegen, mußte Marx mit ansehen, daß sie sich schrittweise aus der Internationale zurückzogen. Es stimmte ganz mit seiner Überzeugung überein, wenn Engels das Verhalten der englischen Arbeiterklasse während des Todeskampfes der Pariser Kommune als einen Schandfleck bezeichnete.[154] Ändern konnte er daran freilich nichts. Zwar behauptete er auf der Londoner Konfe-renz, daß jetzt ein Föderalrat der englischen Mitgliederorganisationen gebildet werden könne, weil ihre »Erziehung im Generalrat beendet« sei.[155] Es ist jedoch wenig wahrscheinlich, daß er von der politischen Reife der englischen Arbeiter wirklich überzeugt war. Später hat er sich durchaus wieder anders geäußert und die politische Apathie der englischen Arbeiterklasse beklagt. Seine euphemistischen Äußerungen dienten eher der Verschleierung der Tatsache, daß er gerade in der für ihn zentralen Frage, die englischen Arbeiter durch die Internationale politisch zu mobilisieren, gescheitert war. Die englischen Gewerkschaften ließen sich nicht durch das politische Programm von Karl Marx beeinflussen. Schon gar nicht akzeptierten sie »die untergeordnete Rolle, die Marx für sie vorgesehen hatte«.[156]

Wenn Marx deshalb nach Abschluß der Londoner Konferenz meinte, es sei auf dieser »mehr geschehen, als auf allen früheren Kongressen zusammen«,[157] so war das eine recht fragwürdige Feststellung. Auch wenn vielleicht noch nicht in vollem Umfang zu erkennen war, welche verhängnisvollen Folgen die organisatorische Verselbständigung der englischen Mitglieder für die weitere Entwicklung der IAA haben sollte, war die Schwächung des Generalrats doch unübersehbar. Fixiert auf Bakunin, den Marx mehr und mehr als den einzigen politischen Herausforderer ansah, der sein siebenjähriges politisches Wirken für die Internationale in Frage stellen konnte, schien ihm zwar ein entscheidender Schlag gelungen zu sein. Doch auch hier war offen, wie der russische Revolutionär mit seinen Anhängern auf den Versuch reagieren würde, ihn innerhalb der Internationale politisch zu disziplinieren.

In der letzten Sitzung der Londoner Konferenz ließ sich Marx damit beauftragen, die Mitgliedsorganisationen der Internationale so schnell wie möglich über die wichtigsten Beschlüsse zu informieren.[158] Zu diesem Zweck bereitete er gemeinsam mit Engels in den folgenden Wochen eine Druckfassung der Konferenzresolutionen vor.[159] Bezeichnenderweise zog er dabei die beiden Resolutionen (XVI und XVII) über den Konflikt mit den bakunistischen Sektionen in der romanischen Schweiz vor. Sie wurden von ihm in einem Zirkular zusammengefaßt, das am 21. Oktober 1871 in der schweizerischen Zeitschrift »Egalité« veröffentlicht wurde.[160] Nachdem der Generalrat am 16. Oktober die redigierte Endfassung der Konferenzbeschlüsse gebilligt hatte,[161] wurden die wichtigsten in einem Zirkularbrief des Generalrates an die Föderalräte zusammengefaßt, der etwa am 6. November 1871 in englischer und in französischer Sprache vorlag.[162]

Die Aufzählung der genauen Daten dieses Veröffentlichungsprozesses ist in diesem Fall wichtig, weil sie erkennen läßt, daß die Bakunisten in der romanischen Schweiz schneller auf die Herausforderung der Londoner Konferenz reagierten, als sie offiziell informiert wurden. Im Einvernehmen mit, wenn auch ohne Beteiligung von Bakunin, lud dessen wichtigster Parteigänger in der Schweiz, der Lehrer James Guilleaume, die Sektionen der Romanischen Föderation schon am 31. Oktober für den 12. November zu einem Kongreß nach Sonvilier ein.[163] Die Bakunisten nahmen damit den Fehdehandschuh des Generalrates auf, noch bevor sie überhaupt die gesamten Beschlüsse der Londoner Konferenz kennen konnten. Die von Marx gezielt veranlaßte Vorinformation über die einseitige Parteinahme des Generalrates gegen die bakunistische Mehrheit der Sektionen in der romanischen Schweiz veranlaßte diese zu einem ebenso deutlichen Widerspruch. Das von dem Kongreß in Sonvilier am 12. November verabschiedete »Circulaire à toutes les fédérations de l'Association Internationale des Travailleurs« stellte den Führungsanspruch des Generalrats offen in Frage. Dem Generalrat wurde, was durchaus berechtigt war, die Kompetenz abgesprochen, anstelle eines Kongresses eine zudem noch geheim gehaltene Konferenz einzuberufen. Darüber hinaus wurde dem Generalrat unterstellt, aus der Internationale eine »hierarchische Organisation« machen zu wollen, die von einem Komitee dirigiert und regiert würde. Gegen die darin sich abzeichnende Tendenz einer »Zentralisation und Diktatur« traten die Bakunisten taktisch geschickt für das »Prinzip der Autonomie der Sektionen« ein. Der Generalrat sollte wieder auf seine bisherige Rolle als »ein simples Büro für Korrespondenz und Statistik« reduziert werden.[164]

Es ist selbstverständlich kein Zufall, daß der zentrale Vorwurf der Anhänger Bakunins gegen den politischen Führungsanspruch des Generalrats mit der ›antiautoritären‹ politischen Theorie des Russen übereinstimmte. Die Internationale wurde von Bakunin »in seine Staatstheorie gewissermaßen eingebaut«.[165] Die autonomen Sektionen der Internationale, verbunden in einer lockeren Föderation, die durch den Generalrat verwaltet, aber keineswegs beherrscht oder regiert wurde – das schien ihm ein Modell des sozialistischen Zukunftsstaates zu sein. Bakunin hatte zu diesem Zeitpunkt, aber im Grunde auch später, keine genauen Vorstellungen, wie die ›freie Gesellschaft‹ autonomer Assoziationen funktionieren sollte. Und über die Voraussage, daß die Befreiung des Proletariats sich, wie in der Pariser Kommune, über die ›spontane‹ Erhebung der Massen und die »Zerstörung jeder Politik durch die Abschaffung der Staaten« vollziehen werde,[166] gingen seine Revolutionsvorstellungen institutionell kaum hinaus. Die Marxschen Revolutionsvorstellungen waren in dieser Hinsicht zweifellos konkreter, ganz davon abgesehen, daß sie in eine, auch von Bakunin neidlos anerkannte, umfassende politische Theorie eingebunden waren.

Um den 1871 in der IAA zwischen Marx und Bakunin ausgebrochenen Konflikt zu verstehen, muß man jedoch sehen, daß Bakunin scharfsinnig den eigentlich problematischen, durch Lenins Uminterpretation sich später so verhängnisvoll auswirkenden Kern der Revolutionstheorie von Marx richtig erkannt hat. Mit seiner Parteinahme für die Kommune plädierte Marx für eine revolutionäre Übergangsform, die er, wenn auch eher beiläufig, als »proletarian dictature« bezeichnete.[167] Bakunin glaubte umgekehrt in der Kommune gerade eine rein soziale, nicht in staatlicher Form organisierte Revolution erkennen zu können. Er bekannte sich zur Kommune, weil diese die Möglichkeit einer sozialen Revolution ohne politische Diktaturausübung demonstriert habe.[168] Das war letzten Endes nicht weniger ein Versuch, die überwältigende zeitgenössische Erfahrung des Kommuneaufstandes theoretisch zu instrumentalisieren, als dies die Marxsche Interpretation war. Bakunin schuf sich seinen Kommunemythos so gut wie Marx sich den seinen. Wenn Marx sich aber im Kern zur proletarischen Diktatur bekannte, lehnte Bakunin auch diese wie jede Diktaturherrschaft leidenschaftlich ab. Da er diese Auffassung mühelos auf die internen Auseinandersetzungen innerhalb der IAA übertragen konnte, verschaffte er sich einen von Marx vollkommen unterschätzten politischen Startvorteil im beginnenden Machtkampf um die Internationale. Er konnte sich gegenüber dem von Marx geführten Generalrat zu einem Anwalt der Autonomie der Sektionen aufwerfen.

Der Generalrat ließ sich mit einer Antwort auf das »Zirkular« des bakunistischen Kongresses von Sonvilier erstaunlich viel Zeit. Erst unter dem Datum des 5. März 1872 verabschiedete er eine ausführliche Abrechnung mit den Bakunisten, die unter dem Titel »Die angeblichen Spaltungen in der Internationale« als vertrauliches Zirkular des Generalrats der Internationalen Arbeiterassoziation Ende Mai 1872 zuerst in französischer Sprache veröffentlicht wurde.[169] Über den Winter hinweg begannen jedoch beide Seiten mit wachsender Energie, in der Internationale um die Zustimmung der Mitglieder zu kämpfen. Nachdem er sich auf der Londoner Konferenz noch glaubte gegen Bakunin entscheidend durchgesetzt zu haben, stand Marx nun ziemlich unvermittelt vor einer Situation, in der seine politische Führung in der Internationale auf dem Spiel stand. Wie schon einmal im Kommunistenbund sah er sich nun auch in der Internationale einer konkurrierenden Führungsclique gegenüber, die seinen erklärten Anspruch auf politische Führung nicht akzeptierte, sondern diesen ihrerseits in Frage stellte. Anders als seinerzeit Schapper und Willich hatten James Guillaume und Léon Schwitzguébel, als die führenden Organisatoren der bakunistischen Sektionen in der Schweiz, mit Bakunin aber einen Politiker hinter sich, der Marx auch in der theoretischen Auseinandersetzung gewachsen war.

Wie seinerzeit im Kommunistenbund hatte Marx auch dieses Mal das formale Recht keineswegs auf seiner Seite, da eine Schlichtung des schweizerischen Streitfalles satzungsgemäß nur ein ordentlicher Kongreß und nicht eine vom Generalrat dominierte, ja manipulierte ›Konferenz‹ hätte herbeiführen dürfen. Durch seinen Entschluß, sein bis dahin so erfolgreiches Wirken im Hintergrund aufzugeben und als eigentliches Haupt der Internationale den Anspruch auf die alleinige politische Führung zu stellen, hatte Marx überdies bewirkt, fortan in der IAA als Partei angesehen zu werden. Mit dem im Herbst 1871 ausbrechenden Machtkampf zwischen den Anhängern von Marx und von Bakunin zerfiel die Internationale somit eigentlich in zwei politische Fraktionen, die sich zunehmend unversöhnlicher gegenüberstanden. Daß sie sich gegenseitig autoritären Gebarens bzw. separatistischer Bestrebungen bezichtigten, sollte den Historiker heute nicht dazu verführen, seinerseits von vornherein entsprechend Partei zu nehmen.

Es kennzeichnete vielmehr die Situation um die Jahreswende von 1871/72, daß die Lage in den Föderationen der Internationale weitgehend unüberschaubar war. Es herrschte allgemein ziemliche Verwirrung über die Ursachen der Auseinandersetzungen, die politischen Motive und die Intentionen der Beteiligten. Beide Lager bemühten sich in dieser Situation darum, desorientierte oder unschlüssige Föderationen und Sektionen auf ihre Seite zu ziehen. Wie in alten Geheimbundzeiten wurden wieder sogenannte Emissäre und Sonderbeauftragte durch Europa oder gar nach Amerika geschickt, bemühte man sich in den Ländern, in denen die Internationale verbreitet war, Vertrauensleute zu gewinnen. Dabei fällt auf, daß Marx selbst sich verhältnismäßig wenig an diesem politischen Ringen hinter den Kulissen beteiligte. Er überließ den größten Teil dieser Überzeugungsarbeit Friedrich Engels.

Wirkliches Engagement, wozu er als zuständiger Sekretär des Generalrats verpflichtet war, zeigte Marx nur in Deutschland. Er hatte hier auch Erfolg, freilich in einem anderen Sinne, als ihm das eigentlich vorschwebte.[170] In England setzte sich die Absetzbewegung der ohnehin nur noch wenig an der Internationale interessierten Gewerkschaftler fort. Selbst der englische Generalsekretär des Generalrats, Hales, sollte schließlich auf Distanz gehen. Wie Marx ernüchtert feststellen mußte, arbeitete Hales »gegen den Rat, während er von diesem bezahlt« werde.[171] Nach längeren unerfreulichen Auseinandersetzungen im Generalrat gelang es ihm, Hales von seinem Amt suspendieren zu lassen.[172]

Es kann hier nicht darum gehen, das Ringen zwischen Marxisten und Bakunisten im gesamten Verbreitungsgebiet der Internationale im einzelnen darzustellen.[173] Nur soviel ist festzuhalten: Entgegen dem selbstgewissen Auftreten von Marx auf der Londoner Konferenz sollte sich im Laufe des folgenden Jahres zeigen, daß sich die überwiegende Mehrheit der regionalen Organisationen der IAA auf die Seite von Bakunin schlug. Vor allem gelang es Bakunin, die starke spanische Föderation und die italienische Föderation für sich zu gewinnen, letztere auf der Konferenz von Rimini im August 1872, noch bevor sie sich als solche überhaupt förmlich konstituiert hatte.[174] Bereits im Januar 1872 hatte Engels eingestehen müssen, daß in Italien »vorderhand dort die Bakunisterei in der Internationale das große Wort führt«.[175] Auch in der französischen Schweiz gewannen die Bakunisten deutlich an Boden, so daß die seit Jahren bestehende Spaltung sich dort noch vertiefte.[176] In den USA kam es sofort nach der Londoner Konferenz zu einer Spaltung der großen überseeischen Föderation. Seit Ende 1871 standen sich hier, ähnlich wie in der französischen Schweiz, zwei Föderalräte gegenüber. Der Generalrat hatte die größte Mühe, das ihm treue, von den deutschen Emigranten Friedrich Adolph Sorge und Friedrich Bolte geführte Gremium am Leben zu erhalten.[177] Schließlich näherte sich auch die belgische Föderation stark der bakunistischen Fraktion an, ohne jedoch ganz mit der marxistischen zu brechen.[178]

Aufgrund dieser für ihn ungünstigen Entwicklung konnte Marx sich 1872 der zuerst von der bakunistischen Föderation der romanischen Schweiz vorgetragenen Forderung, einen allgemeinen Kongreß einzuberufen, immer weniger entziehen. Er hatte Anfang des Jahres offensichtlich noch geglaubt, seine bakunistischen Gegner in der Schweiz dadurch zum Schweigen bringen zu können, daß er sie lächerlich machte. Das ohnehin reichlich umständliche Rundschreiben an die Sektionen der IAA, in dem er für den Generalrat endlich auf den Protest des Kongresses von Sonvilier antwortete, kam aber zu spät. Marx hatte den Text Anfang 1872 verfaßt, am 5. März wurde er vom Generalrat offiziell verabschiedet.[179] Doch der Druck der Broschüre – so umfangreich war der Text – zog sich so lange hin, daß erst Ende Mai mit dem Versand an die Sektionen der IAA begonnen werden konnte. Im März konnte Marx vielleicht noch der Meinung sein, mit der »ungeheuren Mehrheit der Internationalen« gegenüber den Schweizer Bakunisten rechnen zu können.[180] Im Sommer 1872 wirkte die Behauptung, daß es sich um »angebliche Spaltungen in der Internationalen« handelte, jedoch nur noch unfreiwillig komisch.[181] Der Versuch, die Romanische Föderation als bloße ›Sekte‹ abzutun, stärkte eher die bakunistische Fraktion, als daß er der Realität entsprochen hätte. Von wirklichem Interesse war in dem ganzen Rundschreiben nur ein einziger Satz: »In Übereinstimmung mit der ungeheuren Mehrheit der Internationalen wird der Generalrat den Jahreskongreß erst für September 1872 einberufen.«[182]

Auf Vorschlag von Marx beschloß der Generalrat dann am 11. Juni, diesen Kongreß in Holland abzuhalten.[183] Der Text der Einladung wurde von Engels am 18. Juni formuliert, wobei nunmehr Den Haag zum Tagungsort bestimmt wurde.[184] Der Generalrat gab damit dem Verlangen der bakunistischen Opposition nach, versuchte aber durch die Festlegung des Tagungsortes und das Hinausschieben des Termins seine Position auf dem Kongreß zu verbessern. Marx, noch mehr aber Engels, wurden angesichts der für sie zunehmend ungünstigeren Entwicklung in den Sektionen der IAA von der Sorge umgetrieben, auf dem Kongreß in der Minderheit zu bleiben. Die nach der Londoner Konferenz von den Bakunisten erhobene Forderung, einen »sofortigen Kongreß« abzuhalten, war für sie daher unannehmbar. Sie wehrten sie durch den Verweis auf den »regelmäßigen Septembertermin« ab.[185] In größere Verlegenheit setzte sie, daß ausgerechnet Johann Philipp Becker, als Präsident der sogenannten Sektionsgruppe der deutschen Sprache in der Schweiz, einer ihrer treuesten Parteigänger, mit dem Vorschlag vorpreschte, Genf als Tagungsort zu wählen, und Liebknecht diesen Vorschlag sogar nach der Festlegung auf Den Haag nochmals wiederholte.[186] Für sie kam nur ein Tagungsort in Frage, der für ihre politischen Gegner in der IAA schwer zu erreichen war. Als das bakunistisch orientierte Föderalkomitee der französischen Schweiz unter Verweis auf die Statuten der IAA förmlich gegen »un point extrémement excentrique« wie Den Haag als Tagungsort protestierte[187] und neuerlich Genf als Tagungsort vorschlug, sahen sich Marx und Engels darin bestätigt, daß sie »richtig operiert« hätten.[188] Sie hielten erst recht an Den Haag fest, da sie sicher sein konnten, daß zumindest Bakunin nicht persönlich dorthin kommen konnte. Da ihm der Weg durch Frankreich und durch Deutschland verschlossen war, hätte er nämlich von Locarno, seinem damaligen Aufenthaltsort, nur über Italien auf einem höchst umständlichen Seewege nach Holland gelangen können. Das aber war ihm aufgrund seines schlechten Gesundheitszustandes unmöglich. Umgekehrt hätten natürlich Marx und Engels, wie überhaupt die meisten Mitglieder des Generalrates, dieselben Probleme gehabt, nach Genf zu kommen. Am liebsten hätten Marx und Engels den Kongreß, wie ihnen ihr Vertrauensmann für die Iberische Halbinsel, Paul Lafargue, geraten hatte, überhaupt in England abgehalten.[189] Doch »das ging nicht«, wie Engels richtig erkannte. Das bakunistische Lager hätte dem marxistischen vorwerfen können, den Kongreß nur deshalb nach England einberufen zu haben, weil es dort von vornherein »eine künstliche Majorität« für sich hätte.[190] Auch wenn es nicht offen gesagt wurde, war es keine Frage, daß mit dem Streit um den Tagungsort schon der Kampf um die Mehrheit auf dem Kongreß begonnen hatte.

Engels war sich schon Anfang Mai 1872 darüber im klaren, daß bis zum Beginn des Kongresses »noch sehr starke Anstrengungen« gemacht werden müßten, »um eine *respektable* Mehrheit zu sichern«.[191] Er war es auch, der sich – weit mehr als Marx – um Delegiertenstimmen bemühte. Wenn er »Bakunin und Co.« vorwarf, »Delegierte von hundert verschiedenen Gesellschaften, die gar nicht zur Internationale« gehörten, auf dem anstehenden Kongreß »Sitz und Stimme zu verschaffen«,[192] so machten er und Marx es im Prinzip nicht viel anders. Sie drängten alle diejenigen, die sie im engen Sinne zu ihrer ›Partei‹ rechneten,[193] nach Den Haag zu kommen und erwarteten überdies von ihren Parteigängern, daß sie von Sektionen, die sich auf dem Kongreß nicht selbst vertreten lassen konnten, Blanko-Mandate mitbrächten. Dies war zwar gerade noch statutengemäß, öffnete aber der Manipulation von Delegiertenstimmen Tür und Tor. Überdies ist auffällig, daß es sich bei den Delegierten, die auf diese Weise mobilisiert wurden, mit Ausnahme von Marx' Schwiegersohn Lafargue, ausnahmslos um Deutsche handelte: Wilhelm Liebknecht, Adolph Hepner und Ludwig Kugelmann in Deutschland, Johann Philipp Becker in der Schweiz, Friedrich Adolph Sorge in den USA und Theodor Cuno in Belgien.[194] »Deutschland« sollte, wie Marx unumwunden erklärte, »soviel Repräsentanten haben als möglich«.[195] Bakunin, der ohnehin seit langem der IAA gegenüber ein antigermanisches Vorurteil hegte, dem freilich ein antislawisches bei Marx entsprach, konnte sich dadurch nachträglich bestätigt sehen. Den Auftritt der Parteigänger von Marx auf dem Haager Kongreß interpretierte er als »eine Art sozialistischer und literarischer Freimaurerei«, die, hierarchisch organisiert, den Befehlen von Marx im geheimen gefolgt sei.[196]

Die Polemik von Bakunin ist allerdings wohl auch als eine Art Revanche dafür anzusehen, daß Marx es auf dem Haager Kongreß geschafft hatte, ihn mit dem Vorwurf, in der Internationale eine geheimbündlerische Untergrundtätigkeit betrieben zu haben, aus der IAA auszustoßen. Durch seinen Schwiegersohn Lafargue hatte Marx Anfang April 1872 erfahren, daß Bakunins Alliance de la Démocratie Socialiste sich zwar in der Schweiz 1869 öffentlich aufgelöst, jedoch in Spanien als Allianza de la Democrazia Socialista weiterbestanden hätte.[197] Obwohl Lafargue ausdrücklich darauf hingewiesen hatte, daß die spanische Allianza keine direkte Verbindung zu Bakunin habe,[198] war vor allem Engels, aber auch Marx wie elektrisiert von dieser Nachricht. Triumphierend teilte Engels dem engeren Kreis der ›Partei‹ mit, daß diese Enthüllung Bakunin »den Hals brechen« werde.[199] Mit der Veröffentlichung einer Erklärung des Generalrats, in der die geheimen Machenschaften der Alliance enthüllt werden sollten, glaubte Engels eine »Bombe« schleudern zu können, »die unter den Bakunisten keinen geringen Schrecken verbreiten wird«.[200] So wie er wahrscheinlich überhaupt die Bedeutung der Alliance überschätzte,[201] muß es ihn um so mehr irritiert haben, daß er mit seiner Enthüllungskampagne im Generalrat nicht durchkam. Obwohl er von diesem Gremium zusammen mit Marx damit beauftragt worden war, die Ausstoßung von Bakunin und den ›Alliancistes‹ für den kommenden Kongreß vorzubereiten,[202] gelang es ihm nicht, den Generalrat von der Notwendigkeit einer Vorverurteilung Bakunins zu überzeugen. Das von ihm im Exekutivkomitee vorbereitete Rundschreiben an alle Mitglieder der IAA, in dem der spanische Föderalrat des Verrats bezichtigt wurde, wurde zwar im Generalrat am 6. August schließlich mit zwölf zu acht Stimmen akzeptiert, aber nicht versandt.[203] Der Generalrat beließ es dabei, lediglich den spanischen Föderalrat zur Rede zu stellen.[204] In einer äußerst kontrovers geführten Diskussion sahen einige Generalratsmitglieder die Beweise gegen Bakunin und die Alliance noch nicht als ausreichend an, andere verlangten unterschiedliche Modifikationen des Textes, und wieder andere stimmten diesen zwar zu, sprachen sich aber gegen seine Veröffentlichung aus. Die schärfste Kritik kam von John Hales, dem kurz zuvor von seinem Amt suspendierten Generalsekretär des Generalrats. Er bezeichnete den ganzen Textentwurf unverblümt als ein »Wahlmanöver« und als eine »Intrige«, mit der »eine Geheimgesellschaft« sich durch die »Zerschlagung einer anderen« durchsetzen wolle.[205] Das war zwar eine boshafte Übertreibung, da zumindest Engels, aber mit Sicherheit wohl auch Marx tatsächlich an eine von Bakunin ausgehende Verschwörung glaubten. Aber Hales traf doch insofern den Nagel auf den Kopf, als Engels seine Enthüllungsgeschichte bewußt dazu benutzen wollte, die Delegiertenwahlen für den Haager Kongreß in den Sektionen der IAA zu beeinflussen. Die Tatsachen über die Alliance wurden von ihm bewußt den Mitgliedern der Internationale unterbreitet, »ehe die Wahlen zum Kongreß stattfinden«.[206]

Höchst merkwürdig ist, daß sich Marx, obwohl anwesend, in der hitzigen Debatte, die im Generalrat über die Vorlage von Engels stattfand, entgegen seiner sonstigen Gewohnheit anscheinend kein einziges Mal zu Wort meldete. Er rührte keinen Finger, um seinen treuesten und einzig wirkungsvollen Mitstreiter vor der politischen Niederlage im Generalrat zu bewahren. Mangels aussagekräftiger

Quellen können wir nicht sagen, weshalb Marx sich so zurückhielt. Die Aufdeckung der spanischen Allianza hat ihn sicherlich nicht weniger beunruhigt als Engels. Nicht minder lag es ihm am Herzen, auf dem Haager Kongreß eine bakunistische Mehrheit zu verhindern. Möglicherweise schätzte er aber die Wirkung der Enthüllungen über die Allianz geringer ein als Engels. Entsprechend emphatische Äußerungen, wie sie von Engels serienweise überliefert sind, gibt es von Marx nicht. In seinen Augen war die Lage auch sehr viel dramatischer, als sie sich für Engels darstellte. Während dieser die Ergebnisse seiner politischen Geschäftigkeit am Ende positiv beurteilte und »den Sieg nun gesichert« sah,[207] stand der Haager Kongreß für Marx im Zeichen des Alles oder Nichts. In seltsamer Übereinstimmung mit seinem Widersacher Bakunin, der die Auseinandersetzung mit Marx schon frühzeitig auf die Formel »Kampf auf Leben und Tod« zugespitzt hatte,[208] ließ Marx gleich zwei verschiedene Briefpartner vertraulich wissen, daß es bei dem Kongreß »um Leben oder Tod der Internationalen« ginge.[209]

Kein Zweifel also, der Politiker Marx befand sich am Vorabend des Haager Kongresses, dem ersten der Internationale, an dem er überhaupt teilnehmen sollte, in einer Art politischer Endzeitstimmung. Es war sein mehrfach bekundeter Entschluß, nach dem Kongreß wieder aus dem politischen Leben auszuscheiden. »Ich erwarte mit Ungeduld den nächsten Kongreß. Das wird das Ende meiner Sklaverei sein. Danach werde ich wieder ein freier Mann werden!«, schrieb er schon am 28. Mai 1872 an den Belgier De Paepe und fast gleichlautend an den Russen Danielson, nachdem er schon im März erste Anzeichen der politischen Resignation hatte erkennen lassen.[210] Bevor er aus dem Generalrat ausscheide, wolle er die Internationale nur noch vor »auflösenden Elementen« schützen.[211] Wie schon einmal in der Endphase des Kommunistenbundes zog es ihn auch jetzt wieder an den Schreibtisch zurück. Er werde zu sehr bei seinen theoretischen Studien gestört, habe kaum noch Zeit zum Arbeiten.[212] Eindrücklich schildert seine Frau Jenny in einem Brief an Wilhelm Liebknecht die Stimmungslage, in der sich Karl Marx in den Monaten vor dem Haager Kongreß befand. Er sei hier ausnahmsweise einmal ausführlicher zitiert: »Sie ahnen nicht, was wir hier in London seit dem Fall der Kommune ausgestanden haben. All das namenlose Elend, der grenzenlose Jammer! Und daneben die fast unerträglichen Arbeiten für die Internationale. Solange der Moor (d. i. Marx) alle Arbeit hatte und mit Mühe und Not durch Diplomatisieren und Lavieren die widerspenstigen Elemente zusammenhielt vor der Welt und dem Geschwader der Feinde, die Gesellschaft vor dem ridicule wahrte und Schrecken und Angst der zitternden Schar einflößte, nirgends hervortrat, keinen Kongreß besuchte, alle Mühe und keine Ehre hatte, schwieg das Gesindel. Nun, da die Feinde ihn ans Licht gezogen, seinen Namen in den Vordergrund gebracht haben, nun tut sich die Meute zusammen, und Polizisten und Demokraten jaulen denselben Refrain ab ›vom Despotismus, der Autoritätssucht, dem Ehrgeiz‹! Wieviel besser und wohler wäre es ihm, hätte er ruhig weitergearbeitet und dem Kämpfenden die Theorie zum Kampf weiterentwickelt.«[213] Und es war an sich auch klar, welcher ›Theorie‹ Marx sich endlich wieder zuwenden wollte: der des »Kapitals«, an dessen zweitem Band er seit langem nicht mehr hatte arbeiten können.[214] Marx hatte sich also längst vor dem Kongreß von Den Haag entschieden, von allen seinen politischen Ämtern zurückzutreten und nicht mehr an den Sitzungen des Generalrates teilzunehmen. Sein Weg als Politiker ging dem Ende zu, und er wollte es so. Er wollte wieder Zeit haben, Zeit für sein wissenschaftliches Werk, das er als sein eigentliches Lebenswerk ansah, demgegenüber die langen Jahre der aktiven Politik letzten Endes doch nur Episode sein sollten. Wie sich zeigen sollte, fand er jedoch nach seinem Ausstieg aus der praktischen Politik nicht mehr in die politische Theorie zurück. Die Politik hatte ihn vor allem auch gesundheitlich so ruiniert, daß er nicht mehr die Kraft und die Energie aufbrachte, nach seinen Vorstellungen als politischer Theoretiker wissenschaftlich produktiv zu sein.

Schon sein Auftritt auf dem Kongreß von Den Haag (2.–7. September 1872) war nicht mehr sehr kämpferisch, vor allem wenn man seine dominierende Präsenz auf der Londoner Konferenz ein Jahr zuvor damit vergleicht. Nach dem kräftezehrenden dreitägigen Auftakt meldete er sich nur noch relativ selten zu Wort und überließ es meist Engels, ihren gemeinsamen politischen Standpunkt vorzutragen und kritische Situationen rhetorisch zu meistern. Wirklich präsent war er eigentlich nur, als es zu Anfang des Kongresses um die Anerkennung der Mandate ging. Schon hier mußte sich ja entscheiden, ob er mit seinen Anhängern auf dem Kongreß mit einer Mehrheit rechnen konnte. Die Ausgangslage hatte sich insofern für Marx verbessert, als die italienischen Sektionen der IAA auf ihrer ersten gemeinsamen Konferenz in Rimini am 4. August 1872 beschlossen hatten, den Kongreß von Den Haag zu boykottieren und statt dessen zum selben Zeitpunkt in Neuchâtel einen Gegenkongreß abzuhalten.[215] Dieser Gegenkongreß kam zwar erst am 15. September, also nach dem Kongreß von Den Haag, im schweizerischen Saint-Imier zustande;[216] aber die Absage der Italiener bewirkte, daß die bakunistische Fraktion gegenüber der marxistischen in Den Haag von vornherein entscheidend geschwächt wurde. Die »leicht 40 Delegierte(n)«, deren Kommen aus Italien Engels in freilich übertriebener Sorge befürchtet hatte, fielen weg.[217] Die Hoffnung, daß sich die bakunistisch orientierten Sektionen in der Schweiz dem Verhalten der Italiener anschließen würden, wurde freilich enttäuscht. Diese entsandten mit Guillaume und Schwitzguébel die beiden wohl prominentesten Bakunisten nach Den Haag, wo sie mit den vier von den spanischen Sektionen gewählten Delegierten den Kern der antimarxistischen Opposition bilden sollten.

Auch wenn die Mehrheitsverhältnisse zu Beginn des Kongresses noch nicht gänzlich überschaubar waren, war es die Stärke von Marx, daß er mit seiner politischen Fraktion wußte, was er wollte, während die Gegenfraktion zunächst nicht durch viel mehr zusammengehalten wurde als durch eine vage Opposition gegen den ›autoritären‹ Generalrat. Die Anhänger von Marx konnten sich dadurch schon in der Eröffnungssitzung am 2. September einen entscheidenden Startvorteil verschaffen: In der siebenköpfigen Kommission zur Überprüfung der Delegiertenmandate, die von Friedrich Engels durchgesetzt wurde, hatten sie mit fünf Mitgliedern eine klare Mehrheit. Wie wichtig das für Marx war, zeigte sich daran, daß er sich selbst in diesen Ausschuß hineinwählen ließ und darin intensiv mitarbeitete.[218] Seine Strategie war eindeutig. Nach Möglichkeit versuchte er, die Mandate aller Delegierten, von denen er Widerspruch gegen seine politische Linie erwartete, anzuzweifeln, während er ihm gewogene Delegierte, auch wenn ihre Mandate, wie viele der deutschen, zweifelhaft waren, um jeden Preis durchzudrücken bereit war. Mit aller Macht, wenn letzten Endes auch vergeblich, versuchte er etwa, die Anerkennung der vier spanischen Delegierten zu verhindern. Erfolg hatte er dagegen z. B. mit dem Ausschluß des eher bürgerlichen Radikalen

William West, dessen amerikanische Sektion 12 nicht als Sektion der IAA anerkannt wurde.

Wie angespannt seine Nerven in der sich über drei Tage hinziehenden Diskussion gewesen sein müssen, zeigte sich bei der Prüfung des Mandats von Maltmann Barry, einem der letzten englischen Arbeiterführer, die im Generalrat noch zu ihm hielten. Barry war, da er in England nicht gewählt worden war, ein Mandat deutscher Arbeiter in den USA besorgt worden. Als die Legitimation dieses Mandats angezweifelt wurde, verlor Marx die Beherrschung. Barry könne es sich zur Ehre anrechnen, brach es aus ihm heraus, nicht einer der »vorgeblichen Führer der englischen Arbeiter« zu sein, die »alle mehr oder weniger an die Bourgeoisie oder an die Regierung« verkauft seien.[219] Marx konnte zwar damit die Anerkennung des Mandats von Barry erreichen, sein Ausbruch ließ jedoch auch erkennen, wie weit er von seiner früheren, ebenso geduldigen wie geschickten Strategie des vermittelnden Wirkens aus dem Hintergrund inzwischen entfernt war. Wer sich so parteiisch exponierte, wollte nicht mehr den Konsens, sondern den Kampf um jeden Preis – ›auf Leben und Tod‹.

Als der Kongreß am 5. September endlich wirklich beginnen konnte, zeigte sich, daß Marx eine zwar schwankende, aber deutliche Mehrheit der Delegierten hinter sich hatte. Trotz des Protestes seiner Opponenten konnte er die von ihm gewünschte Tagesordnung durchsetzen. Traditionsgemäß begann diese mit dem letztmals wiederum von Marx verfaßten Bericht des Generalrats, der sich ganz auf die außenpolitischen Ereignisse der vergangenen zwei Jahre konzentrierte. Gleich beim nächsten Tagesordnungspunkt kam man dann zur Sache. Entsprechend den Empfehlungen der Londoner Konferenz vom Vorjahr ging es um die Frage der Erweiterung der Vollmachten des Generalrates. Die Positionen waren klar: Während die Anhänger von Marx diese Erweiterung, insbesondere die Vollmacht des Generalrats, einzelne Föderationen oder Sektionen der IAA bis zum nächsten Kongreß zu suspendieren, befürworteten, waren die Anhänger Bakunins dagegen. Sie wollten den Generalrat entweder völlig abschaffen oder zumindest auf die »Funktion eines Briefkastens« reduzieren.[220] Die Abstimmung in dieser Frage erbrachte jeweils etwa eine Zweidrittelmehrheit für die Fraktion Marx'.

»Engels, Marx und andere Mitglieder des Generalrats« nutzten diese ersten Erfolge zu einem Überraschungscoup. Ohne vorherige

Ankündigung stellten sie den Antrag, den Generalrat für das folgende Jahr (1872/73) von London nach New York zu verlegen. Gleichzeitig schlugen sie sieben ihnen genehme Amerikaner als neue Mitglieder des Generalrates vor.[221] Engels ließ, mehrfachen privaten Ankündigungen entsprechend, in der Begründung des Antrages wissen, daß er und Marx auf jeden Fall aus dem Generalrat auszuscheiden wünschten. Damit nahm er denen den Wind aus den Segeln, die vermutet hatten, beide würden selbst mit nach New York gehen, um dort den Generalrat nur noch besser als bisher zu beherrschen. Das Mißtrauen und der Widerstand gegen die Verlegungsaktion war aber aus den unterschiedlichsten Gründen groß. Marx und Engels gewannen die Abstimmung darüber, ob der Generalrat überhaupt verlegt werden sollte, nur mit 26:23 Stimmen; 30 Delegierte stimmten dann für New York als neuen Sitz.[222]

Was hat Marx, nachdem er den Generalrat acht Jahre lang in London dominiert hatte, dazu geführt, nicht nur aus diesem auszuscheiden, sondern ihn auch noch in die Neue Welt zu verlegen? Um das erklären zu können, muß man den Verlegungsbeschluß zunächst im Zusammenhang mit den beiden restlichen Kongreßbeschlüssen sehen, die anschließend in Den Haag gefaßt wurden. Es waren die Beschlüsse, auf die es Marx bei der Vorbereitung des Kongresses allein angekommen war, nämlich die Durchsetzung des Prinzips der politischen Aktion in der Internationale und die Ausstoßung der führenden Bakunisten. Beides konnte von Marx auf dem Kongreß auch durchgesetzt werden. Aber statt fünf führende Bakunisten auszuschließen, wie der dafür eingesetzte Ausschuß es vorgeschlagen hatte, konnte auf dem Kongreß nur für die Ausstoßung von Bakunin und Guillaume eine Mehrheit gefunden werden. Es zeigte sich, daß die scheinbar so festgefügte Mehrheit der Marxschen Fraktion keineswegs so gesichert war, wie das zu Beginn der Kongreßberatung zunächst den Anschein gehabt hatte. Für Marx muß das ohne Zweifel frühzeitig deutlich gewesen sein. Vor allem kann er nicht übersehen haben, daß er zwar in Den Haag noch einmal seinen politischen Willen durchsetzen konnte, daß dies aber in Zukunft höchst zweifelhaft sein würde. Die Bakunisten waren ja keineswegs geschlagen, sondern eher stärker als zuvor, wie sich schon auf dem von ihnen am 15. September 1872 veranstalteten Gegenkongreß in Saint-Imier zeigen sollte. Die romanischen Sektionen der IAA von Portugal über

Spanien, die französische Schweiz bis nach Italien waren für Marx im Grunde so gut wie verloren. Die holländischen und die belgischen Sektionen sympathisierten in Den Haag in zunehmendem Maße mit der bakunistischen Fraktion. In England hatte Bakunin zwar nie Fuß fassen können, aber auch Marx hatte von den englischen Arbeitern so gut wie nichts mehr zu erwarten. Es blieben, abgesehen von einigen Emigrantengruppen, nur die blanquistisch orientierten Franzosen und die deutschen Sozialdemokraten als verläßliche politische Partner übrig, die freilich beide alles vermeiden mußten, um in ihren Ländern nicht wegen der Internationale polizeilich oder gar gerichtlich belangt zu werden. Wäre der Sitz des Generalrats in London geblieben, hätte in den Augen von Marx deshalb die Gefahr bestanden, daß er in die Hände der Bakunisten geraten wäre. Diese hätten die Möglichkeit gehabt, »im Namen der Internationale noch viel größere Dummheiten und Infamien zu begehen«.[223] Der Einfluß, den die ›Allianzisten‹ im Generalrat, »dieser mächtigen Waffe in den Händen der Internationalen« gewonnen hätten, wäre damit zu einer »gegen die Internationale gerichteten Waffe« geworden. Daher lautete das Fazit von Marx und Engels: »Es blieb demnach nichts weiter übrig, als die Internationale zu enthaupten, um die Autonomie zu retten.«[224]

Beide waren zu dem Zeitpunkt, als sie dies niederschrieben, wohl tatsächlich noch davon überzeugt, daß die Internationale durch den Haager Kongreß gerettet worden sei. Engels bemühte sogar Hegel, um die Spaltung der IAA als Beweis ihrer Stärke hinstellen zu können.[225] Doch wenig später klang es wie ein historisches Vermächtnis, wenn Marx einem treuen Adlatus in den USA empfahl, die »formelle Organisation der Internationale einstweilen in den Hintergrund treten zu lassen«; denn die »unvermeidliche Entwicklung und Verwicklung der Dinge« werde von selbst für »Auferstehung der Internationalen in verbesserter Form sorgen«.[226] Marx hatte ein Jahr nach dem letzten Kongreß der Internationale erkannt, daß deren Zeit vorbei war. Der politische Sieg über Bakunin erwies sich insofern als ein Pyrrhussieg. Marx hatte um den Preis des Auseinanderfallens der Internationale seinen Willen durchgesetzt. Sein letzter und durchschlagendster Erfolg als Politiker beendete damit zugleich auch seine aktive politische Karriere.

Wirkung sollte seine Politik noch zu seinen Lebzeiten aber ausge-

rechnet da zeitigen, wo Marx sie gar nicht mehr erwartet hatte, nämlich in Deutschland. Ungeachtet aller Bemühungen war es Marx und
Engels lange Zeit nicht gelungen, die Internationale in Deutschland
fest zu verankern. Ihr treuer Parteigänger Johann Philipp Becker hatte
zwar 1866 von Genf aus in der IAA eine Sektionsgruppe deutscher
Sprache aufgezogen, deren verstreute Mitglieder er durch seine Monatsschrift »Der Vorbote« durchaus wirkungsvoll zusammenhielt.[227]
Auf diese Weise wurde die Internationale in den deutschen Arbeitervereinen zunehmend bekannter. Becker gelang es jedoch kaum, in
Deutschland von außen her arbeitsfähige Sektionen der IAA aufzubauen. Das änderte sich auch nicht wesentlich, als sich 1868 zunächst
der von Johann Baptist von Schweitzer geführte ADAV und dann auch
Bebels und Liebknechts VDAV in gegenseitiger Konkurrenz der Internationale anschlossen. Auf Bebels Betreiben erfolgte der Beitritt
zur IAA auf dem Nürnberger Vereinstag des VDAV im September
1868 »in corpore«. Die einzelnen Vereine traten nicht bei und zahlten
deshalb auch keine Beiträge.[228] Das sollte, ohne daß dies hier im einzelnen dargestellt zu werden braucht, im wesentlichen auch so bleiben, nachdem im August 1869 in Eisenach die Sozialdemokratische
Arbeiterpartei gegründet worden war. Die neue Partei bezeichnete
sich in ihrem Programm ausdrücklich als »Zweig der Internationalen
Arbeiter-Assoziation«. Dies Bekenntnis wurde jedoch durch die ein-
schränkende Bemerkung, »soweit es die Vereinsgesetze gestatten«,
weitgehend entwertet.[229] Wilhelm Liebknecht nahm zwar 1869 am
Baseler Kongreß der Internationale teil und stimmte dort sogar unbe-
dacht dem folgenreichen Enteignungsbeschluß in der Grund- und Bo-
den-Frage zu. Das Aufsehen, das diese Erklärung erregte, ließ ihn
aber hinterher wieder in Distanz zur Internationale gehen. Seine Zurückhaltung verstärkte sich, nachdem am 9. September 1870 sämtliche
Mitglieder der in Braunschweig residierenden Parteiführung der Sozialdemokratie wegen ihrer Haltung im Deutsch-Französischen Krieg
in Festungshaft genommen worden waren. Vollends zeigte die Kam-
pagne gegen den vorgeblich landesverräterischen Internationalismus
der Partei, die von Bismarck nach Bebels rhetorisch übersteigertem
Bekenntnis zur Pariser Kommune vom 25. Mai 1871 bewußt entfesselt
wurde, wie gefährlich die Verbindungen mit der Internationale für die
Sozialdemokratie in Deutschland waren.

Liebknecht wurde von Marx und Engels unablässig gedrängt, sich stärker für die Internationale zu engagieren. Aus der Tatsache, daß er ihre theoretische Überlegenheit nach wie vor vorbehaltlos anerkannte, leiteten sie die Berechtigung ab, auch in Fragen der politischen Taktik kompetent zu sein. Herablassend verlangte Marx von Liebknecht einmal, sich dafür zu entscheiden, ob er »gegen oder mit uns handeln« wolle:»Im letzten Falle sind meine, auf genauer Kenntnis der Umstände gegründeten, Winke, direkt zu befolgen.«[230] Es ist bewundernswert, daß Liebknecht diese jahrelange Bevormundung ertragen hat, ohne seine Hochachtung vor Marx zu verlieren und an dessen theoretischer Unfehlbarkeit zu zweifeln. Immer wieder wandte er sich in grundsätzlichen Fragen an die Londoner um Rat und bat sie um theoretische Beiträge im ideologischen Kampf der Sozialdemokratie.

So sehr er aber die theoretische Führungsrolle von Marx und Engels anerkannte, so wenig ließ Liebknecht sich von ihnen in praktischen Fragen der Politik in Deutschland hineinreden. Er erklärte den Londonern schon frühzeitig, daß Theorie und Praxis »zwei (sehr) verschiedene Dinge« seien.[231] Einen »saugroben Brief« von Engels beantwortete er einige Jahre später mit dem kühlen Hinweis, sich auf dem Feld der Theorie gerne belehren zu lassen, auf dem der Praxis glaube er »aber etwas besser bewandert zu sein«.[232] Liebknecht ließ sich auch nicht beirren, als er nach der Londoner Konferenz Ende 1871 sowohl von Marx als auch von Engels heftig bedrängt wurde, endlich das »platonische Verhältnis« der deutschen Arbeiterpartei zur Internationale aufzugeben und zumindest einzelne Mitglieder zu werben.[233] Er hielt daran fest, daß er, wie er schon zuvor betont hatte, solche »individual memberships« eigentlich »gar nicht für nötig« halte.[234] Sein Verhältnis zur Internationale sah er als »nichts weniger als platonisch« an, solange nach der staatsanwaltschaftlichen Theorie im Deutschen Reich jeder, der der Internationale beitrete, »bloß durch den Akt des Beitritts eine ›Hochverrat vorbereitende Handlung‹« begehe.[235] Liebknecht wußte, wovon er redete. Zu diesem Zeitpunkt lief längst das gegen ihn, Bebel und Adolph Hepner angestrengte staatsanwaltschaftliche Verfahren, das am 11. März 1872 zur Eröffnung eines Hochverratsprozesses vor dem Leipziger Schwurgericht führen sollte. Bebel und Liebknecht wurden in diesem Prozeß zu einer zweijährigen Festungshaft verurteilt.[236]

Die Londoner gaben sich notgedrungen jahrelang zufrieden; aber bei der Vorbereitung des Haager Kongresses wiederholten sie ihren Vorwurf, daß die deutsche Arbeiterpartei »ein rein platonisches Verhältnis« zur Internationale habe.[237] Liebknecht wurde neuerdings unter Druck gesetzt, sich mit dem Generalrat auf »klaren Fuß zu setzen«.[238] Er beeilte sich, so viele Delegiertenmandate wie möglich zu vermitteln. Im Grundsätzlichen gab er aber nicht nach.

Erst nach der Spaltung der Internationale scheinen Marx und Engels wirklich begriffen zu haben, welche Bedeutung die Sozialdemokratische Arbeiterpartei in Deutschland für sie eigentlich hatte. Nur in Deutschland existierte nach dem Auseinanderfallen der Internationale tatsächlich eine proletarische Klassenpartei von der Art, wie Marx sie 1871/72 innerhalb der Internationale für alle Länder verbindlich vorschreiben wollte. Liebknecht und Bebel hatten sie ohne direkte Einbeziehung der deutschen Partei in die IAA, aber doch durchaus im politischen Sinne von Marx, Schritt für Schritt aufgebaut, nachdem Lassalle dafür als erster die Maßstäbe gesetzt hatte. Wir wissen heute, daß diese selbständige Parteigründung zu früh kam, wenn sie auch angesichts der Schwäche des liberaldemokratischen Bürgertums in Deutschland wohl unausweichlich war.[239] In den Augen von Marx war die Verselbständigung proletarischer Parteien seit dem Ende des Kommunistenbundes jedoch die politische Grundbedingung der Emanzipation der Arbeiterklasse. Er konnte deshalb letzten Endes gar nicht umhin, die 1869 in Eisenach gegründete Sozialdemokratische Arbeiterpartei als eine solche Klassenpartei zu begreifen. Wie schon einmal 1848/49 wurde er wieder einmal durch die politische Praxis seiner Parteigänger belehrt, daß sein theoretisches Programm sich auch anders verwirklichen ließ, als er das dogmatisch für möglich gehalten hatte.

Seine positive Einstellung gegenüber der Eisenacher Partei wurde nur einmal noch empfindlich gestört, als diese sich 1875 in Gotha mit der Mehrheit der lassalleanischen Arbeiterpartei zur Sozialistischen Arbeiterpartei Deutschlands zusammenschloß. Die ökonomischen und politischen Krisenbedingungen im Deutschen Reich, die den Zusammenschluß der beiden Arbeiterparteien bewirkt hatten, nahm er überhaupt nicht wahr. Ihn erregte allein der Programmkompromiß des Gothaer Einigungskongresses. Fälschlich hielt er diesen für ein »ungeheuerliches Attentat auf die in der Parteimasse verbreitete Einsicht«, die doch allenfalls bei einigen wenigen Parteiführern vorauszusetzen war.[240] Seine Kritik am Programm der neuen Arbeiterpartei war vernichtend, aber sie bewirkte überhaupt nichts, da sie nicht an die Öffentlichkeit drang. Seine Drohung, eine »kurze Erklärung« dazu zu veröffentlichen,[241] machte er ebensowenig wahr wie Engels die seine, sich ernsthaft überlegen zu müssen, welche Stellung er mit Marx gegenüber der neuen Partei einzunehmen habe.[242] Er mußte nämlich erleben, daß seine Kritik nicht nur nicht berücksichtigt wurde, sondern daß Liebknecht ihm auch noch mitteilen ließ, daß er und Engels »durch Austritt aus der Partei, respektive Desavouierung derselben« sich »außerhalb der Arbeiterbewegung« stellten.[243]

Die politische Praxis seiner deutschen Parteigänger hatte sich gegenüber dem theoretisch begründeten Führungsanspruch von Karl Marx als überlegen erwiesen. Sicher, es gab einzelne sozialdemokratische Führer wie z. B. Wilhelm Bracke, die sich 1875 auf die Seite von Marx und Engels schlugen; aber sie konnten sich nicht durchsetzen.[244] Marx nahm das nicht nur hin, er verzichtete seitdem auch darauf, sich nochmals in die Politik der deutschen Partei einzumischen. Als er 1883 starb, war er auch in Deutschland als aktiver Politiker weitgehend vergessen. Es begann sein Ruhm als Theoretiker eines als wissenschaftlich begründet geltenden Sozialismus.

V. Die historischen Besonderheiten der Marxschen Politik

Der politische Führungsstil

Marx ging es nie um Führung in der Öffentlichkeit, sondern immer nur um politische Steuerung aus dem Hintergrund. »Führerschaft«, so bekannte er einmal, sei für ihn keine »angenehme Sache«, geschweige denn, daß er »Verlangen danach« habe.[1] Bei anderer Gelegenheit sprach er ausdrücklich davon, es vorzuziehen, »hinter den Kulissen« zu wirken, anstatt »öffentlich sich wichtig zu machen«.[2] Friedrich Engels stimmte auch hier ganz mit ihm überein und bezeichnete sich und Marx als Leute, »die offizielle Stellungen« mieden »wie die Pest« und an sich selbst irre würden, wenn sie »populär zu werden« anfingen.[3] Solche Äußerungen sind zwar besonders häufig aus den fünfziger Jahren überliefert, in denen sich Marx und Engels im Londoner Exil weitgehend in politischer Isolation befanden, aber sie sind nicht nur Ausdruck einer situationsbedingten Resignation. Auch später wiederholte Marx immer wieder, »keinen Pfifferling für Popularität« zu geben.[4] Er hatte tatsächlich einen »Widerwillen gegen allen Personenkultus«, wie er es wortschöpferisch formulierte.[5] Es widerstrebte ihm, öffentliche Repräsentationsaufgaben zu übernehmen, Versammlungen zu leiten, Begrüßungsreden zu halten oder sich gar öffentlicher Wahl und Wiederwahl zu stellen. Nicht daß er die politischen Tagesgeschäfte gescheut hätte, Marx widmete sich durchaus auch organisatorischen Nebensächlichkeiten, wenn er das für unausweichlich hielt. Seine Vorliebe für verdeckte politische Tätigkeit entsprang nicht irgendwelchen Vorbehalten gegenüber im politischen Tagesgeschäft notwendiger Kleinarbeit, sondern einer besonderen Vorstellung von politischer Führung.

Nach seiner frühzeitig feststehenden Überzeugung konnten Arbeiterparteien nur durch die Arbeiter selbst gebildet und geführt werden. Sie waren in seinen Augen jeweils das historisch zwangsläufige Ergebnis der sich als ›Klasse‹ formierenden Arbeiterbewegung.[6] Jedoch waren die auf nationaler und vor allem internationaler Ebene ins Leben tretenden Arbeiterparteien nach seiner Auffassung nicht in der Lage, miteinander zu kooperieren oder sich gar miteinander zu vereinigen. Um sie aus ihrer gegenseitigen Isolierung herauszuführen, bedürfe es der »theoretischen Vertreter der Proletarier«.[7] Nur diese waren nach seiner Auffassung in der Lage, der zersplitterten Arbeiterbewegung zur Einsicht in die gemeinsame Klassenlage und zu einem gemeinsamen Klassenhandeln zu verhelfen. Es war dies eine Theorie politischer Substitution, welche die ihrer sozialen Herkunft nach ganz und gar nicht proletarische Intelligenz zur »sozialen Bewegung in ihrer literarischen Ausdrucksform« erhob.[8] Aber es war auch eine politische Konzeption, die die unmittelbare Führung von Arbeiterparteien durch Intellektuelle eigentlich ausschloß. Es war insofern nur konsequent, wenn Marx, solange es eben ging, als Politiker im Hintergrund zu bleiben suchte. Anstatt direkte und womöglich öffentlich auffallende Führungsaufgaben zu übernehmen, versuchte er immer wieder, in Positionen zu gelangen, von denen aus er in eher diskreter Form politisch alle Fäden in der Hand halten konnte.

Das Modell für diese Politik schuf er im Grunde schon 1846 bei der Einrichtung der Kommunistischen Korrespondenzkomitees.[9] Diese Gruppierungen erhielten bewußt keine einheitliche Führungsstruktur. Marx wollte sie von Brüssel aus möglichst informell beeinflussen. Die alten deutschen Arbeiterführer in London argwöhnten denn auch bezeichnenderweise, daß die Brüsseler »eine Art Gelehrten-Aristokratie« errichten und das »Volk« von einem »neuen Göttersitz herab« regieren wollten.[10] Es bedurfte der Vermittlung des englischen Demokratenführers Julian Harney, dieses – freilich später ständig wiederauftauchende – Mißtrauen zu zerstreuen.[11]

Nach der Vorstellung von Marx und Engels sollte auch der Bund der Kommunisten, in den sie im Sommer 1847 eintraten, nicht einfach eine Arbeiterpartei unter anderen sein. Es kam ihnen vielmehr darauf an, die Mitglieder des Kommunistenbundes zu einer intellektuellen Avantgarde heranzubilden, die als der »entschiedenste, immer weitertreibende Teil der Arbeiterparteien aller Länder« eine Art ideologische Vorreiterrolle spielen sollte.[12] Die hierarchische Organisationsstruktur des Geheimbundes stand der Verwirklichung dieser intellektuellen Kaderbildung aber entgegen. Dies dürfte der tiefere

Grund dafür gewesen sein, daß Marx und Engels zunächst nicht in das Führungsorgan des Kommunistenbundes eintraten. So wichtig es für Marx in politischer Hinsicht war, mit der entstehenden Arbeiterbewegung in Berührung zu kommen, so wenig entsprach der Kommunistenbund ursprünglich seinen eigentlichen Vorstellungen von politischer Einflußnahme. Nur unter den Ausnahmebedingungen des revolutionären Umbruchs war er 1848 vorübergehend bereit, den Kommunistenbund zu leiten.[13] Ganz ähnlich verhielt er sich 1848 gegenüber dem Kölner Arbeiterverein, dessen Führung er wiederum nur in einer politischen Notsituation übernahm.[14] Am wichtigsten war ihm in der Kölner Zeit, abgesehen von der Redaktionstätigkeit für die »Neue Rheinische Zeitung«, im Grunde seine Mitgliedschaft im Demokratischen Kreisausschuß. Dieser Ausschuß wurde im Juli 1848 von den drei großen demokratischen Vereinigungen Kölns – dem Arbeiterverein, der Demokratischen Gesellschaft und dem Verein für Arbeiter und Arbeitgeber – gebildet und mit je zwei Delegierten besetzt.[15] Der Demokratische Kreisausschuß hatte die Aufgabe, von Köln aus die politischen Aktivitäten der demokratischen Oppositionsbewegung in der preußischen Rheinprovinz zu koordinieren. Die drei Demokratenvereine blieben jedoch selbständig bestehen. Es ist kein Zufall, daß Marx sich von der Demokratischen Gesellschaft gerade in diesen Ausschuß wählen ließ. Die Hintergrundposition, die er darin einnehmen konnte, entsprach genau seinen Vorstellungen von praktischer politischer Arbeit.

Auch als Marx sich nach dem Ende der Revolution in seinem Londoner Exil notgedrungen nochmals auf eine Mitarbeit im Kommunistenbund einlassen mußte, versuchte er gleichzeitig, eine von diesem unabhängige politische Führungsstellung zu erlangen. Im Frühjahr 1850 betrieb er jedenfalls die Gründung einer ›Weltgesellschaft der revolutionären Kommunisten‹, die in England ein »Band der Solidarität« zwischen den verschiedensten kommunistischen, blanquistischen und chartistischen Gruppen knüpfen sollte.[16] Marx' Hoffnung, auf diese Weise aus dem Hintergrund zum Einigungsprozeß der internationalen Arbeiterbewegung beitragen zu können, erfüllte sich allerdings nicht. Die Weltgesellschaft löste sich ebenso schnell wieder auf, wie sie entstanden war, ohne irgendwelche nennenswerten Spuren zu hinterlassen.[17]

Erst 14 Jahre später, in einer stark veränderten politischen Situation, sollte Marx in der Internationalen Arbeiterassoziation endlich das realisieren können, was ihm politisch seit jeher vorgeschwebt hatte: die politische Beeinflussung der internationalen Arbeiterbewegung von einer eher verdeckten Führungsposition aus. Seine langjährige Aktivität in der Internationale läßt daher am deutlichsten erkennen, was Marx als Politiker bewirken wollte.

Welche politischen Präferenzen er hatte, zeigte sich allein schon daran, daß er in der IAA die Aktivität im Generalrat für ungleich wichtiger ansah als die Teilnahme an den Kongressen. Es sei nur daran erinnert, daß er an den Jahreskongressen der IAA überhaupt nur ein einziges Mal teilnahm, nämlich 1872 in Den Haag, als er mit seinem politischen Pyrrhussieg über seinen Gegenspieler Bakunin zugleich auch den Niedergang der IAA besiegelte.[18] Im Grunde scheute er Auseinandersetzungen, wie sie auf den Kongressen der Internationale mehr oder weniger öffentlich geführt werden mußten. Weit mehr lag ihm die politische Arbeit in der geschlossenen Gesellschaft des Generalrats, in der er unauffällig die politischen Vorgänge steuern konnte. In den »Provisorischen Statuten« der IAA hatte er den Generalrat mit Bedacht als »internationale Agentur zwischen den verschiedenen zusammenwirkenden Gesellschaften« von Arbeitern bezeichnet.[19] Die dem Generalrat zugedachte Vermittlungsfunktion entsprach genau den Vorstellungen, die sich Marx von der Politik machte: Sie ermöglichte ihm eine politische Koordinations- und eine ideologische Vermittlungstätigkeit, ohne wirkliche organisatorische Parteiarbeit zu erfordern.

Es war auch durchaus kein Zufall, daß Marx im Führungsorgan der IAA weder das Präsidentenamt noch das Amt des Generalsekretärs übernahm.[20] Als im September 1866 vorgeschlagen wurde, ihn zum Präsidenten zu wählen, lehnte er dies vielmehr entschieden ab und schlug statt dessen den bisherigen Amtsinhaber Odger zur Wiederwahl für das allerdings eher repräsentative Führungsamt vor. Besonders aufschlußreich war seine Begründung: Er hielt sich für ungeeignet, »weil er ein Kopfarbeiter und nicht ein Handarbeiter« sei.[21] Das entsprach exakt seiner Auffassung von der Rolle der Intellektuellen in der Arbeiterbewegung, die immer nur Sekundärfunktionen ausüben, nicht aber die oberste Führung übernehmen sollten.[22] Bei seinem Eintritt in die IAA hatte er offenbar sogar Skrupel, ob er ohne jeden organisatorischen Rückhalt bei der Arbeiterbewegung überhaupt in den Generalrat eintreten dürfe. Nach seiner Wahl in das provisorische Führungsorgan versuchte er jedenfalls, sich in Deutschland auf eine etwas merkwürdige Weise eine Art proletarischer Legitimation zu verschaffen. Er diente sich nämlich ausgerechnet dem nach dem Tode von Lassalle verwaisten Allgemeinen Deutschen Arbeiterverein als Präsident an, dessen Existenz er bis dahin weitgehend ignoriert hatte. Gleichzeitig ließ er wissen, daß er das Amt jedoch nicht ausüben könne. Die Wahl sollte als solche »dem Comité und damit den Londoner und Pariser Arbeitern als eine Demonstration seitens der deutschen Arbeiter gelten«.[23] Marx glaubte offenbar, seine Position in der Führung der IAA durch eine vorgetäuschte Präsidentschaft in einer Arbeiterpartei verbessern zu müssen. Das Manöver mißlang freilich, so daß Marx im Generalrat ziemlich der einzige war, der nicht für eine Organisation, sondern nur für sich selbst sprechen konnte. Wenn er seinen politischen Grundsätzen nicht untreu werden wollte, mußte er sich daher nun in der Führung des Generalrats erst recht bedeckt halten.

Dem widerspricht nicht, daß er sich von Anfang an mehr als alle anderen darum bemühte, den Generalrat politisch funktionsfähig zu machen. Gerade wenn er offiziell nicht an der Spitze der Vereinigung stand, mußte er organisatorische Strukturen schaffen, die eine eher informelle politische Führung ermöglichten. So sorgte er mit seinem provisorischen Statutenentwurf dafür, daß weder die Zahl der Mitglieder des Generalrats festgesetzt noch die Vertretung aller Sektionen repräsentativ geregelt wurde. Lediglich in London ansässigen »Gesellschaften«, die der IAA beitraten, wurde das Recht zugebilligt, »einen Vertreter in den Zentralrat zu entsenden«.[24] Aber nicht einmal das ließ sich, wie sich bald zeigte, realisieren. Aufgrund der weitverzweigten internationalen Struktur der IAA wäre bei den damaligen Verkehrsbedingungen eine ständige Vertretung aller Mitgliedsorganisationen in London ohnehin kaum möglich gewesen. Marx scheint jedoch von Anfang an gar nicht erst vorgehabt zu haben, den politischen Richtungen und nationalen Gruppierungen der Internationale einen Anspruch auf Vertretung im Generalrat zuzubilligen. Die Mitglieder des Gremiums sollten nach seiner Vorstellung zwar jeweils auf dem Jahreskongreß der IAA gewählt werden, zugleich wurde dem Generalrat jedoch ausdrücklich ein Selbstergänzungsrecht zugebilligt.[25]

Die Möglichkeit zur Kooptation neuer Mitglieder wirkte sich allerdings in der Praxis ganz anders aus, als Marx dies wahrscheinlich vorgeschwebt hatte. Schon die Gründungsmitglieder des Generalrats wetteiferten geradezu miteinander darin, neue Mitglieder vorzuschlagen. Auf diese Weise wurden in den ersten Wochen und Monaten, aber auch noch in späterer Zeit, ohne genaue Prüfung, geschweige denn persönliche Bekanntschaft, ständig neue Mitglieder in den Generalrat aufgenommen. Viele der Gewählten ließen überhaupt nichts von sich hören oder tauchten nur gelegentlich in den Sitzungen auf. Andere, vor allem viele der an praktische Gewerkschaftstätigkeit, nicht aber an theoretische Auseinandersetzungen gewöhnten englischen Arbeiterführer, konnten sich nur schlecht in dieses Gremium einfügen.

Der Generalrat war daher, zumindest in seinen Anfängen, ein eher amorphes politisches Gebilde. Die unkontrollierte Zuwahl von nicht oder nur wenig motivierten Mitgliedern drohte ihn allmählich handlungsunfähig zu machen. Je größer seine personelle Fluktuation war, desto unberechenbarer wurden seine Entscheidungen. Es war bezeichnenderweise Marx, der deshalb schon frühzeitig darauf drängte, nur noch solche Arbeiterführer in den Generalrat zu kooptieren, die auch tatsächlich bereit waren, regelmäßig an den Sitzungen teilzunehmen.[26] Als das nichts fruchtete, führte er einen Beschluß herbei, der die vorherige Zahlung des Jahresbeitrages für die IAA zur Voraussetzung einer Zuwahl in den Generalrat machte.[27] Diese Anforderung wurde im Januar 1865 schließlich auf alle schon früher gewählten Mitglieder des Generalrates ausgedehnt. Wer seinen Jahresbeitrag bis zum 31. März eines Jahres nicht gezahlt hatte, sollte künftig automatisch als ausgeschlossen gelten.[28] Um diesen Maßnahmen besonderen Nachdruck zu verleihen, bekräftigte der Generalrat wiederum auf Betreiben von Marx im April 1865 seine Beschlüsse nochmals.[29]

Einen weiteren Versuch, das ungeregelte Kooptationsverfahren in den Griff zu bekommen, hatte der Generalrat ebenfalls schon im Januar 1865 gemacht. Erneut auf Drängen von Marx hatte das Gremium beschlossen, neu aufzunehmende Mitglieder künftig zunächst in einer Sitzung als Kandidaten zu benennen, um sie dann erst eine Woche später zu wählen.[30] Diese Vorgehensweise sollte vor jeder Zuwahl eine eingehende Personaldiskussion ermöglichen. Die Sitzungsprotokolle belegen freilich, daß sich der Generalrat auch in diesem Falle nicht lange an das von ihm selbst beschlossene Verfahren hielt. Schon bald wieder wurden neue Mitglieder gewählt, ohne zuvor als Kandidaten benannt worden zu sein.

Alle von Marx ausgehenden Versuche, den Generalrat durch organisatorische Maßnahmen personell zu stabilisieren, hatten somit wenig Erfolg. 1867/68 ging die Kooptationshektik zwar etwas zurück, um sich dann jedoch in den letzten Jahren der Internationale wieder zu verstärken. Und es war jetzt sogar Marx, der das Mitgliederkarussell im Generalrat wieder in Bewegung setzte.[31] Die personelle Fluktuation war infolgedessen innerhalb des Generalrats außerordentlich hoch. Einige Zahlenangaben mögen das verdeutlichen:

Bei der Gründungsversammlung der Internationale wurden 32 Teilnehmer in den Generalrat gewählt.[32] Ende November desselben Jahres unterzeichneten schon 55 Mitglieder eine der ersten Resolutionen des Generalrats.[33] In den nächsten Jahren sank die Mitgliederzahl kontinuierlich, um im September 1868 auf dem Kongreß von Brüssel mit der Wahl von nur 26 Mitgliedern einen absoluten Tiefpunkt zu erreichen.[34] Seit dem Frühjahr 1869 ging es dann aber wieder aufwärts: Im September 1870 hatte der Generalrat 32, im Oktober 1871 40 und im April 1872 schließlich 50 Mitglieder.[35] Insgesamt wurden von seiner Einrichtung im September 1864 bis zu seiner Auflösung im August 1872 etwa 200 Personen als Mitglieder in den Londoner Generalrat aufgenommen, von denen bisher in immerhin 167 Fällen nachgewiesen werden kann, daß sie auch tatsächlich in dem Führungsgremium der IAA tätig geworden sind.[36]

Auf den ersten Blick könnte es also so scheinen, als ob Marx mit seinem Versuch, den Generalrat personell zu stabilisieren, auf der ganzen Linie gescheitert wäre. Letzten Endes profitierte er jedoch von dem ständigen Wechsel der Mitglieder. Ihm kam nämlich zweierlei entgegen: Einerseits hob sich von der fluktuierenden Masse der Mitglieder ein kleiner Kern von Dauermitgliedern ab, die dem Generalrat von 1864 bis 1872 ohne Unterbrechung angehörten. Zu diesen zählten, außer Marx selbst, die Engländer Lucraft, Odger und Weston, der Franzose Dupont, der Schweizer Hermann Jung sowie die Deutschen Georg Eccarius und Friedrich Leßner. Die Engländer John Hales und Cowell Williams Stepney wie auch die Deutschen Georg Lochner und Karl Pfänder kamen auf eine Mitgliedschaft von etwa sieben Jahren.[37] Alle übrigen waren nur mehr oder weniger kurze Zeit Mitglied des Generalrats. Schon aus diesem Grund konnten sie die Politik der Internationale nur wenig beeinflussen.

Es kam hinzu, daß die durchschnittliche Präsenz der Mitglieder des Generalrats bei den wöchentlich stattfindenden Sitzungen niedrig war. Zwischen 1864 und 1872 fanden insgesamt 385 Sitzungen des Generalrats statt.[38] Von Anfang an war bei den Sitzungen im Durchschnitt kaum die Hälfte der nominellen Mitglieder anwesend.[39] Und dies waren in der Regel wiederum vor allem die wenigen Dauermitglieder. Diejenigen, die am längsten dem Generalrat angehörten, nahmen auch am regelmäßigsten an dessen Sitzungen teil.

Je häufiger aber die Mitglieder des Generalrats wechselten und je weniger von ihnen regelmäßig bei den Sitzungen anwesend waren, desto größer war automatisch das politische Gewicht derjenigen, die ständig präsent waren. Bei näherem Zusehen zeigt sich also, daß der Generalrat der Internationale von einer kleinen Gruppe von Dauermitgliedern dominiert wurde. Unter diesen nahm Marx nicht nur aufgrund seiner intellektuellen Überlegenheit, sondern auch wegen seines besonders hohen Engagements eine herausragende Stellung ein. Es war das eigentliche Geheimnis seiner politischen Führerschaft in der IAA, daß er über Jahre hinweg fast jede Woche in den Sitzungen des Generalrats anwesend war. Seine Sitzungspräsenz nahm im Laufe der Jahre sogar zu. 1871 nahm er schließlich an 43 von insgesamt 51 Sitzungen teil, 1872 bis zur Verlegung des Generalrats nach New York an 31 von 39 Sitzungen.[40] Nur Krankheiten konnten ihn von der Teilnahme abhalten, was allerdings häufiger vorkam.

Wichtig war außerdem, daß er auch in seiner Abwesenheit mit der Loyalität zumindest der deutschsprachigen Dauermitglieder des Generalrats rechnen konnte. Nicht zu Unrecht nannte Odger diese im Streit einmal »the satellites of Dr. Marx«.[41] Peter Fox glaubte sogar, im Generalrat eine »Oppositionspartei« gegen die »deutsche Diktatur« stiften zu müssen.[42] Auch mit seinen Getreuen konnte er zwar im Einzelfall aneinandergeraten, wie der Konflikt mit Eccarius zeigte,[43] aber diese Mißhelligkeiten verursachte Marx in der Regel selbst. Gewöhnlich konnte er sich dagegen auf seine Anhänger verlassen. Mit ihrer Hilfe beherrschte er auch das ›Sub-Committee‹, das nach Erfüllung seiner ursprünglichen Aufgaben bestehenblieb und seit Anfang 1865 als eine Art engeren Führungsorgans des Generalrats fungierte.

Auch als ›Standing-Committee‹ bezeichnet, sicherte dies in den Statuten ursprünglich nicht vorgesehene Gremium trotz des anhaltenden Wechsels der Mitglieder innerhalb des Generalrats eine bemerkenswerte personelle Kontinuität.[44] Letzten Endes wird damit auch erklärlich, weshalb Marx den Generalrat politisch führen konnte, ohne ihn formal zu leiten. Er brauchte keines der eigentlichen Spitzenämter zu übernehmen, weil ihm die informelle Führung ohnehin zufiel. Er übertrieb nicht, wenn er schon 1866 an seinen Freund Kugelmann schrieb, daß er »in der Tat die ganze Gesellschaft zu leiten habe«.[45] Er führte die IAA, ohne der Form nach an ihrer Spitze zu stehen.

Von außen war zunächst nicht zu erkennen, welche zentrale politische Rolle Marx in der Internationale spielte. Unter den politischen Erklärungen, Appellen und offenen Briefen standen in der Regel die Namen aller Mitglieder des Generalrats. Interne Rundschreiben an die Sektionen der Internationale wurden vom Präsidenten, vom Vizepräsidenten und von allen Sekretären des Generalrats gemeinsam unterzeichnet. Wenn sich einer der Sekretäre an die von ihm betreuten Sektionen eines Landes wandte, mußte dies zuvor vom Generalrat gebilligt werden. Erst recht war dies der Fall, wenn sich, was anfangs gelegentlich vorkam, im Generalrat die Mitglieder einer bestimmten Nationalität zu einem Appell an ihre Landsleute zusammentaten.[46]

Diesem Vorgehen lag das Prinzip kollektiver Verantwortlichkeit zugrunde. Die Internationale war keine einheitlich organisierte Arbeiterpartei, sondern sie war ein internationaler Zusammenschluß nationaler Organisationen unterschiedlicher politischer und ideologischer Provenienz. Daß in ihr englische Gewerkschaftler und anarchistische Anhänger Bakunins, putschistische Blanquisten und Marxisten, Proudhonisten und Anhänger Mazzinis miteinander verbunden waren, gehörte zu ihrem Programm. Nach der Vorstellung von Marx sollte die IAA aber mehr sein als ein bloßer Dachverband selbständiger Arbeiterparteien oder Gewerkschaften. In den »Provisorischen Statuten« der IAA war nicht umsonst von der »Macht der Einigung und Kombination« die Rede.[47] Die Mitgliedsorganisationen wurden in der IAA einem politischen Einigungszwang unterworfen. Diesen auszuüben, war in erster Linie die Aufgabe des Generalrats. Die differierenden Auffassungen nationaler Arbeiterparteien oder ideologischer Richtungen sollten im Generalrat jeweils so gebündelt werden, daß die IAA mit einer Stimme sprechen konnte. Das Führungsorgan der Internationale war daher nicht etwa bloß ein neutrales Forum für beliebige Erklärungen der unterschiedlichsten Arbeiterorganisationen, es hatte vielmehr alle von ihm ausgehenden politischen Aktivitäten gemeinschaftlich zu verantworten. Marx konnte so damit rechnen, daß die von ihm formulierten Erklärungen im Namen aller Mitglieder des Generalrats oder dessen Sub-Committees verbreitet wurden. Er mußte nur jeweils bei der Beschlußfassung im Generalrat dafür eine Mehrheit finden, eine Voraussetzung, die angesichts der geschilderten Mitgliederverhältnisse für ihn nicht sonderlich schwer zu erfüllen war.

Solange der Grundsatz kollektiver Verantwortlichkeit im Generalrat nicht in Frage gestellt wurde, war die Führungsstellung von Marx nicht gefährdet. Sie geriet erst in dem Augenblick in Gefahr, als Marx sich innerhalb des Generalrats nicht mehr mit verdeckter Regie begnügen, sondern unverhüllt eine politische Vorrangstellung einnehmen wollte. Diese Entwicklung begann schon 1869, schlug aber endgültig erst 1871 durch.

Nach blutigen Zusammenstößen zwischen streikenden Arbeitern und Polizei und Militär in einem belgischen Eisenwerk war Marx im Frühjahr 1869 durch den Generalrat in der üblichen Form beauftragt worden, eine Protestadresse zu entwerfen. Diese wurde am 4. Mai 1869 auch nach einiger Diskussion im Generalrat verabschiedet.[48] Nach der Veröffentlichung des Textes wurde dem dafür verantwortlichen Generalsekretär Eccarius jedoch im Generalrat plötzlich vorgeworfen, die Autorschaft von Marx unterschlagen zu haben. Eccarius verteidigte sich damit, dies nur deshalb getan zu haben, weil er niemandem die Chance geben wollte, die Adresse allein Marx und nicht dem gesamten Generalrat zuzuschreiben.[49] Sein Verhalten entsprach damit völlig dem Grundsatz kollektiver Verantwortlichkeit, wie er im Generalrat bis dahin unbestritten gültig gewesen war. Überraschenderweise gab sich jedoch Marx damit plötzlich nicht zufrieden. Er warf Eccarius vor, ihn als »Sekretär für Deutschland« zu einer »Unperson«, »nonentity«, gemacht zu haben. Es läge ihm nichts daran, daß sein Name erwähnt würde. Seine Nicht-Erwähnung erwecke jedoch den Eindruck, als ob der Generalrat sich dessen schäme, was er zu der Adresse beigetragen habe.[50]

Die nervöse Reaktion von Marx gegenüber seinem alten Parteigänger, den er überdies selbst für das Amt des Generalsekretärs vorgeschlagen hatte, ist nur zu erklären, wenn man die Vorgeschichte kennt. Im September 1868 hatte Marx sich schon einmal über die Eigenmächtigkeit seines getreuen Eckehard aufgeregt. Seine Kritik hatte sich damals daran entzündet, daß Eccarius in seinen Presseberichten über den Brüsseler Kongreß der IAA das dort, wenn auch nur ganz am Rande, zur Sprache gekommene Werk »Das Kapital« nicht erwähnt hatte.[51] Auch damals hatte Marx also schon auf einen vergleichsweise nichtigen Anlaß hin überempfindlich reagiert. Wenig später erklärte er das damit, daß Eccarius von Zeit zu Zeit gewisse Albernheiten begehe: »Im Durchschnitt nehme ich keine Notiz davon. Ausnahmsweise reißt mir die Geduld.«[52] Ähnlich dürfte daher auch sein gänzlich unberechtigter Ausfall gegen Eccarius vom Mai 1869 zu erklären sein. Unterschwellig läßt er freilich erkennen, welch große Anstrengung es für Marx gewesen sein muß, seine eigentlichen politischen Auffassungen über Jahre hinweg weitgehend zu kaschieren, damit in der Internationale niemand dadurch abgeschreckt wurde.

Ungeachtet dieser ersten internen Auseinandersetzungen hielt der Generalrat zunächst noch weiter an seiner bisherigen Linie fest. Selbst die aufsehenerregende Adresse über »The Civil War in France«, die Marx nach dem Zusammenbruch der Pariser Kommune im Auftrag des Generalrats veröffentlichte, wurde vom Führungsgremium der Internationale am 30. Mai 1871 zunächst ohne Diskussion gebilligt und mit dem Namen sämtlicher Mitglieder publiziert.[53] Das außergewöhnliche Aufsehen, das sein politisches Eintreten für die Kommune in der internationalen Öffentlichkeit erregte, ließ jedoch die Einheit des Generalrats in politischen Grundsatzfragen auseinanderbrechen. Die englischen Gewerkschaftsführer Benjamin Lucraft und George Odger gerieten innenpolitisch so stark unter Druck, daß sie öffentlich ableugneten, ihre Unterschrift unter die Adresse gesetzt zu haben.[54] Zur Rede gestellt, verlangten sie in der anstehenden Sitzung des Generalrats sogar, die Zurücknahme ihrer Unterschriften förmlich zu billigen. Marx konnte sich demgegenüber darauf berufen, streng nach den »standing orders« verfahren und von Odger eigens eine Blanko-Vollmacht eingeholt zu haben.[55] Der Generalrat gab ihm mehrheitlich recht und bestätigte insofern nochmals das

Prinzip der kollektiven Verantwortlichkeit. In einer öffentlichen Erklärung bekannte er sich sogar erstmals ausdrücklich zu der »Regel«, daß »die Namen aller seiner Mitglieder, ob abwesend oder anwesend, hinter allen seinen öffentlichen Dokumenten beigefügt werden«. Mit seiner ersten öffentlichen Proklamation wurde das Prinzip der kollektiven Verantwortlichkeit jedoch zu Grabe getragen. Der Generalrat ließ wissen, daß die Adresse, »wie viele vorausgehende Publikationen des Generalrats, vom Korrespondierenden Sekretär für Deutschland, Dr. Karl Marx, verfaßt« worden sei.[56] Das Ausscheiden von Odger und Lucraft aus dem Generalrat machten den Dissens überdies offenkundig.

Wenn Marx selbst seitdem noch das kollektive Verantwortungsprinzip für den Generalrat bemühte, so geschah das in der Regel nur noch aus taktischen Gründen. Er versuchte damit, den Generalrat auf seine politische Linie zu zwingen, ohne selbst noch andere politische Positionen mitzutragen.[57] Je mehr er aber den Generalrat unter Einigungszwang setzte und diesem seine eigenen politischen Auffassungen zu oktroyieren suchte, desto weniger konnte Marx sich letzten Endes durchsetzen. Im Frühjahr 1872 konnte er zwar noch einmal den Beschluß herbeiführen, daß »kein Mitglied das Recht« haben sollte, »den Generalrat zu kritisieren, solange er diesem angehörte«.[58] Doch hielten die Auseinandersetzungen über angebliche Eigenmächtigkeiten einzelner Mitglieder des Generalrats seit dieser Zeit an.[59] Als Marx seine so erfolgreiche politische Integrationsstrategie, den Generalrat als *primus inter pares* verdeckt zu steuern, aufgab und sich als ›Grand Chef‹ der Internationale zu erkennen gab, verlor er zunehmend an politischer Autorität. So bewies er am Ende durch seine politische Praxis, was ihm theoretisch immer klar gewesen war: Er hatte als Politiker Erfolg, solange er sich im Hintergrund hielt. Als er unter dem Druck der Ereignisse auf die offene Bühne der Politik trat, sank sein politischer Stern.

Die ›Partei Marx‹

Marx hat als Politiker immer wieder davon gesprochen, im Dienste einer ›Partei‹ zu stehen. Was er darunter verstand, ist in der historischen Forschung jedoch höchst umstritten. Offensichtlich lassen sich seine zahlreichen Äußerungen zum Parteiproblem nicht ohne weiteres auf einen Nenner bringen. Die wissenschaftlichen Versuche, darin ein System zu erkennen, gleichen häufig einem Puzzlespiel, bei dem einige Teile übrigbleiben.

Auffällig ist zunächst, daß Marx seine Parteivorstellungen eigentlich niemals besonders thematisiert hat. Er hat sich dazu nur beiläufig oder allenfalls indirekt geäußert. Ganz im Gegensatz zu Lenin, dessen wohl einziger eigenständiger Beitrag zur politischen Theorie seine Parteitheorie war, stand für Marx nicht die ›Partei‹, sondern die ›Klasse‹ im Mittelpunkt seines politischen Denkens.[60] Es war die Klassenbildung des Proletariats, die ihn in erster Linie interessierte; die proletarische Parteibildung als solche blieb dem untergeordnet. Viele seiner Äußerungen, die für seine Parteivorstellungen in Anspruch genommen werden, gehören in Wahrheit in den Bereich seiner klassentheoretischen Überlegungen.[61] Das hat zwangsläufig zu zahlreichen Mißverständnissen geführt, aufgrund deren die Parteivorstellungen von Marx noch widersprüchlicher erscheinen, als sie es in Wahrheit gewesen sind. Manche Autoren sind sogar zu der irrigen Annahme gekommen, daß Marx überhaupt keine konkrete, in sich konsistente Parteivorstellung gehabt hätte.[62] Den meisten dieser Interpretationen liegt jedoch die anachronistische Vorstellung zugrunde, daß es zu Lebzeiten von Marx in Deutschland bereits einen klaren Parteibegriff gegeben habe.

Vor, aber auch noch nach der Revolutionszeit von 1848/49 verstand man in Deutschland unter ›Parteien‹ fast ausschließlich politische Gesinnungsgemeinschaften, nicht fest organisierte politische Gruppierungen. Man sprach etwa von der ›Partei der Bewegung‹ und der ›Partei der Ordnung‹. Auch wenn schon von der ›liberalen Partei‹, der ›konservativen Partei‹ oder der ›katholischen Partei‹ die Rede war, waren damit die Anhänger politischer Richtungen, nicht bestimmte Organisationen gemeint.[63] Als organisierte Gruppenbildungen standen die Parteien politisch nicht hoch im Kurs. Die in Deutschland vorherrschende konstitutionelle Staatsauffassung belegte sie mit dem Odium, nur egoistische Sonderinteressen zu vertreten. Das Gesamtinteresse des Staates war nach verbreiteter Meinung ausschließlich bei der in der Regel monarchischen Regierung aufgehoben, nicht aber bei den sich in der Gesellschaft formierenden Parteien.[64]

Die Aversion gegenüber dem Begriff war so groß, daß sich die 1848 entstehenden politischen Parteien durchweg als ›Vereine‹ bezeichneten.[65] Erst 1861 wurde bei der Gründung der Deutschen Fortschrittspartei diese terminologische Hemmschwelle überwunden. Die reale Existenz organisierter politischer Parteien deckte sich jedoch noch bis in die Zeit der Reichsgründung hinein nicht voll mit ihrer politischen Funktionsbeschreibung.[66] Man denke nur an die Verachtung, die Bismarck den politischen Parteien des Deutschen Reichstags entgegenbrachte.

Betrachtet man die Marxschen Parteivorstellungen vor diesem historischen Hintergrund, so gewinnen sie erheblich an Kontur. Es war nicht ein begriffliches Unvermögen, wenn sich in seinem Sprachgebrauch mehrere Parteibegriffe überlagerten. Vielmehr entsprach die offenkundige Mehrdeutigkeit seines Parteibegriffs ganz dem zeitgenössischen Diskussionsstand. Marx war seiner Zeit sogar eher voraus, weil er organisierte politische Parteibildungen schon frühzeitig nicht als bedenklich, sondern als notwendig ansah. Ja, er war überhaupt einer der ersten Deutschen, die die Entstehung miteinander konkurrierender politischer Parteien positiv beurteilten.[67]

Auch wenn Marx keine einheitliche Parteivorstellung hatte, wußte er im übrigen in der Praxis sehr wohl zu unterscheiden, welche Art von ›Partei‹ er jeweils meinte, wenn er den Begriff benutzte. Es lassen sich in seinem politischen Handeln ohne weiteres drei verschiedene Parteivorstellungen voneinander abgrenzen:

Zum *ersten* war die politische Parteibildung der Arbeiterschaft für Marx ohne Zweifel mit dem historischen Prozeß identisch, den er als proletarische Klassenbildung bezeichnete, und an dessen Ende die soziale Revolution stehen sollte. Nach Auskunft des »Kommunistischen Manifests« sollte sich die »Organisation der Proletarier zur Klasse, und damit zur politischen Partei« aufgrund ökonomischer Gesetzmäßigkeiten gleichsam von selbst vollziehen.[68] Die Partei wurde hier mit der sich formierenden Klasse des Proletariats gleichgesetzt – wie immer man auch »und damit« grammatisch verstehen mag. Hiermit stimmt die Aussage des »Manifests« überein, daß die Kommunisten »keine von den Interessen des ganzen Proletariats getrennten Interessen« hätten.[69] Sie waren in dieser Hinsicht als ›Partei‹ ein Teil der proletarischen Klassenbewegung. 1860 nannte Marx in einem Brief an Freiligrath die aus dieser sich herausbildende Partei die »Partei im großen historischen Sinn«. Sie bilde sich »aus dem Boden der modernen Gesellschaft überall naturwüchsig« heraus.[70] Auch die Internationale war für Marx ein »naturwüchsiges Gebild der proletarischen Bewegung, die ihrerseits aus den normalen und unwiderstehlichen Tendenzen der modernen Gesellschaft« entspringe.[71] Häufig sprach Marx auch von »spontanen Bewegungen der Arbeiterklasse«, um die selbsttätige Entfaltung der proletarischen Parteibildung zu beschreiben.[72] Die biologischen Metaphern wurden von ihm nicht zufällig verwendet. Wie auch sonst handelte es sich für Marx vielmehr um die höchste Form gesellschaftsgeschichtlicher Gesetzmäßigkeit, wenn diese sich in Analogie zu naturgeschichtlichen Entwicklungen definieren ließ.

Diesem umfassenden Parteibegriff lag keine Organisationsvorstellung zugrunde. Im ›großen historischen Sinn‹ war die ›proletarische Partei‹ für Marx nichts anderes als eine epochale, sich selbst aufhebende Tendenz. Das bedeutet nicht, daß deshalb organisierte Arbeiterparteien für ihn, wie manchmal behauptet worden ist, entbehrlich gewesen wären. Selbstverständlich hat er, zumindest in der Zeit der Internationale, die vielfältigen Arbeiterparteien in aller Welt als solche wahrgenommen. Schon im »Kommunistischen Manifest« ist in diesem Sinn von den »Arbeiterparteien aller Länder« die Rede.[73] Im Generalrat der Internationale versuchte er sich »unparteiisch« zwischen den »verschiedenen *organisierten* Arbeitergruppen« zu verhalten.[74] In einer *zweiten* sehr konkreten Bedeutung meinte Marx also, wenn er von Parteien sprach, die real existierenden Arbeiterparteien seiner Zeit.

Das Verhältnis von idealer Gesamtbewegung zu den realen Ausformungen der ›proletarischen Partei‹ hat er nie systematisch erklärt. Doch lassen seine verstreuten Äußerungen dazu zweierlei erkennen: Einerseits stand für ihn fest, daß der Klassenbildungsprozeß des Proletariats nicht einfach mit der Ausbreitung von politischen Arbeiterparteien identisch war. Die Entstehung dieser Parteien konnte den Prozeß der Klassenbildung beschleunigen, aber nicht ersetzen. Die proletarischen Parteien seiner Zeit waren für ihn vergängliche politische Erscheinungen in einem epochalen gesellschaftlichen Formationsprozeß. Selbst der für seine politische Karriere so wichtige Bund der Kommunisten konnte für Marx nur eine »Episode in der Geschichte der Partei« sein.[75]

Andererseits war die Organisation der Arbeiter in politischen Parteien für Marx jedoch historisch gerechtfertigt, wenn sie der elementaren Klassenbildung des Proletariats entsprang. Er unterschied zwischen ›wirklicher Bewegung‹ der Arbeiterklasse und solchen politischen Bewegungen, die auf einem bloß theoretischen Entwurf beruhten. In diesen Zusammenhang ist seine Sektentheorie anzusiedeln, die in ihrem Ursprung auf das »Kommunistische Manifest« zurückgeht. Die Anhänger des ›utopischen Sozialismus‹ wurden hier als »reaktionäre Sekten« bezeichnet, weil sie die »Verwirklichung ihrer gesellschaftlichen Utopien« unabhängig von der »geschichtlichen Fortentwicklung des Proletariats« betrieben.[76] Durchaus zu Unrecht verfiel später auch der Allgemeine Deutsche Arbeiterverein dem Verdikt der Sektenbildung. Marx unterstellte Lassalle, bei seiner Arbeiteragitation nach »einem gewissen doktrinären Rezept« vorgegangen zu sein, anstatt bei »den wirklichen Elementen der Klassenbewegung« anzuknüpfen. Er konstruierte einen »Gegensatz zwischen Sektenbewegung und Klassenbewegung« und erklärte apodiktisch: »Die Sekte sucht ihre raison d'être und ihren point d'honneur nicht in dem, was sie mit der Klassenbewegung gemein hat, sondern in dem *besondren Schibboleth*, das sie von ihr *unterscheidet*.«[77] Bei anderer Gelegenheit fügte er noch hinzu, daß die Existenz der »Sekten« historisch nur so lange eine Berechtigung habe, wie »die Arbeiterklasse noch unreif zu einer selbständigen geschichtlichen Bewegung« sei. Nachdem die Arbeiterklasse jedoch »zu dieser Reife gelangt« sei, seien »alle Sekten wesentlich reaktionär«.[78]

Nicht zufällig mischen sich in diese geschichtsphilosophischen Argumentationen wieder Vorstellungen eines natürlichen Reifeprozesses. Marx bekämpft das ›Sektenwesen‹, weil die ›Entwicklung‹ es überholt habe. Arbeiterparteien hatten für ihn immer nur dann eine historische Existenzberechtigung, wenn sie dem Entwicklungsstand der Arbeiterklasse entsprachen.

Es war insofern nur konsequent, wenn Marx von sich aus nie eine proletarische Parteiorganisation gegründet hat. Ein aktives parteipolitisches Engagement war für ihn nur unter der Voraussetzung möglich, daß es an – in seinem Sinne dafür elementare – Organisationsbemühungen der Arbeiter anknüpfen konnte. Bezeichnenderweise hat er sowohl seine politische Aktivität im Bund der Kommunisten als auch in der Internationalen Arbeiterassoziation so gerechtfertigt.

Der Beitritt zum Kommunistenbund kam für ihn erst in Frage, als dieser sich 1847 seinem Eindruck nach von seiner konspirativen Tradition gelöst und zur »selbstbewußten Teilnahme an dem unter unsern Augen vor sich gehenden geschichtlichen Umwälzungsprozeß der Gesellschaft« entschlossen hatte.[79] Ähnlich rechtfertigte er 1864 seinen Eintritt in die IAA. Obgleich er, wie er an Weydemeyer schrieb, »jahrelang systematisch alle Teilnahme an allen ›Organisationen‹ etc.« abgelehnt habe, sei er dieses Mal einer Aufforderung zum Beitritt gefolgt. Er begründete dies damit, daß die »wirklichen Arbeiterkönige von London« und die »direkten Organe der leitenden ›Arbeiter‹ zu Paris« an der Gründung der IAA beteiligt seien.[80] Die Kennzeichnung der Gründungsväter als ›wirkliche‹ und ›direkte‹ Arbeiterführer bedeutet wiederum nichts anderes, als daß Marx die Übereinstimmung der Internationale mit der elementaren Parteibewegung der Arbeiterklasse als verwirklicht ansah. Wiederholt hielt er es aber auch später noch für nötig, die IAA als »wirkliche Organisation der Arbeiterklasse« zu bezeichnen.[81] Nur die ständige Rückbindung an die ›selbsttätige Bewegung‹ des Proletariats rechtfertigte in seinen Augen eine praktische parteipolitische Aktivität, wie sie von ihm in der IAA betrieben wurde.

Auf solche Rechtfertigungen verzichtete Marx nur, wenn er von seiner eigenen ›Partei‹ sprach. Diese meinte er immer dann, wenn er die Formulierung ›unsere Partei‹ oder auch – ›Partei Marx‹ gebrauchte. Es war dies die *dritte* und für ihn wohl wichtigste Bedeutung, die er dem Parteibegriff unterlegte. Die ›Partei Marx‹ hatte zu keiner Zeit eine feste Organisation, wie dies Anfang der fünfziger Jahre die Anklage im Kölner Kommunistenprozeß absichtsvoll unterstellte.[82] Erst recht war sie keinem politischen Kaderprinzip unterworfen, wie das Lenin bei der Konstituierung seiner bolschewistischen Untergrundorganisation behauptete.[83] Allerdings war sie auch nicht nur ›Bewegung‹ ohne jeden festen Zusammenhang. Nicht bloße ›Tendenz‹, aber auch nicht eigentlich eine Organisation, handelte es sich bei der ›Partei Marx‹ im Grunde um einen Bund von Eingeweihten, um eine durch die sozialistische Theorie wissenschaftlich aufgeklärte Elite. Engels sprach etwa einmal davon, daß »unsere Partei« den Vorzug habe, »eine neue wissenschaftliche Anschauung zur theoretischen Grundlage zu haben«.[84] Die ›Partei‹ konstituierte sich also durch den anmaßenden Anspruch, die wenigen zu umfassen, die über die höhere Einsicht in die historische Gesetzmäßigkeit der gesellschaftlichen Entwicklung verfügten.

Wiederum war es Engels, der das als erster auf eine einprägsame Formel brachte. Er hielt die ›Partei Marx‹ deswegen für »revolutionärer« als alle organisierten Parteien, »weil wir etwas gelernt haben, und sie nicht, weil wir wissen, was wir wollen, und sie nicht«.[85] Marx scheinen diese Formulierungen aber besonders gefallen zu haben. Neun Jahre später wurden sie von ihm fast wörtlich wiederholt: »Weil die anderen nicht wissen, was sie wollen, oder nicht wissen wollen, was sie wissen«, sah er seine ›Partei‹ als eine »›kleine‹, aber doch in gewissem Sinne ›mächtige Partei‹« an.[86]

Die Stärke der ›Partei Marx‹ war also für Marx und Engels eine Frage der ideologischen Überlegenheit. Es versteht sich von selbst, daß Marx dies auf seine eigene revolutionäre Erkenntnisleistung zurückführte. Nur wer seinen – wie er meinte – wissenschaftlich begründeten revolutionären Bewußtseinsstand erreichte, konnte von ihm überhaupt zur ›Partei‹ gerechnet werden. Man mußte »à la hauteur des principes« sein, um von ihm in »unsre[r] Partei« willkommen geheißen zu werden.[87] Was immer Marx an jemand auszusetzen hatte, für seine Anerkennung als Mitglied der Partei war »die Hauptsache«, daß er »überzeugt« war.[88] Wer diesen ideologischen Anspruch nicht erfüllte, wurde dagegen nicht zur Partei gezählt. So war etwa Theodor Cuno, obwohl er ihm verschiedene wichtige politische Dienste leistete, für Marx »keiner von den zünftigen Leuten der ›Partei‹«.[89] Auch Engels sah solche Leute, die »nicht die Anfangsgründe unserer Sachen verstanden« hätten, nicht als »zu unserer Partei zugehörig« an.[90] Er distanzierte sich besonders von denjenigen in der »Partei Marx«, die alles theoretische Nachdenken dem »père Marx« überließen, »dessen Beruf« es sei, »alles zu wissen«. Die »Überlegenheit unserer Partei« beruhte in seinen Augen gerade auf der intellektuellen Anstrengung aller ihrer Mitglieder, die politische Theorie von Marx nachzuvollziehen.[91]

Selbstverständlich bestand Marx auch darauf, allein darüber zu bestimmen, wer zur ›Partei‹ gehörte und wer nicht. Nur Spott hatte er beispielsweise für den alten Weitlingianer Scherzer übrig, der »glaubte, er könne Parteivertreter ernennen«. Marx gab ihm zu verstehen, daß niemand außer ihm und Engels die »Bestellung als Vertreter der proletarischen Partei« vornehmen könne.[92]

Wer einmal der ›Partei‹ zugerechnet wurde, von dem wurde bedingungslose Unterordnung erwartet. Moses Heß sprach einmal treffend davon, »daß das Selbstgefühl dieses unbestreitbar genialsten Mannes unserer Partei« sich nicht mit der Anerkennung begnüge, die ihm ohnehin gezollt werde, sondern daß er »eine persönliche Unterwerfung zu fordern« scheine.[93] Marx ließ in der Tat nicht zu, daß seine Getreuen eigenverantwortlich politische Entscheidungen trafen. Eindringlich setzte er einmal Lassalle auseinander, welche Befehlsstruktur »in unserer Partei« zu gelten habe: »Entweder keiner tritt im Namen der Partei auf, ohne sich konsultiert zu haben mit den andren, oder jeder hat das Recht, seine Ansicht darzulegen, ohne sich um den andern zu kümmern. Letztres wäre nun allerdings nicht empfehlenswert, da öffentliche Polemik einer so wenig zahlreichen Partei ... keineswegs zuträglich [sei].«[94] So vorsichtig sich Marx ausdrückte, kann doch kein Zweifel daran bestehen, daß er selbst, und nur er, zur Vermeidung politischer Alleingänge ›konsultiert‹ werden wollte. Wer zu seiner ›Partei‹ gehörte, hatte sich politisch an seine Anweisungen zu halten. Selbst ein so alter persönlicher Freund wie Johann Philipp Becker, der in Deutschland so viel für die Internationale bewirkt hat wie sonst kein anderer, wurde von Marx wegen angeblicher Eigenmächtigkeiten gemaßregelt. »Ich bedaure den old Becker«, schrieb Marx im Januar 1869 an Engels,[95] »aber er muß doch merken, daß wir die Zügel in der Hand halten, obgleich wir so lange als möglich uns aller direkten Intervention enthalten.«[96] Die vielfach bezeugte, auch die Familien einschließende »Privatfreundschaft« mit Becker mußte zurücktreten, sobald es um die Einhaltung der Parteilinie ging.[97] In der ›Partei‹ durfte es keine unterschiedlichen Auffassungen geben. Allein Marx bestimmte hier die Richtlinien der Politik.

Es ist bemerkenswert, daß Marx erstmals schon 1846, d. h. eigentlich noch vor seinem Eintritt in die praktische Politik, von »unsere[r] eigene[n] Partei« sprach und sie als »eine starke Gruppe in der deutschen kommunistischen Partei« bezeichnete.[98] Die ›Kommunistische Partei‹ war zu dieser Zeit für ihn, das konnte auch kaum anders sein, nicht mehr als eine geistige Tendenz. Seine engeren Parteigänger innerhalb der kommunistischen Gesamtbewegung verstand er aber schon als Gruppe.

1848 glaubte Marx dann, nur noch seine ›Partei‹ als ›Kommunistische Partei‹ bezeichnen zu können. Nur noch diejenigen wurden von ihm als Kommunisten anerkannt, die sich seiner ideologischen Führung unterwarfen. Die Kommunistische Partei umfaßte als ›Partei Marx‹ insofern keineswegs automatisch alle Mitglieder des Bundes der Kommunisten. Nur solche Mitglieder dieses Geheimbundes konnten der ›Partei‹ der Kommunisten zugerechnet werden, die »theoretisch vor der übrigen Masse des Proletariats die Einsicht in die Bedingungen, den Gang und die allgemeinen Resultate der proletarischen Bewegung voraus« hätten.[99] Die Mitglieder des Geheimbundes, denen diese Einsicht abging, konnten zwar dem Bund angehören, nicht jedoch der ›Partei‹. Auch die bekannten »Forderungen der Kommunistischen Partei in Deutschland«, in denen Marx und Engels im März 1848 ihr politisches Arbeitsprogramm für die Revolution darlegten, können nicht einfach als Programm des Bundes der Kommunisten angesehen werden.[100] Sie stellten vielmehr ein öffentliches Programm dar, das den bisher geheimen Kommunistenbund nach dem Willen von Marx entbehrlich machen sollte. Die Forderungen ergeben deshalb politisch nur einen Sinn, wenn sie als Programm der ›Partei Marx‹ verstanden werden.

Der Unterschied zwischen ›Bund‹ und ›Partei‹ spielte schließlich auch im Herbst 1850 bei der Spaltung des Kommunistenbundes eine wichtige Rolle. Marx glaubte, bei den zur Spaltung führenden Auseinandersetzungen einen »Weg gefunden zu haben, auf dem wir uns trennen, ohne die Partei zu sprengen«.[101] Im Interesse der Partei sollten in London zwei ›Kreise‹ gebildet werden, die organisatorisch nichts miteinander zu tun und unabhängig voneinander mit der in Köln einzurichtenden Zentralbehörde in Verbindung zu stehen hätten.[102] Marx unterschied ausdrücklich zwischen dem ›Bund‹ und der ›Partei‹, wobei mit der letzteren, wie vor allem die Reaktion seines Gegenspielers Schapper erkennen ließ, nur seine eigene Partei gemeint sein konnte. Schapper wollte nämlich organisatorisch die »vollständige Trennung«, weil er sich ideologisch nicht mehr der ›Partei Marx‹ zugehörig fühlte.[103] Nach seiner Auffassung mußten »die Leute, die die Partei prinzipiell vertreten, sich von denen, die im Proletariat organisieren, trennen«.[104]

Auch in der Gründungsphase der deutschen Sozialdemokratie unterschied Marx deutlich zwischen den entstehenden Arbeiterparteien und seiner, mit dieser keineswegs identischen ›Partei‹. So beharrte er z. B. 1868 darauf, sich in der Auseinandersetzung zwischen den beiden deutschen Arbeiterparteien unparteiisch verhalten zu müssen. Nicht nur Wilhelm Liebknecht, sondern auch Johann Baptist von Schweitzer versicherte er, ihn »beständig als einen Mann unsrer Partei« angesehen zu haben.[105] Trotz der zwischen Liebknecht und Schweitzer bestehenden parteipolitischen Gegensätze billigte er letzterem also in seiner engeren Partei denselben Status zu wie seinem Gegenspieler. Dies wird nur verständlich, wenn man davon ausgeht, daß die ›Partei Marx‹ auch in dieser Zeit unabhängig von den beiden miteinander konkurrierenden deutschen Arbeiterparteien existierte.

Schließlich kam auch 1875 nochmals deutlich zum Ausdruck, daß Marx an seine Partei einen besonderen Maßstab anlegte. Anlaß dazu gab ihm der Entwurf des Gothaer Parteiprogramms der deutschen Sozialdemokratie. Dieser wurde von ihm bekanntlich scharf kritisiert.[106] Wenn er in diesem Zusammenhang von der »wissenschaftlichen Einsicht in *unsrer* Partei« sprach, so war damit wiederum nicht die sozialdemokratische Partei, sondern, wie schon die Hervorhebung von ›unsrer‹ zeigt, seine Partei gemeint.[107] Marx war über den »Prinzipienschacher«, der in seinen Augen mit dem Programm betrieben worden war,[108] auch nur deswegen so erregt, weil dafür seiner Ansicht nach »Vertreter unserer Partei«, in erster Linie Wilhelm Liebknecht, verantwortlich waren.[109] Er irrte sich zwar, wenn er das Gothaer Parteiprogramm als ein »ungeheuerliches Attentat auf die in der Parteimasse verbreitete Einsicht« bezeichnete;[110] denn seine politische Theorie war zu diesem Zeitpunkt von den einfachen Mitgliedern der deutschen Arbeiterpartei noch so gut wie überhaupt nicht rezipiert worden. Was er aber erleben mußte, war die politische Verselbständigung seiner ›Partei‹, deren bedingungslose Unterwerfung unter seine ideologische Führung immer die Bedingung ihrer Existenz gewesen war.

Damit stellt sich die Frage, wer im Laufe der Zeit der ›Partei Marx‹ angehört hat. Da es weder förmliche Aufnahmeverfahren noch Mitgliedernachweise gab, können selbstverständlich keine offiziellen Register der ›Partei‹ erhalten sein. Die Zahl der engeren Parteimitglieder stand auch niemals genau fest. Nur Marx wußte wohl immer, wen er im Kern zum engeren Kreis seiner Partei rechnen konnte und wen nicht.

Ohne jede Einschränkung war außer Marx selbst im Grunde nur Friedrich Engels durchgängig der ›Partei‹ zuzurechnen. Nicht nur die

Entfaltung seiner politischen Theorie, sondern auch seine politische Karriere war untrennbar mit der von Engels verbunden. Nicht zufällig sind Marx und Engels (z. B. von Franz Mehring) schon im 19. Jahrhundert als sozialistisches Dioskurenpaar geradezu zum proletarischen Gegenbild der bürgerlichen Dioskuren Goethe und Schiller stilisiert worden.[111] Beide lebten vom Zeitpunkt ihrer ersten Begegnung an bis zum Tode von Marx tatsächlich in einer einzigartigen menschlichen und intellektuellen Symbiose.[112] Sie ist überhaupt nur ein einziges Mal gestört worden, als Marx es in seiner unglaublichen Egozentrik versäumte, am Tod von Engels' Lebensgefährtin Mary Burns in irgendeiner Weise Anteil zu nehmen.[113] Die anhaltende körperliche und finanzielle Lebensmisere hatte bei ihm eine »Abstumpfung des Empfindens« bewirkt,[114] die selbst einmal seinen engsten Freund und Parteigänger verletzte. Wenn er aber in den drei Londoner Jahrzehnten überhaupt überleben konnte, so hatte er das Engels' regelmäßiger finanzieller Unterstützung zu danken. Niemand erkannte auch zeitlebens so rückhaltlos das überlegene Genie von Marx an wie Engels, obwohl er in der ›Partei Marx‹ der einzige war, der ihm intellektuell ebenbürtig war. In der politischen Praxis war Engels für Marx nicht nur unentbehrlich, er erwies sich vielmehr oft genug auch als ein sehr viel aktiverer und geschickterer politischer Partner. Die ›Partei Marx‹ war daher, das erkannten die preußischen Polizeiagenten Wermuth und Stieber richtig, im Grunde von Anfang an eine »Partei Marx-Engels«.[115] Und nur sich selbst haben Marx und Engels auch häufig gemeint, wenn sie von ›unserer Partei‹ sprachen.[116]

Ihrer Vorstellung nach sollte die ›Partei Marx‹ freilich virtuell mehr darstellen als eine auf ihrer Männerfreundschaft beruhende politische Verbindung. In der Zeit der Revolution von 1848/49 rechneten sie vor allem die Redakteure der »Neuen Rheinischen Zeitung« dazu, d. h. Heinrich Bürgers, der schon 1842/43 an der »Rheinischen Zeitung« mitgearbeitet hatte, die Schriftsteller Ernst Dronke, Georg Weerth und später auch Ferdinand Freiligrath sowie ferner Ferdinand und Wilhelm Wolff. Zumindest der letztere (»Lupus«) sollte bis zu seinem frühen Tod zu Marxens besonders treuen Paladinen gehören.[117] Bedingt durch den täglichen Umgang bei der Redaktion der Zeitung, konnte Marx diesen Kreis von Getreuen so eng an sich binden wie wohl nie wieder eine geschlossene Gruppe seiner ›Partei‹.

Die Redaktionsmitglieder beugten sich nach der späteren Formulierung von Engels der »einfache(n) Diktatur von Marx«. Diese Diktatur sei »selbstverständlich, unbestritten von uns allen gern anerkannt« worden.[118] Daran ist wieder bemerkenswert, daß die Zugehörigkeit zur ›Partei Marx‹ offensichtlich die Unterwerfung unter die politischen Direktiven von Marx voraussetzte. Marx war der Meister, die anderen waren seine politischen Schüler.

Außerhalb des Kölner Journalistenkreises konnten Marx und Engels in der Revolutionszeit im Grunde nur auf einige wenige Vertraute rechnen, die durchweg schon vor 1848 mit ihnen in Verbindung gestanden hatten. Vor allen anderen ist hier sicherlich Joseph Weydemeyer zu nennen, der Marx schon 1848 versichert hatte, seine politischen »Ansichten« »stets und überall anerkannt« zu haben. Schon vor Ausbruch der Revolution bemühte er sich 1848 in Westfalen, Marx allerdings mißverstehend, »Organisation in unsere Partei zu bringen«.[119] Zweifellos haben Marx und Engels in der Revolutionszeit auch die alten Führer des Kommunistenbundes, mit Karl Schapper und Joseph Moll an der Spitze, zu ihrer engeren Partei gerechnet, so selbständig diese auch beim Aufbau von Arbeitervereinen agierten.[120] Moll wurde nach seinem revolutionären Soldatentod von Engels ausdrücklich als einer der »unermüdlichsten, unerschrockensten und zuverlässigsten Vorkämpfer« der »Partei« gewürdigt.[121] Schapper gehörte auch noch nach der Revolution zum inneren Kreis der Marxschen Parteigänger, ehe er sich 1850 zusammen mit August Willich bei der Spaltung des Kommunistenbundes mit Marx vorübergehend überwarf.[122] Als er 1870 starb, wurde er von Engels und Marx zusammen mit Weerth, Weydemeyer und Wilhelm Wolff posthum wieder zu »unsern alten Kameraden« gerechnet.[123]

Viele der alten kommunistischen Parteigänger setzten sich in der Revolutionszeit jedoch endgültig von Marx ab. Dazu gehörte Stephan Born ebenso wie Moses Heß oder Hermann Ewerbeck. Als Andreas Gottschalk mit der Gründung des Kölner Arbeitervereins eigene Wege zu gehen begann, war das bezeichnenderweise daran zu erkennen, daß ihm »das Wort ›unsere Partei‹ zum wahren Popanz geworden« war.[124] Was für andere im Umkreis von Marx die höchste politische Anerkennung darstellte, hatte für ihn also jeden Sinn verloren. Die Existenz der ›Partei Marx‹ war ihm angesichts der Möglichkeit, die Organisation der Arbeiter in großem Stil voranzutreiben, bedeutungslos geworden.

Nach dem Ende der Revolution wurde die ›Partei Marx‹ durch Abfall, Auswanderung nach Übersee oder Tod stark dezimiert. Marx und Engels hatten nach dem Wiederaufleben des Kommunistenbundes aber offenbar die Vorstellung, wieder über einen politischen »Generalstab« zu verfügen, wobei sie sogar von einer Mitgliederzahl von »25 Mann« sprachen.[125] Die Spaltung und der Untergang des Kommunistenbundes machten diesen Illusionen 1850 ein Ende. Marx begriff, daß er mit Engels in »authentische Isolation« geraten war.[126] Die ›Partei Marx‹ hatte nahezu aufgehört zu existieren.

Marx glaubte zwar anfangs, sich darüber hinwegtrösten zu können, weil das »System wechselseitiger Konzessionen, aus Anstand geduldeter Halbheiten«, das ihn »in der Partei mit allen diesen Eseln« verbunden habe, aufgehört habe zu bestehen.[127] Auch Engels distanzierte sich von der »Bande von Eseln«, die Marx und ihn »für ihresgleichen« gehalten habe.[128] Die Absage an alle ihre bisherigen Bemühungen, eine besondere Partei von Gesinnungsgenossen um sich zu scharen, war jedoch zweifellos rhetorisch übersteigert. Sie entsprang der großen politischen Enttäuschung über das vorläufige Scheitern ihrer gesamten Politik. Als ein endgültiger Abschied von der Politik war sie nicht zu verstehen. Allerdings dachte Marx erst zwei Jahre später wieder an einen Neuanfang.

In einem Brief an Engels zählte er im März 1853 seine wenigen Getreuen auf. Er kam auf nicht mehr als neun Namen, darunter erstmals die von Ferdinand Lassalle und Wilhelm Liebknecht. Ernüchtert mußte er feststellen, daß das »keine Partei« mehr sei. Er fand deshalb, daß er »durchaus unsere Partei neu rekrutieren« müsse.[129] Sehr weit ist er damit in den folgenden zehn Jahren allerdings nicht gekommen. Nach dem plötzlichen Tod von Lassalle mußte Marx noch 1864 feststellen, daß »der Haufen immer kleiner« werde und nichts neu dazukäme.[130] Bernhard Becker, Nachfolger Lassalles in der Führung des ADAV, spottete denn auch 1865 durchaus zu Recht darüber, daß »diese Clique« nur aus drei Personen bestehe, »nämlich aus Meister Marx, seinem Sekretär Engels und seinem Agenten Liebknecht«.[131] Erst in der zweiten Hälfte der sechziger Jahre, als Marx in der Internationale eine politische Schlüsselstellung erlangen konnte, vergrößerte sich auch wieder der Kreis seiner engeren Parteigänger.

Im Generalrat der IAA konnte er sich, wie dargestellt wurde, auf einen kleinen Kreis von Dauermitgliedern verlassen.[132] Von diesen zählte er zumindest Friedrich Leßner und Georg Eccarius auch zum engeren Kreis seiner ›Partei‹. Beide durften mehrfach auf Kongressen der IAA als seine besonderen Vertrauensleute auftreten.[133] Mehrfach bezeichnete Marx Eccarius auch als einen seiner »ältesten Freunde und Gesinnungsgenossen«.[134] Engels sah Leßner als »alten Kameraden« an, dem er sich in »alter Freundschaft« verbunden fühlte.[135] Sowohl Marx als auch Engels gingen mit solchen kumpelhaften Freundschaftsbekundungen an sich eher sparsam um.[136] Eccarius und Leßner müssen daher ihr besonderes Vertrauen genossen haben.

Auch außerhalb des Londoner Generalrats waren es in der Zeit der Internationale fast ausschließlich Deutsche, die Marx zum engeren Kreis seiner ›Partei‹ zählte. Die einzige Ausnahme stellte wohl Paul Lafargue dar, der ihm aber als sein Schwiegersohn um so näherstand. In der Auseinandersetzung mit Bakunin war er für ihn sowohl als Informant als auch als politischer Agent in Frankreich und Spanien unentbehrlich.[137]

In den USA zog sich Marx nach dem Tod des dorthin emigrierten Weydemeyer (1866) Friedrich Adolph Sorge und Sigfrid Meyer als besondere Vertrauensleute heran, obwohl er sie beide gar nicht persönlich kannte.[138] Er korrespondierte mit ihnen über Angelegenheiten der Internationale bezeichnenderweise auch zu der Zeit, in der er im Generalrat offiziell gar nicht für die deutschsprachige Sektion in den USA zuständig war.[139] Das war eigentlich inkorrekt, mußte aber aus der Sicht von Marx als ein besonderer politischer Vertrauensbeweis gelten, den er nur Angehörigen der ›Partei‹ zuteil werden ließ.

In der Schweiz konnte Marx auf den Pfälzer Achtundvierziger Johann Philipp Becker zählen, der seine Zeitschrift »Der Vorbote« ganz in den Dienst der Internationale stellte.[140] Er zog den »alten Freund«[141] in allen organisatorischen Fragen voll ins Vertrauen und verließ sich – zumindest in den Anfangsjahren der Internationale – auf sein Verhandlungsgeschick bei der Steuerung der Kongresse.[142] Kaum jemand sonst hat er auch je wissen lassen, daß er seiner oft und mit »inniger Verehrung und Bewunderung« gedenke.[143] Trotz aller ihm von Marx unterstellten Eigenmächtigkeiten blieb Becker deshalb stets ein Mann der ›Partei‹.[144]

In Deutschland hatte Marx in der Zeit der Internationale zunächst nur sehr wenige Vertraute. In einem Brief an Becker, der ihn um Kontaktadressen gebeten hatte, konnte er nur drei Namen nennen: Wilhelm Liebknecht in Leipzig, Ludwig Kugelmann in Hannover und Paul Stumpf in Mainz.[145] Paul Stumpf, der in Mainz als Brunnenmeister einen ehrbaren Handwerkerbetrieb führte, kann überdies nur bedingt zur ›Partei‹ gerechnet werden. Er war Marx und Engels schon aus der Achtundvierziger-Zeit bekannt. In der Rückschau behauptete er, von Engels in Brüssel als »grünes Meistersöhnchen« schon 1847 »die Denklampe angesteckt« bekommen zu haben.[146] Als er 1865 den Kontakt zu den Londonern wiederaufnahm, bekannte er sich zu Marx sogar als zu dem »Führer Marx«.[147] Marx hat die Verbindung zu Stumpf intensiv gepflegt, hat ihn 1869 auf seiner Deutschlandreise sogar in Mainz besucht und sich bei dieser Gelegenheit mit der ganzen Familie angefreundet.[148] Es dürfte auch kein Zufall sein, daß Marx 1870 für Mainz als Tagungsort des anfallenden, jedoch wegen des Deutsch-Französischen Krieges nicht zustandegekommenen Jahreskongresses der IAA plädierte.[149] Er war sich aber offenbar nicht sicher, ob Stumpf seine sozialistische Theorie wirklich voll begreife.[150] Unter der Hand gab er zu verstehen, es sei »fatal«, wenn Stumpf »die Feder in die Hände« nehme.[151]

Kugelmann war als Arzt eigentlich kein Mann der Arbeiterbewegung, sondern ein höchst persönlicher Bewunderer von Marx, besonders seines »Kapitals«,[152] für dessen Verbreitung er mehr getan hat »als ganz Deutschland zusammengenommen«.[153] Aber gerade dadurch qualifizierte er sich für den inneren Kreis der ›Partei Marx‹. Sein Enthusiasmus ging Marx 1867 bei der ersten Begegnung zwar offensichtlich etwas auf die Nerven, aber »die Hauptsache« war für ihn doch, daß Kugelmann »überzeugt« sei. Und das hieß nichts anderes, als daß er ihn, wie er sich gegenüber Engels ausdrückte, als einen »Anhänger unsrer Doktrin und unsrer beiden Personen« ansah.[154] Auf seinen beiden Deutschlandreisen von 1867 und 1869 schlug Marx bezeichnenderweise beide Male bei dem Arzt in Hannover sein Stammquartier auf.[155] Es war daher nicht übertrieben, wenn er Kugelmann versicherte, sein »intimster Freund in Deutschland« zu sein.[156]

Die größten Hoffnungen hatte Marx in Deutschland ursprünglich zweifellos auf Wilhelm Liebknecht gesetzt. Fast 13 Jahre lang hatte er ihn in London mit seinem politischen Denken vertraut gemacht. Er sah in ihm mehr als in jedem anderen seinen politischen Meisterschüler, den er als»Mitglied der Partei«gegenüber anderen privilegierte.[157] Als Liebknecht 1862 nach Deutschland zurückkehrte, war Marx wie selbstverständlich der Meinung, daß er dort als sein politisches Sprachrohr auftreten werde. Diese Erwartungen erfüllten sich jedoch ganz und gar nicht.[158] Liebknecht wurde zwar anfangs noch bescheinigt, sich brav verhalten zu haben,[159] schon bald mußte Marx jedoch feststellen, daß er seine politischen Direktiven keineswegs immer befolgte. Marx ließ das anfangs noch durchgehen, weil er von seinen guten Absichten überzeugt war.[160] Schließlich war Liebknecht für ihn noch 1865»doch die einzige zuverlässige Verbindung, die wir in Deutschland haben«.[161] Je mehr jedoch Liebknecht beim Aufbau der deutschen Arbeiterbewegung eigene Wege ging, desto aufgebrachter reagierte Marx darauf. Soweit hier enttäuschte Zuneigung mitspielte, war das verständlich. Unbegreiflich ist aber, weshalb er über seinen letzten Endes doch erfolgreichsten Parteigänger in Deutschland schließlich nur noch in einem hämischen und überheblichen Ton zu sprechen pflegte. Der Briefwechsel mit Engels enthält seit etwa 1868 zunehmend herablassendere Bemerkungen über das»Wilhelmchen«, das in Deutschland politisch nicht so spurte, wie man sich das in London vorstellte:»Esel«,»Schwachkopf«,»Ignorant«,»Rindvieh«und vor allem immer wieder»das Vieh«, das sind die Verbalinjurien, mit denen Liebknecht von Marx und Engels versehen wurde.[162]

Auch wenn der persönliche Kontakt nie abriß, führte die durchaus selbstbewußte politische Haltung Liebknechts gegenüber den Londonern im Laufe der Jahre zu einer deutlichen Entfremdung. Nicht zufällig sandte Marx 1875 seine»kritische[n] Randglossen« zu dem Gothaer Parteiprogramm nicht an ihn, sondern an Wilhelm Bracke.[163] Engels informierte zusätzlich August Bebel, während er es Liebknecht nicht verzieh, daß er ihnen»von der ganzen Sache *kein Wort* mitgeteilt« habe.[164] Bracke und Bebel rückten auf diese Weise in den engeren Kreis der ›Partei‹, nachdem sie zuvor allenfalls als»brauchbar« angesehen worden waren.[165] Zu einem völligen Bruch mit Liebknecht kam es allerdings nicht. Entgegen den Voraussagen von Marx erwies sich die 1875 vereinigte Sozialistische Arbeiterpartei Deutschlands nämlich als so stark, daß sie seit 1878 sogar die Stürme des Sozialistengesetzes überstehen konnte. Liebknecht konnte sich dadurch als politisch bestätigt ansehen. Vor allem aber stellte er die ideologische Führung von Marx zu keinem Zeitpunkt je in Frage. Wo er nur konnte, bekannte er sich zu Marx als dem »Gründer oder doch wissenschaftlichen Träger unserer Partei«.[166] Für Marx bestand daher kein Grund, ihn aus seiner ›Partei‹ auszustoßen. Trotz aller politischen Eigenmächtigkeiten erfüllte Liebknecht für ihn doch immer die oberste Bedingung ideologischer Linientreue.

In anderen Fällen sah das durchaus anders aus. Manche, die Marx zunächst in der ›Partei‹ durchaus willkommen waren, wurden von ihm wieder ausgeschlossen, andere bemühten sich vergeblich um sein politisches Vertrauen und blieben außerhalb der ›Partei‹. Bei den Ausgeschlossenen konnte es sich durchaus auch um solche Personen handeln, die eigentlich als seine Anhänger zu gelten hatten. Der von ihm aufgestellte, letzten Endes auf dem Bewußtsein eigener politischer Unfehlbarkeit beruhende Führungsanspruch hatte zur Folge, daß Marx noch nicht einmal die wenigen Parteigänger, die er überhaupt hatte, als solche anerkannte. Er stand sich beim Aufbau seiner ›Partei‹ insofern selbst im Wege. Die Grenzen seiner politischen Fähigkeiten werden hier sichtbar.

Obwohl das ganze Leben des Politikers Marx um politische Organisation des ›Proletariats‹ kreiste, tat sich Marx besonders im direkten Umgang mit gestandenen Arbeiterführern ohne intellektuellen Hintergrund zeit seines Lebens ziemlich schwer. Es gibt von diesen Männern viele eindrucksvolle Zeugnisse der Bewunderung und Verehrung,[167] von ihm aber nur wenige entsprechende Äußerungen über seine proletarischen Weggenossen. Die nachträglich so frappierende Rücksichtslosigkeit seines Denkens und ein im Alter nur unwesentlich abgemildertes Überlegenheitsgefühl gegenüber allen, mit denen er umging (mit Ausnahme von Engels), machten es ihm schwer, sich auf andere wirklich einzustellen. Das galt besonders dann, wenn es sich um intellektuell ungeschulte politische Partner handelte, wie er sie vor allem im Kommunistenbund antraf. Insgeheim verachtete Marx im Grunde die geistig unbeholfenen Arbeiterführer, auch wenn er politisch mit ihnen zusammenarbeitete. Das schlug sich in der abstoßenden Gewohnheit nieder, sie in der vertraulichen Korrespondenz mit Engels, aber auch mit anderen, als »dumme Jungens«, »Schafsköpfe«, »Esel« oder »alternde Knoten« zu bezeichnen.[168] Besonders häufig sprachen Marx und Engels auch abfällig von »Straubingern«, wenn sie die Arbeiter im Kommunistenbund meinten. Dieser von der bayerischen Stadt Straubing abgeleitete Ausdruck kennzeichnete im zeitgenössischen Sprachgebrauch wandernde Handwerksgesellen als heruntergekommene und verwahrloste Subjekte.[169] Die handwerklichen Arbeiterführer beklagten sich ihrerseits über die »verdammte Gelehrten-Arroganz« von Marx und Engels.[170] In der allgemeinen Euphorie des revolutionären Aufschwungs von 1848 traten diese Gegensätze zwar zurück, aufgrund der intellektuellen Einfalt der ›Arbeiter‹ und der Überheblichkeit der ›Gelehrten‹ gab es aber letzten Endes keine wirkliche Gemeinsamkeit, solange der Kommunistenbund existierte.

Handelte es sich um Intellektuelle, war die politische Intransigenz von Marx freilich eher noch größer. Wie Karl Schurz in seinen Erinnerungen berichtet, habe er nie einen Menschen »von so verletzender, unerträglicher Arroganz des Auftretens« erlebt wie Marx.[171] Noch Jahrzehnte später schwang bei ihm die Empörung über die Zurückweisung mit, die er 1848 bei einer flüchtigen Begegnung erleben mußte. Das war kein Einzelfall. Marx' Auftreten gegenüber anderen stieß auch viele ab, die mit ihm im engsten Kontakt standen. Man warf ihm etwa vor, seine »Einsicht unmittelbar als die allgemeine Einsicht« vorauszusetzen.[172] Es scheine Marx »angeboren« zu sein, »über alles, was sich als eine Größe hervortun« wolle, loszuziehen.[173] Er wolle nicht verstehen, daß »die Ideen niemand gehören« und sie, »selbst wenn er sie ausgedrückt« habe, »Eigentum« von anderen »ebenso wie sein eigenes« werden können.[174]

Marx kannte in der Politik nur Freunde oder Feinde. Wer nicht für ihn war, war ein Gegner. Je höher das intellektuelle Niveau eines Kontrahenten war, desto schärfer wurde er bekämpft. Engels begründete diese Einstellung einmal mit dem Satz: »Gegen Literaten können wir als Partei auftreten, gegen Straubinger nicht.«[175] Während Marx und Engels den Arbeiterführern letzten Endes ihre unverschuldete Unmündigkeit als entlastend in Rechnung stellten, erlaubte dies ihr Selbstverständnis als revolutionäre Wissenschaftler gegenüber intellektuell satisfaktionsfähigen Partnern nicht. Abweichungen von ihren theoretischen Grundpositionen wurden innerhalb der ›Partei Marx‹ besonders bei intellektuellen Gesinnungsfreunden nicht geduldet. Im äußersten Fall wurden politische Frondeure von Marx regelrecht aus der ›Partei‹ ausgeschlossen. Dafür gibt es zumindest einen prominenten Fall: den Ferdinand Lassalles.

Wie Marx auch noch nach dem Tod von Lassalle bestätigte, hatte dieser sich ursprünglich »stets als Anhänger der von mir repräsentierten Partei erklärt«.[176] Und Marx hatte ihn ohne Zweifel auch als solchen anerkannt. Ganz selbstverständlich wurde Lassalle in dem ausführlichen Briefwechsel der fünfziger Jahre »unsrer Partei« zugerechnet.[177] Marx spannte ihn auch ohne weiteres für sich ein, indem er bei Lassalle an den »general party interest« appellierte.[178] Nach seinem Tode war dann zwar davon die Rede, daß Lassalle »doch noch immer einer von der vieille souche« gewesen sei,[179] in politischer Hinsicht »sicher einer der bedeutendsten Kerle in Deutschland«,[180] aber er blieb letzten Endes doch der verlorene Sohn. Nach der von Anfang an heftig bekämpften Gründung des ADAV war Lassalle von Marx regelrecht verstoßen worden. Schon vorher hatte Marx sich darüber aufgeregt, daß Lassalle »beständig die Partei für seinen Privatdreck« ausbeute.[181] Er war der Meinung, Lassalle müsse öffentlich »desavouiert« werden, wenn er sich nochmals herausnehme, »im Namen der Partei zu sprechen«.[182] Schließlich glaubte er gar, »daß *Lassalle* in der Tat die Partei *verraten*« habe.[183] Damit rechtfertigte er den Bruch, den er 1863 mit Lassalle, ohne ihn das je richtig merken zu lassen, innerlich vollzogen hatte. Aus dem engen Parteigänger war für ihn ein politischer Abweichler geworden. Und da für Marx nur unbedingte Parteitreue oder Gegnerschaft in Frage kam, wurde Lassalle schließlich zum politischen ›Feind‹ erklärt. Engels hatte zunächst noch die Alternative gesehen, daß der »Kerl« gezwungen werden könnte, »mit uns zu gehen, oder aber offen unser Feind« zu sein.[184] Bei Lassalles Tod war er in seinen Augen dann nur noch ein »sehr unsicher Freund, zukünftig ein ziemlich sicher Feind«.[185] Und Marx schätzte ihn schließlich gar nur noch, weil er »der Feind unserer Feinde« sei.[186] Die einstige Hochschätzung für einen der wenigen wirklichen Parteigänger in den langen Jahren der politischen Isolierung nach der Revolution von 1848/49 war einer Beziehung gewichen, die nur noch taktisch motiviert war. Auch wenn der Rückblick auf die alten Zeiten der politischen Gemeinsamkeit mit Lassalle nicht von Nostalgie frei war, wurde dieser von Marx und Engels allenfalls nur noch als politisch ›nützlicher Idiot‹ angesehen.

Es widersprach zweifellos aller politischen Vernunft, ausgerechnet den Mann zu verstoßen, der in Deutschland den entscheidenden Anstoß zur selbständigen politischen Organisation der Arbeiterschaft gegeben hatte. Auch sein politischer Meisterschüler Liebknecht handelte zwar als Parteigründer entgegen den Weisungen von Marx, im Unterschied zu Lassalle trat er jedoch nie in Theoriekonkurrenz zu ihm. Das schützte ihn – ungeachtet aller Zwistigkeiten – davor, von Marx aus der ›Partei‹ verstoßen zu werden. Lassalle wurde dagegen zum politischen Gegner, weil er es wagte, nicht nur in der praktischen Politik, sondern auch in der sozialistischen Theorie eigene Wege zu gehen.

Schließlich kam es auch vor, daß ein Gesinnungsfreund im Geiste der ›Partei‹ zu handeln glaubte, ohne jedoch von Marx noch zu dieser gerechnet zu werden. Es handelte sich dabei um eine Form »aktiver Rezeption«,[187] durch die politische Ideen von Marx völlig eigenständig in die Praxis umgesetzt wurden. Der wichtigste Repräsentant dieser Art von Parteipolitik außerhalb der ›Partei Marx‹ war Stephan Born.

Der ehemalige Schriftsetzer war vor der Revolution in Brüssel zum Bund der Kommunisten gestoßen und hatte hier und in Paris durchaus zum engeren Kreis von Marx gehört.[188] Von Köln aus suchte Marx ihn im Mai 1848 auch noch als Korrespondent für die »Neue Rheinische Zeitung« zu gewinnen.[189] Das hieß nichts anderes, als daß er ihn weiterhin an seine ›Partei‹ binden wollte. Gerüchte, Born spiele in Berlin »eine etwas zweifelhafte Rolle«, scheint er ignoriert zu haben.[190] Born sagte ihm in seiner Antwort auch ohne weiteres seine Mitarbeit zu. Daß er diese Zusage mit der Mitteilung verband, der Kommunistenbund sei in Berlin »aufgelöst, überall und nirgends«, kann Marx nicht sonderlich gestört haben.[191] Am Ende war ihm die Arbeit für die Zeitung wichtiger als sein Engagement für den Kommunistenbund.[192] Noch im Januar 1849 hat Born Karl Marx in Köln besucht, ohne bei dieser Gelegenheit »irgendwelche Unzufriedenheit zu erkennen«.[193] Doch hatte Born in der Zwischenzeit in der Tat »ganz und gar auf eigene Faust gehandelt«, ohne von Marx oder Engels ein »Kommandowort einzuholen«.[194]

Von Marx hatte er gelernt, die politische Emanzipation der Arbeiterklasse in Deutschland eng mit der Herstellung der bürgerlichen Demokratie zu verknüpfen. Wenn Marx jedoch von einer Stufenfolge der Revolution von der bürgerlich-demokratischen zur proletarisch-sozialistischen Revolution ausging, sollte die von Born erstrebte soziale Demokratie (der Arbeiter) die politische Demokratie (des Bürgertums) nicht ablösen, sondern ergänzen. Wenn Marx die politische Formierung des Proletariats als einen säkularen Prozeß der Klassenbildung ansah, so handelte es sich für Born um eine sofortige Organisationsaufgabe. Der Erfolg gab ihm Recht. Die von ihm im Herbst 1848 gemeinsam mit anderen Arbeiterführern gegründete Allgemeine Deutsche Arbeiterverbrüderung erwies sich als die bei weitem erfolgreichste Arbeiterorganisation der Revolutionszeit.[195] Marx und Engels haben den enormen politischen Erfolg Borns nicht anerkannt. Wenn es in der sogenannten »Juni-Ansprache« des Bundes der Kommunisten von 1850 hieß, daß die »einflußreichsten Mitglieder der Arbeiterverbrüderung« dem Bund angehörten,[196] so war das zwar ursprünglich zutreffend, über der Tätigkeit in der Arbeiterverbrüderung hatten die Arbeiterführer den Kommunistenbund aber längst vergessen.[197] Engels hat später die politische Aktivität Borns in der Arbeiterverbrüderung rückblickend als reine ›Sonderbündelei‹ abgetan.[198] Das kam dem Sektenvorwurf gleich, wie er von Marx gegenüber Lassalle erhoben worden war. Auch wenn Born das selbst nicht so empfunden haben sollte, dürften Marx und Engels daher über ihn den Stab gebrochen haben. Der erfolgreichste politische Organisator der Arbeiterbewegung in der Revolutionszeit war am Ende kein Mann der ›Partei Marx‹ mehr.

VI. Der Politiker Marx: Eine Bilanz

Was hat Marx als Politiker erreicht? Denkt man an die Fernwirkungen, die seine sozialistische Theorie bis in unsere Zeit hinein gehabt hat, so hätte er kaum größere Resonanz finden können. Die Art und Weise, in der seine politischen Ideen durch Lenin und dessen Anhänger ausgebeutet worden sind – mit allen historischen Folgen, die dies gehabt hat –, hätte allerdings, wenn er es erlebt hätte, mit Sicherheit seinen Widerspruch herausgefordert. Nichts zeigt dies besser als sein eigenes Verhalten als Politiker.

Es beruhte zwar auf keinem Zufall, daß sich Marx 1847 und 1864 jeweils für längere Zeit politisch zu betätigen begann. Als sozialistische Theorie revolutionären Handelns war sein politisches Denken vielmehr genuin auf aktive Politik angelegt. Marx hatte jedoch seine eigenen Vorstellungen von dem, was ihm persönlich als Politiker zu tun erlaubt war, und daran hat er sich, wie dargelegt werden sollte, mit erstaunlicher Konsequenz gehalten. Obwohl sein ganzes Denken um die gesellschaftliche Emanzipation des ›Proletariats‹ kreiste, stand dessen eigenständige Organisation für ihn keineswegs im Zentrum seiner politischen Bemühungen. Solange er die politische Arbeiterbewegung aufgrund des gesellschaftlichen Minderheitsstatus des Proletariats als zu schwach ansah, sich aus eigener Kraft durchzusetzen, sorgte Marx sich vorrangig darum, sie in größere politische Allianzen einzubinden. Seine politische Aktivität während der ganzen Zeit der Revolution von 1848/49, aber auch noch zu Anfang der sechziger Jahre, als er in Konflikt mit Lassalle geriet, war hiervon geprägt.[1]

In seinem Sinne war es auch durchaus konsequent, daß er sich erstmals schon im Bund der Kommunisten und kurzfristig auch im Kölner Arbeiterverein, dann vor allem aber im Generalrat der Internationalen Arbeiterassoziation in die organisierte Arbeiterbewegung einschaltete. Er achtete nämlich jedesmal sorgfältig darauf, daß er sich nicht selbst den Arbeitern aufdrängte, sondern daß die politische

Initiative von diesen ausging. Das entsprach seiner Vorstellung von selbständiger proletarischer Organisationstätigkeit, die nicht künstlich geweckt, wohl aber durch die revolutionäre Intelligenz gefördert und intensiviert werden könne. Wie im einzelnen aufgezeigt werden konnte, beruhte diese Theorie politischer Substitution im Prinzip auf einer historischen Fiktion. Gegen das bei den Arbeitern bestehende Vorurteil der ›Gelehrtenarroganz‹ kämpfte er immer wieder vergeblich an, soviel Bewunderung ihm auch als dem Schöpfer des ›Wissenschaftlichen Sozialismus‹ entgegengebracht wurde.[2] Aber Marx bewies als Politiker gegenüber den sich organisierenden Arbeitern doch sehr viel mehr politische Sensibilität als Generationen von ›marxistischen‹ Intellektuellen nach ihm, Lenin vor allem eingeschlossen. Für ihn stellte die Implantation der ihrer Herkunft nach durchaus bürgerlichen revolutionären Intelligenz in die proletarische Massenbewegung jedenfalls ein zentrales politisches Problem dar.

Das rücksichtsvolle Verhalten gegenüber den Arbeitern wurde freilich dadurch beeinträchtigt, daß Marx unerschütterlich daran glaubte, aufgrund seiner allen anderen überlegenen wissenschaftlichen Erkenntnis politisch unfehlbar zu sein. Sein Briefwechsel mit Friedrich Engels spiegelt nur zu deutlich die Herablassung wider, mit der er unbeholfenen und in der politischen Theorie wenig bewanderten Arbeiterführern letzten Endes gegenübertrat. Bezeichnend ist auch, daß er ideologische Konkurrenz von sozialistischen Intellektuellen nicht vertragen konnte, am wenigsten von solchen, die er ursprünglich einmal als seine geistigen Schüler angesehen hatte. Ferdinand Lassalle oder auch Michael Bakunin verfolgte er aus diesem Grunde mit weit größerer Erbitterung, als dies sachlich eigentlich geboten gewesen wäre.

Politischer Erfolg wurde Marx auch dadurch ermöglicht, daß er so klug war, sich innerhalb der Arbeiterbewegung nie an die Spitze zu drängen. Seine höchst persönliche Methode, eher aus dem Hintergrund politischen Einfluß auszuüben, zahlte sich, vor allem in der Internationale, besonders gut aus. Marx erreichte als Politiker den Höhepunkt seiner Laufbahn, als er die Internationale faktisch jahrelang führte, ohne doch förmlich an ihrer Spitze zu stehen. Auch diese bemerkenswerte, auf geschickter Vermittlungstätigkeit beruhende Führungskunst hatte jedoch ihre Grenzen: Marx wurde weder in der Zentralbehörde des Bundes der Kommunisten noch im Generalrat der Internationalen Arbeiterassoziation mit konkurrierenden Führungsansprüchen fertig. Anstatt sich weiter um politische Vermittlung zu bemühen und sich auf diese Weise politisch unentbehrlich zu machen, gab er am Ende jeweils alle Zurückhaltung auf und bestand auf der Anerkennung seiner politischen Hegemonie. Sowohl im Bund der Kommunisten als auch in der Internationalen Arbeiterassoziation brachte er mit dieser Politik jeweils die Mehrheit der Mitglieder gegen sich auf. Um der drohenden politischen Entmachtung zu entgehen, konnte er am Ende in beiden Fällen nur noch die politische Flucht nach vorn antreten und aus den Führungsorganen des Bundes der Kommunisten bzw. der Internationalen Arbeiterassoziation ausscheiden. Daß er 1852 noch die Verlegung der Zentralbehörde des Bundes der Kommunisten nach Köln bzw. 1872 des Generalrats nach New York durchsetzen konnte, kam eher politischen Verzweiflungstaten gleich. Das Auseinanderbrechen der beiden Organisationen konnte er damit ebensowenig verhindern wie ihren baldigen Untergang.

Nicht zu Unrecht hat man es noch kürzlich bei der kritischen Beurteilung von Marx' politischem Lebenswerk zur »Gretchenfrage« erklärt, wie er »es mit der Partei« gehalten habe.[3] Es sollte deutlich geworden sein, daß seine politischen Intentionen durchaus auf den Aufbau einer ›Partei‹ ausgerichtet waren, nur war dies keine Partei im modernen Sinn, schon gar nicht eine organisierte Kaderpartei. Der von ihm geschaffenen ›Partei‹ fehlte es an jeder bürokratischen Struktur, sie war eine ausschließlich auf seinem Charisma beruhende politische Gemeinschaft. Die Führungsposition von Marx war zudem weniger in seiner Persönlichkeit begründet als vielmehr in seiner überragenden intellektuellen Kompetenz als Theoretiker des Sozialismus. Nur wer von seinem politischen Gedankengut durchdrungen war, bekannte sich zu seiner ›Partei‹. Die Mitglieder der ›Partei Marx‹ können insofern als die ersten ›Marxisten‹ angesehen werden, auch wenn sie sich selbst noch nicht so genannt haben.

Da Marx seinerseits hohe ideologische Anforderungen an seine politischen Parteigänger stellte, konnte ihre Zahl nie sehr groß sein. Marx sorgte selbst dafür, daß die Ausdehnungsmöglichkeiten seiner ›Partei‹ beschränkt blieben. Es gab zwar auch außerhalb seines engeren Kreises Marxisten, vor allem solche, die Marx verstoßen hatte, die aber gleichwohl weiterhin in seinem Geiste zu handeln glaubten.

Ihre Zahl war jedoch verschwindend gering. Nicht jeder, der einmal das »Kommunistische Manifest« in die Hand bekam, wurde dadurch schon zum Marxisten. Eher könnte man dies vielleicht von denjenigen sagen, die den ersten Band des »Kapitals« gelesen haben. Doch waren dies, abgesehen von einigen akademischen Kritikern, außerhalb der ›Partei‹ nur ganz wenige Einzelgänger wie z. B. Joseph Dietzgen oder Johann Most.[4] Selbst August Bebel, unstreitig ein Mann der ›Partei‹, berichtet in seinen Memoiren, daß er das theoretische Hauptwerk von Marx erst gelesen habe, als er 1869 in der Gefängnishaft dazu unfreiwillige Muße fand.[5] Alles spricht daher dafür, daß der Kreis der ›Marxisten‹, jedenfalls solange Marx in der Politik aktiv war, nicht wesentlich über den engeren Kreis seiner ›Partei‹ hinausging.

In gewisser Hinsicht ähnelte die ›Partei Marx‹ insofern der politischen Jüngerschaft, die sich um viele der frühen Sozialisten, z. B. um Henri de Saint-Simon, Etienne Cabet oder um Richard Owen, scharte. Anders als diese Zirkel hatte sie jedoch keinen abgeschlossenen Gruppencharakter. Es war ja die ständige Sorge von Marx, die ›Partei Marx‹ nicht künstlich von der sozialen Bewegung des Proletariats abzuschließen. Die Schüler der frühen Sozialisten hätten, so seine Kritik, nur deswegen »jedesmal reaktionäre Sekten« gebildet, weil sie entgegen der »geschichtlichen Fortentwicklung des Proletariats« an den »alten Anschauungen der Meister« festgehalten hätten.[6] Er vermied es deshalb strikt, seine engeren Parteigänger in cliquenhafter Absonderung um sich zu scharen. Wenn man vielleicht von der Zeit, in der er in Köln über die »Neue Rheinische Zeitung« verfügte, absieht,[7] trafen die weit verstreuten Mitglieder der ›Partei Marx‹ niemals als Gruppe zusammen. Die Parteizugehörigkeit wurde in jedem einzelnen Fall ausschließlich über die persönliche Beziehung zu Marx oder seinem Alter ego Engels hergestellt. Politische Gruppenrituale, wie sie bei den Anhängern anderer sozialistischer Schulen üblich war, konnten sich daher bei den ›Marxisten‹ nicht entwickeln.

Der Preis, den Marx für die rein personal vermittelte Bindung seiner Getreuen an die ›Partei‹ zahlen mußte, war deren Selbständigkeit in der politischen Praxis. Marx konnte in der ›Partei‹ die Anerkennung seiner politischen Theorie einfordern, nicht jedoch über deren Umsetzung in die politische Praxis befinden. Gerade die politisch erfolgreichsten seiner Parteigänger hielten sich nicht an seine politischen Anweisungen, so sehr sie die diesen zugrunde liegenden theoretischen Vorgaben auch anerkennen mochten. Kaum einer der ›Marxisten‹ der ersten Stunde konnte daher ständig der strengen Parteidisziplin genügen, deren Einhaltung Marx eigentlich erwartete.

Die Geschichte der ›Partei Marx‹, die wir hier erstmals dargestellt haben, war deshalb in Marx' Augen letzten Endes eine Abfolge von Irrtümern, Verfehlungen, Abweichungen oder gar von Verrat. Marx sah, wie der vertraute Briefwechsel mit Engels zeigt, seine politischen Parteibestrebungen aus diesem Grunde auch immer wieder als gescheitert an, so sehr ihn der allgemeine Aufschwung der internationalen Arbeiterbewegung begeisterte. Gemessen an seinen eigenen Maßstäben, ist es sicherlich auch zu verstehen, daß Marx immer wieder aufs neue von seiner ›Partei‹ enttäuscht war. Sein Erfolg als Politiker war jedoch größer, als er es selbst wahrhaben wollte. Fast alle, die im Laufe seiner politischen Karriere durch die Schule seiner ›Partei‹ gegangen sind, sind dadurch zu außerordentlichen politischen Anstrengungen angeregt worden. Sie verhielten sich zwar in aller Regel als Politiker ganz anders, als Marx das von ihnen erwartete; keiner von ihnen, auch nicht Lassalle, stellte sich deswegen aber gegen ihn. Es war eine Folge seiner einseitigen politischen Sichtweise, daß er den Erfolg, den er als Politiker tatsächlich hatte, nicht immer wirklich abzuschätzen vermochte. Die Möglichkeiten und Grenzen des Politikers Marx lagen insofern dicht nebeneinander.

Anhang

Anmerkungen

I. Marx als Politiker: Ein Thema der Geschichtswissenschaft

1 Vgl. unten , S. 65 f.

2 Rolf Dlubek/ Hannes Skambraks, »Das Kapital« von Karl Marx in der deutschen Arbeiterbewegung (1867 bis 1878). Abriß und Zeugnisse der Wirkungsgeschichte, Berlin 1967; Martin Hundt, Der Beitrag Louis Kugelmanns zur Propagierung des »Kapitals« in Deutschland 1867 bis 1869, in: Beiträge zur Marx-Engels-Forschung, Berlin 1968, S. 83–90; Eike Kopf, Das »Kapital« und die Reaktion seiner Gegner in Deutschland bis 1872, ebenda, S. 111–120; Hannes Skambraks, »Das Kapital« von Karl Marx – Waffe im Klassenkampf. Aufnahme und Anwendung der Lehren des Hauptwerkes von Karl Marx durch die deutsche Arbeiterbewegung (1867 bis 1878), Berlin 1977.

3 Karl Marx, Der Bürgerkrieg in Frankreich. Adresse des Generalrats der Internationalen Arbeiterassoziation an alle Mitglieder in Europa und den Vereinigten Staaten (1871), in: MEGA[2] I/22, S. 179–226; vgl. dazu unten, S. 88–90.

4 Vgl. unten, S. 91.

5 Die Überlieferungsgeschichte der Schriften von Marx (und Engels) verdiente eine eigene Darstellung. Diese kann indessen nicht geschrieben werden, solange es keine historisch-kritische Gesamtausgabe gibt. Ob diese je zustande kommt, ist heute wieder völlig offen. Die erste Marx-Engels-Gesamtausgabe (= MEGA[1]), die zwischen 1927 und 1935 in Moskau zur Publikation von insgesamt zwölf Bänden führte, wurde von Stalin gewaltsam gestoppt. Der Herausgeber David Rjazanov wurde wahrscheinlich ermordet. Seit 1975 erschien, in Zusammenarbeit des Moskauer und des Berliner Instituts für Marxismus-Leninismus, eine zweite Karl Marx-Friedrich Engels-Gesamtausgabe (= MEGA[2]). Sie wurde in gleichem Maße mit philologisch-historischem Aufwand wie einseitiger kommunistischer Parteilichkeit vorangetrieben. Von den etwa 150 geplanten Bänden sind bis Oktober 1989 40 Bände erschienen (Berlin 1975–1985). Seit dem Ende der DDR stockt das gesamte Unternehmen. Es bleibt abzuwarten, ob und in welcher Form es weitergeführt werden kann. Die Forschung bleibt so nach wie vor auf die 39 Bände und zwei Ergänzungsbände der Ausgabe der Werke von Karl Marx und Friedrich Engels (Berlin 1956–1968) angewiesen (= MEW). Diese Ausgabe wird auch im folgenden noch benutzt, soweit nicht die entsprechenden Bände der MEGA[2] oder andere kritische Einzeleditionen vorliegen.

6 Vgl. unten, S. 38f. und S. 76f.

7 Vgl. z. B. Jean Yves Calvez, Karl Marx. Darstellung und Kritik seines Denkens, Olten/Freiburg 1964; Arnold Küntzli, Karl Marx. Eine Psychographie, Wien/ Frankfurt/Zürich 1966; Shlomo Avineri, The Social and Political Thought of Karl Marx, Cambridge 1970; David McLellan, Karl Marx. Leben und Werk, München 1974; Fritz J. Raddatz, Karl Marx. Eine politische Biographie, Hamburg 1975; Walter Euchner, Karl Marx, München 1982.

8 Vgl. z. B. Auguste Cornu, Karl Marx und Friedrich Engels. Leben und Werk, Bd. 1–3: 1818–1846, Berlin 1954; Richard Friedenthal, Karl Marx. Sein Leben und seine Zeit, München/Zürich 1981; Jean Elleinstein, Marx. Sa vie, son œuvre, Paris 1981.

9 Vgl. hier vor allem Isaiah Berlin, Karl Marx. Sein Leben und sein Werk, München 1959; Boris Nicolaevsky/Otto Maenchen-Helfen, Karl Marx. Eine Biographie, Hannover 1963; Werner Blumenberg, Karl Marx in Selbstzeugnissen und Bilddokumenten, Reinbek 1962; Peter Stadler, Karl Marx. Ideologie und Politik, Göttingen 1966.

10 Vgl. z. B. den programmatischen Aufsatz von Ernst Engelberg, Die Rolle von Marx und Engels bei der Herausbildung einer selbständigen deutschen Arbeiterpartei (1864–1869), in: ZfG 2 (1954), S. 509–537, S. 637–665, sowie Horst Bartel, u. a. (Hg.), Marxismus und deutsche Arbeiterbewegung. Studien zur sozialistischen Bewegung im letzten Drittel des 19. Jahrhunderts, Berlin 1970. Die westdeutsche Gegenposition z. B. bei Hans Mommsen (Hg.), Sozialdemokratie zwischen Klassenbewegung und Volkspartei, Frankfurt 1974, und Ernst Schraepler/Henryk Skrzypczak/Siegfried Bahne/Georg Kotowski, »Grundriß der Geschichte der deutschen Arbeiterbewegung«. Kritik einer Legende, in: Jahrbuch für die Geschichte Mittel- und Ostdeutschlands 13 (1964), S. 1–83.

11 Karl Marx – Der Deutschen Nation größter Sohn, in: Einheit 8 (1953), S. 2–15.

12 Maximilien Rubel/Margaret Manale, Marx without Myth. A Chronological Study of his Life and Work, Oxford 1975.

13 Vgl. z. B. Frolinde Balser, Sozial-Demokratie 1848/49–1863. Die erste deutsche Arbeiterorganisation »Allgemeine deutsche Arbeiterverbrüderung« nach der Revolution, Stuttgart 1962, S. 199–236, sowie dazu meinen Artikel: Bund der Kommunisten, in: SDG Bd. I (1966), Sp. 900–909.

14 Eine Ausnahme stellen die seit 1969 in Trier erscheinenden »Schriften aus dem Karl-Marx-Haus« dar, von denen mittlerweile 41 Bände vorliegen.

15 Oscar J. Hammen, The Red '48ers. Karl Marx and Friedrich Engels, New York 1969; Henry Collins/Chimen Abramsky, Karl Marx and the British Labour Movement. Years of the First International, London 1965. Eine der wenigen Ausnahmen: Ernst Hanisch, Der kranke Mann an der Donau. Marx und Engels über Österreich, Wien/München/Zürich 1978.

16 Alan Gilbert, Marx's Politics. Communists and Citizens, Oxford 1981; David Felix, Marx as Politician, Carbondale/Edwardsville 1983.

17 Vgl. z. B. auch John M. Maguire, Marx's Theory of Politics, Cambridge 1978; Ralph Miliband, Marxism and Politics, Oxford 1977, sowie besonders Richard N. Hunt, The Political Ideas of Marx and Engels, I, Pittsburgh 1974; II, Pittsburgh 1984.

18 Felix, Marx as Politician, S. 9.

II. Theoretische Voraussetzungen von Marx' politischem Handeln

1 Wilhelm Traugott Krug, Allgemeines Handwörterbuch der philosophischen Wissenschaften nebst ihrer Literatur und Geschichte, Bd. III, Leipzig 1833, S. 287.

2 Joachim Heinrich Campe, Wörterbuch zur Erklärung und Verdeutschung der unserer Sprache aufgedrungenen fremden Ausdrücke, 2. Aufl. Braunschweig 1813, S. 485; Daniel Sanders, Wörterbuch der deutschen Sprache, Bd. II, 1, Leipzig 1876, S. 570f.; Jacob Grimm/Wilhelm Grimm, Deutsches Wörterbuch, Bd. VII, Leipzig 1889, Sp. 1979.

3 Karl Marx, Friedrich Engels, u. a. an Gustav Adolph Köttgen (15. 6. 1846), in: MEGA² III/2, S. 16.

4 Karl Marx, Kossuth, Mazzini, and Louis-Napoleon (1. 12. 1852), in: MEGA² I/11, S. 428.

5 (Karl Marx/Friedrich Engels), Die deutsche Ideologie. Kritik der neuesten deutschen Philosophie in ihren Repräsentanten Feuerbach, B. Bauer und Stirner, und des deutschen Sozialismus in seinen verschiedenen Propheten (1845/46) in: MEW 3, S. 5–532.

6 Karl Marx, Das Kapital. Kritik der politischen Ökonomie, Bd. I, Hamburg 1867, in: MEGA² II/5, S. 1–654.

7 Karl Marx, Die Klassenkämpfe in Frankreich 1848 bis 1850 (1850), in: MEGA² I/10, S. 119–196; Karl Marx, Der 18. Brumaire des Louis Bonaparte (1852), in: MEGA² I/11, S. 96–189; (Karl Marx), Der Bürgerkrieg in Frankreich. Adresse des Generalrats der Internationalen Arbeiterassoziation an alle Mitglieder in Europa und den Vereinigten Staaten (1871), in: MEGA² I/22, S. 179–226.

8 Vgl. dazu und zum Folgenden: Volker Sellin, Politik, in: GG, Bd. IV, Stuttgart 1978, S. 789–874; Hans Maier, Die Lehre der Politik an den deutschen Universitäten vornehmlich vom 16. bis 18. Jahrhundert, in: Dieter Oberndörfer (Hg.), Wissenschaftliche Politik, Freiburg 1962, S. 59–116; Wilhelm Hennis, Politik und praktische Philosophie. Eine Studie zur Rekonstruktion der politischen Wissenschaft, Neuwied/Berlin 1963.

9 Grundlegend dazu immer noch Joachim Ritter, Hegel und die französische Revolution (1956), in: ders., Metaphysik und Politik. Studien zu Aristoteles und Hegel, Frankfurt 1969, S. 143–233; ferner: Manfred Riedel, Der Begriff der »Bürgerlichen Gesellschaft« und das Problem seines geschichtlichen Ursprungs, in: ders., Studien zu Hegels Rechtsphilosophie, Frankfurt 1969, S. 135–166; ders., Bürger, in: GG, Bd. I, Stuttgart 1972, S. 672–725.

10 Georg Wilhelm Friedrich Hegel, Grundlinien der Philosophie des Rechts, hg. v. Johannes Hoffmeister, Berlin 1956, S. 267 (§ 308); dazu Riedel, Bürger, S. 708.

11 Vgl. dazu zuletzt Wolfgang Wippermann, Die Bonapartismustheorie von Marx und Engels, Stuttgart 1983.

12 Friedrich Engels/Karl Marx, Die heilige Familie, oder Kritik der kritischen Kritik. Gegen Bruno Bauer & Consorten (1845), in: MEW 2, S. 128.

13 (Marx/Engels), Deutsche Ideologie, S. 456.

14 (Karl Marx), Der Staatsprokurator »Hecker« und die »Neue Rheinische Zeitung« (29. 10. 1848), in: MEW 5, S. 443.

15 Manifest der Kommunistischen Partei, in: MEW 4, S. 482.

16 Ebenda.

17 Friedrich Engels, Herrn Eugen Dührings Umwälzung der Wissenschaft, in: MEGA² I/27, S. 535: »Der Staat wird nicht ›abgeschafft‹, *er stirbt ab*.«Wie Walter Lipgens, Staat und Internationalismus bei Marx und Engels. Versuch einer Systemübersicht, in: HZ 217 (1973), S. 577f. nachgewiesen hat, fügte Engels diesen berühmten Satz erst 1886, also nach dem Tod von Marx, in die 2. Auflage der Schrift ein.

18 Manifest der Kommunistischen Partei, S. 482.

19 Vgl. dazu jetzt Petra Weber, Sozialismus als Kulturbewegung. Frühsozialistische Arbeiterbewegung und das Entstehen zweier feindlicher Brüder Marxismus und Anarchismus, Düsseldorf 1989.

20 Karl Marx, Zur Judenfrage (1844), in: MEGA² I/2, S. 162.

21 Karl Marx, Zur Kritik der Hegelschen Rechtsphilosophie. Einleitung (1844), ebenda, S. 179.

22 Karl Marx, Kritische Randglossen zu dem Artikel »Der König von Preußen und die Sozialreform. Von einem Preußen«. (1844), ebenda, S. 463.

23 Ebenda, S. 402.

24 (Marx/Engels), Deutsche Ideologie, in: MEW 3, S. 339, S. 347, S. 357.

25 Karl Marx, (Aus: I. Feuerbach), in: MEW 3, S. 539.

26 (Marx/Engels), Deutsche Ideologie, S. 347.

27 (Karl Marx/Friedrich Engels), Die Bourgeoisie und die Konterrevolution (16.12.1848), in: MEW 6, S. 113; Karl Marx, Der 18. Brumaire des Louis Bonaparte, S. 166.

28 (Marx/Engels), Die Bourgeoisie und die Konterrevolution, S. 112.

29 Marx, Der 18. Brumaire des Louis Bonaparte, S. 166.

30 Karl Marx, (Rede auf der Feier zum 7. Jahrestag der Internationalen Arbeiterassoziation am 25. September 1871 in London), in: MEW 17, S. 432; der englische Originaltext in MEGA² I/22, S. 478.

31 Vgl. z. B. Karl Marx an Ludwig Kugelmann (23.2.1865), in: MEW 31, S. 454.

32 (Karl Marx), Adresse an die Nationale Arbeiterunion der Vereinigten Staaten (12.5.1869), in: MEW 16, S. 356.

33 Lorenz Stein, Der Socialismus und Communismus des heutigen Frankreichs. Ein Beitrag zur Zeitgeschichte, Leipzig 1842, S. 129. Vgl. dazu meinen Artikel: Sozialismus, in: GG, Bd. V, Stuttgart 1984, S. 947–952.

34 Stein, Socialismus und Communismus, S. 130f., S. 139.

35 Manifest der Kommunistischen Partei, S. 491.

36 Vgl. Wolfgang Schieder, Sozialismus, in: GG, Bd. V, Stuttgart 1984, S. 985–989.

37 Vgl. Wolfgang Schieder, Zur Geschichte des Begriffs »Wissenschaftlicher Sozialismus« vor 1914, in: Wissenschaftlicher Sozialismus und Arbeiterbewegung. Begriffsgeschichte und Dühring-Rezeption, Trier 1980, S. 18f.

38 Vgl. dazu neuerdings Jacques Grandjonc, Communisme/Kommunismus/Communism. Origine et développement international de la terminologie communautaire prémarxiste des utopistes aux néo-babouvistes 1785–1842, Trier 1989, S. 231–240.

39 (Marx/Engels), Deutsche Ideologie, S. 35.

40 Manifest der Kommunistischen Partei, S. 475.

41 (Marx/Engels), Deutsche Ideologie, S. 442.

42 Ebenda, S. 443.

43 Manifest der Kommunistischen Partei, S. 491.

44 Ebenda, S. 490.

45 Karl Marx, Das Elend der Philosophie. Antwort auf Proudhons »Philosophie des Elends«. Nach der deutschen Übersetzung von Eduard Bernstein, Karl Kautsky und Friedrich Engels, neu hg. von Hans Pelger, Berlin/Bonn 1979, S. 92.

46 Manifest der Kommunistischen Partei, S. 489.

47 Marx, Elend der Philosophie, S. 92; vgl. auch Friedrich Engels, Die Kommunisten und Karl Heinzen (7. 10. 1847), in: MEW 4, S. 321.

48 Engels, Die Kommunisten und Karl Heinzen, S. 322.

49 (Marx/Engels), Deutsche Ideologie, S. 35.

50 Manifest der Kommunistischen Partei, S. 475; vgl. auch Karl Marx, Herr Vogt (1860), in: MEGA² I/18, S. 107.

51 Karl Marx, Ökonomisch-philosophische Manuskripte aus dem Jahre 1844, in: MEW Erg.-Bd. 1, S. 554.

52 Marx, Kritische Randglossen, S. 459.

53 Friedrich Engels an Karl Marx (Nov./Dez. 1846), in: MEGA² III/2, S. 67.

54 Karl Marx an Adolf Cluß (20. 7. 1852), in: MEGA² III/5, S. 153.

55 Vgl. dazu zuletzt, mit unterschiedlicher Interpretation, Hunt, Political Ideas of Marx and Engels I, S. 132–258; II, S. 99–124; Dieter Kramer, Reform und Revolution bei Marx und Engels, Köln 1971; Rolf Peter Sieferle, Die Revolution in der Theorie von Karl Marx, Frankfurt 1979; Sven Papcke, Wandel oder Zwangswandel? Marx und das Problem der Revolution, in: Jahrbuch Arbeiterbewegung 2 (1974), S. 11–32.

56 Karl Marx, Zur Kritik der politischen Ökonomie (1859), in: MEGA² II/2, S. 101.

57 Vgl. dazu Klaus von Beyme, Klassen, Klassenkampf, in: SDG, Bd. III (1969), Sp. 633–669, sowie Horst Stuke, Bedeutung und Problematik des Klassenbegriffs. Begriffs- und sozialgeschichtliche Überlegungen im Umkreis einer historischen Klassentheorie, in: Ulrich Engelhardt, u. a. (Hg.), Soziale Bewegung und politische Verfassung. Beiträge zur Geschichte der modernen Welt, Stuttgart 1976, S. 46–82.

58 Vgl. dazu Beatrix W. Bouvier, Französische Revolution und deutsche Arbeiterbewegung. Die Rezeption des revolutionären Frankreich in der deutschen sozialistischen Arbeiterbewegung von den 1830er Jahren bis 1905, Bonn 1982, S. 63–73, S. 120–137; Hans-Peter Jaeck, Die französische bürgerliche Revolution von 1789 im Frühwerk von Karl Marx (1843–1846). Geschichtsmethodologische Studien, Vaduz 1979.

59 Heinrich August Winkler, Zum Verhältnis von bürgerlicher und proletarischer Revolution bei Marx und Engels, in: Hans-Ulrich Wehler (Hg.), Sozialgeschichte heute. Festschrift für Hans Rosenberg zum 70. Geburtstag, Göttingen 1974, S. 340.

60 Vgl. dazu zuletzt Ernst Nolte, Marxismus und industrielle Revolution, Stuttgart 1983, S. 358–393.

61 (Marx/Engels), Die Bourgeoisie und die Konterrevolution, S. 108.

62 Manifest der Kommunistischen Partei, S. 481.

63 Ebenda.

64 Karl Marx, Die moralisierende Kritik und die kritisierende Moral. Beitrag zur deutschen Kulturgeschichte. Gegen Karl Heinzen (28. 10. 1847), in: MEW 4, S. 352.

65 Manifest der Kommunistischen Partei, S. 469.

66 Ebenda, S. 472.

67 Ebenda, S. 464.

68 Ebenda, S. 493.

69 Ebenda.

70 So Hunt, Political Ideas of Marx and Engels I, S. 176–191, und Sieferle, Revolution in der Theorie von Karl Marx, S. 77.

71 Marx, Die moralisierende Kritik, S. 339.

72 Forderungen der Kommunistischen Partei in Deutschland (1848), in: MEW 5, S. 3.

73 Vgl. den programmatischen Artikel von (Karl Marx/Friedrich Engels), Die demokratische Partei (2.6.1848), in: MEW 5, S. 22–24.

74 Blumenberg, Karl Marx, S. 83; ähnlich Shlomo Na'aman, Zur Geschichte des Bundes der Kommunisten in Deutschland in der zweiten Phase seines Bestehens, in: ASG 5 (1965), S. 15.

75 (Karl Marx/Friedrich Engels), Der Bürgerwehrgesetzentwurf (22.7.1848), in: MEW 5, S. 249.

76 (Karl Marx/Friedrich Engels), Drohung der Gervinus-Zeitung (25.6.1848), ebenda, S. 105.

77 (Friedrich Engels), Programme der radikal-demokratischen Partei und der Linken in Frankfurt (7.6.1848), ebenda, S. 42.

78 (Karl Marx/Friedrich Engels), Die Berliner Debatte über die Revolution (14.6.1848), ebenda, S. 65; vgl. auch ebenda, S. 279.

79 (Marx/Engels), Die Bourgeoisie und die Kontrerevolution (10.12.–31.12.1848), in: MEW 6, S. 102–126.

80 Ebenda, S. 124.

81 Vgl. z. B. ebenda, S. 195, S. 216f., S. 460.

82 Vgl. z. B. (Karl Marx/Friedrich Engels), Die Teilung der Arbeit bei der »Kölnischen Zeitung« (11.2.1849), ebenda, S. 265, sowie ebenda, S. 111, S. 298, S. 460, S. 473f. und S. 516ff.

83 (Marx/Engels), Die Bourgeoisie und die Kontrerevolution, S. 108. Vgl. aber auch schon Friedrich Engels, Die Kommunisten und Karl Heinzen (3.10.1847), in: MEW 4, S. 312.

84 Vgl. z. B. (Karl Marx), Der erste Preßprozeß der »Neuen Rheinischen Zeitung« (14.2.1849), in: MEW 6, S. 233.

85 Vgl. aber: Aus der Geschichte des Kampfes von Marx und Engels für die proletarische Partei. Eine Sammlung von Arbeiten, Berlin 1961; Horst Bartel/Walter Schmidt, Zur Entwicklung der Auffassungen von Marx und Engels über die proletarische Partei, in: Marxismus und deutsche Arbeiterbewegung. Studien zur sozialistischen Bewegung im letzten Drittel des 19. Jahrhunderts, Berlin 1970, S. 7–101.

86 Marx, Klassenkämpfe in Frankreich, in: MEGA² I/10, S. 192; Ansprache der Zentralbehörde des Bundes der Kommunisten vom März 1850, ebenda, S. 258, S. 263.

87 Vgl. Hunt, Political Ideas of Marx and Engels I, S. 212–258; Sieferle, Revolution in der Theorie von Karl Marx, S. 89–100.

88 Vgl. Marx, Klassenkämpfe in Frankreich, S. 192; sowie die Statuten der Weltgesellschaft der revolutionären Kommunisten (April 1850), in: MEW 7, S. 553f., im französischen Original in: MEGA² I/10, S. 568f.

89 Marx, Klassenkämpfe in Frankreich, S. 190.

90 Ansprache Zentralbehörde d. Bundes der Kommunisten vom März 1850, S. 255.
91 Ebenda, S. 257.
92 Ansprache der Zentralbehörde des Bundes der Kommunisten vom Juni 1850, in: MEGA²I/10, S. 338.
93 Vgl. dazu Hunt, Political Ideas of Marx and Engels I, S. 242–246.
94 Ansprache der Zentralbehörde des Bundes der Kommunisten vom März 1850, S. 258.
95 Ebenda, S. 263.
96 Vgl. dazu unten, S. 60f.
97 Protokoll der Sitzung der Zentralbehörde des Bundes der Kommunisten vom 15.9.1850, in: MEGA²I/10, S. 578.
98 Vgl. die sorgfältige Untersuchung von Hal Draper, Marx and the Dictatorship of the Proletariat, in: Etudes de Marxologie 6 (1962), S. 5–73, sowie ergänzend Hunt, Political Ideas of Marx and Engels I, S. 284–336; Frederic L. Bender, The Ambiguities of Marx's Concepts of ›Proletarian Dictatorship‹ and ›Transition to Communism‹, in: History of Political Thought 2 (1981), S. 525–555.
99 Hunt, Political Ideas of Marx and Engels I, S. 309.
100 Friedrich Engels, Programm der blanquistischen Kommuneflüchtlinge (26.6. 1874), in: MEW 18, S. 529.
101 So Hunt, Political Ideas of Marx and Engels I, S. 314.

III. Anfänge 1847–1852

1 Vgl. neuerdings die vorzügliche Edition von Hans Pelger, u. a. (Hg.), Karl Marx. Texte aus der Rheinischen Zeitung von 1842/43. Mit Friedrich Engels' Artikeln im Anhang, Trier 1984.
2 Arnold Ruge/Karl Marx (Hg.), Deutsch-Französische Jahrbücher, Paris 1844; reprografischer Nachdruck, Darmstadt 1967.
3 Karl Marx, Zur Kritik der Hegelschen Rechtsphilosophie. Einleitung (1844), in: MEGA²I/2, S. 177; vgl. auch ders., Zur Judenfrage, ebenda, S. 141–169.
4 Karl Marx, Herr Vogt (1860), in: MEGA²I/18, S. 107. Vgl. auch MEW 27, S. 425f., S. 428.
5 Karl Marx, Ökonomisch-Philosophische Manuskripte (1844), in: MEW Ergänzungsband I, S. 543f.
6 So Martin Hundt, Programmatische Bemühungen im Bund der Gerechten. Zu Marx' Einfluß auf ein neuentdecktes Katechismus-Fragment von 1844/45, in: MEJ 2 (1979), S. 321.
7 Vgl. Der Bund der Kommunisten. Dokumente und Materialien, Bd. I, 1836–1849, Berlin 1970, S. 297–441.
8 Friedrich Engels an das Kommunistische Korrespondenzkomitee in Brüssel (19.8.1846), in: MEGA²III/2, S. 30–32.
9 Vgl. Friedrich Engels, Zur Geschichte des Bundes der Kommunisten (1885), in: MEW 14, S. 439.
10 Kommunistisches Korrespondenzkomitee in London an Kommunistisches Korrespondenzkomitee in Brüssel (20.1.1847), in: MEGA²III/2, S. 327.
11 Vgl. Ansprache der Volkshalle des Bundes der Gerechten an den Bund (Februar 1847), in: Bund der Kommunisten I, S. 452–457.

12 Karl Marx an Friedrich Engels (15.5.1847), Notiz von Karl Marx (5.8.1847), in: Bund der Kommunisten I, S. 464, S. 497.

13 Rundschreiben des ersten Kongresses des Bundes der Kommunisten (9.6.1847), in: Bund der Kommunisten I, S. 479.

14 Vgl. dazu den zutreffenden Kommentar der Herausgeber, in: Bund der Kommunisten I, S. 1064.

15 Vgl. Karl Marx, Vorbemerkung zu Friedrich Engels. Socialisme utopique et socialisme scientifique (1880), in: MEW 19, S. 181.

16 Vgl. Wolfgang Schieder, Anfänge der deutschen Arbeiterbewegung. Die Auslandsvereine im Jahrzehnt nach der Julirevolution von 1830, Stuttgart 1963, S. 132 ff.

17 Vgl. Adresse der Demokratischen Gesellschaft in Brüssel an das schweizer Volk (29.11.1847), in: Bund der Kommunisten I, S. 614.

18 Vgl. Bericht über die Gründungsversammlungen der Demokratischen Gesellschaft in Brüssel (7. und 15.11.1847), in: Bund der Kommunisten I, S. 609 f.

19 Vgl. Bund der Kommunisten I, passim.

20 Vgl. Schreiben der Zentralbehörde des Bundes der Kommunisten in London an den Kreis Brüssel (18.10.1847), in: MEGA² III/2, S. 368, und Friedrich Engels an Karl Marx (14./15.11.1847), ebenda, S. 119.

21 Karl Marx an Pawel Annenkow (9.12.1847), in: MEGA² III/2, S. 125.

22 Vgl. den Beschluß der Zentralbehörde des Bundes der Kommunisten (24.1.1848), in: Bund der Kommunisten I, S. 654.

23 Vgl. Martin Hundt, Wie das ›Manifest‹ entstand, Berlin 1975, der S. 126 f. erstmals ein Notizbuch von Marx vom Dezember 1847 auswertet. Zur Kritik vgl. Claus D. Kernig, Sozialismus. Ein Handbuch, Bd. I: Von den Anfängen bis zum Kommunistischen Manifest, Stuttgart 1979, S. 180–220.

24 Vgl. dazu Bert Andreas, Le Manifeste Communiste de Marx et Engels. Histoire et Bibliographie 1848–1918, Milano 1963.

25 Manifest der Kommunistischen Partei (Februar 1848), in: Bund der Kommunisten I, S. 702.

26 Vgl. dazu Schieder, Anfänge der deutschen Arbeiterbewegung, S. 164–173.

27 Vgl. dazu oben, S. 27.

28 Vgl. dazu Shlomo Na'aman, Zur Geschichte des Bundes der Kommunisten in Deutschland in der zweiten Phase seines Bestehens, in: ASG 5 (1965), S. 19 f.

29 Vgl. die Statuten des Bundes der Kommunisten (9.6.1847), in: Bund der Kommunisten I, S. 467.

30 Vgl. Art. 19 der Statuten des Bundes der Kommunisten (8.12.1847), in: Bund der Kommunisten I, S. 628 f.

31 Vgl. den Beschluß der Zentralbehörde des Bundes der Kommunisten in Brüssel über ihre Verlegung nach Paris (3.3.1848), in: Bund der Kommunisten I, S. 714.

32 Ein Beispiel dafür überliefert Hans Stein, Der Kölner Arbeiterverein (1848–1849). Ein Beitrag zur Frühgeschichte des rheinischen Sozialismus, Köln 1921, S. 87. Für die Übernahme aus dem französischen Prozeßrecht spricht besonders, daß auch eine französische Fassung der Diktaturermächtigung erhalten ist, in der von einem »pouvoir discrétionnaire pour toutes les affaires de la direction centrale d'alliance« die Rede ist. Vgl. Dieter Dowe, Aktion und Organisation. Arbeiterbewegung, sozialistische und kommunistische Bewegung in der preußischen Rheinprovinz 1820–1852, Hannover 1970, S. 139.

33 Vgl. Bund der Kommunisten I, S. 713.
34 Ebenda.
35 Karl Marx an Friedrich Engels (7.–12.3.1848), in: MEGA[2] III/2, S. 132.
36 Vgl. Schreiben des Kreises London an die Zentralbehörde des Bundes der Kommunisten (8.3.1848), in: Bund der Kommunisten I, S. 717.
37 Vgl. Bund der Kommunisten I, S. 713f.
38 Vgl. dazu Bert Andreas, Marx' Verhaftung und Ausweisung, Brüssel Februar/März 1848, Trier 1978.
39 Vgl. Karl Marx an Friedrich Engels (12.3.1848), in: MEGA[2] III/2, S. 132.
40 Vgl. Art. 22 der Statuten des Bundes der Kommunisten (8.12.1847), der eine Zentralbehörde von »wenigstens fünf Mitgliedern«, aber keinen ›Präsidenten‹ vorschreibt, in: Bund der Kommunisten I, S. 628.
41 Vgl. z. B. die Ansprache der Zentralbehörde des Bundes der Kommunisten an den Bund (14.9.1847), in: Bund der Kommunisten I, S. 541, oder das Schreiben der Zentralbehörde des Bundes der Kommunisten in London an den Kreis Brüssel (18.10.1847), in: MEGA[2] III/2, S. 370.
42 Engels, Zur Geschichte des Bundes der Kommunisten (1885), S. 74.
43 Forderungen der kommunistischen Partei in Deutschland (etwa 27.3.1848), in: Bund der Kommunisten I, S. 739–41.
44 Vgl. dazu Wolfgang Schieder, Bund der Kommunisten, in: SDG I (1968), Sp. 900–909.
45 Die zunächst nur in Teilen publizierten Geständnisse sind jetzt vollständig abgedruckt, in: Bund der Kommunisten I, S. 967–71, und: Der Bund der Kommunisten. Dokumente und Materialien, Bd. II, 1849–1851, Berlin 1982, S. 445–483.
46 Bund der Kommunisten I, S. 969. Vgl. auch dieselben Aussagen in einem anderen Zusammenhang, in: Bund der Kommunisten II, S. 449.
47 Es handelt sich um das Bundesmitglied Engelbert Bedorf. Vgl. Aussagen Rösers, in: Bund der Kommunisten I, S. 968.
48 Vgl. z. B. den Brief von Karl Marx an Joseph Weydemeyer vom 5.3.1852, in dem er diesem empfiehlt, die Statuten des Kommunistenbundes vom 1.12.1850 »in beßre logische Ordnung zu bringen«, in: MEGA[2] III/5, S. 77.
49 Vgl. Bund der Kommunisten I, S. 763, S. 802, S. 804ff., S. 822.
50 Vgl. Bund der Kommunisten I, S. 765ff., S. 775f., S. 778f., S. 779f.
51 Engels, Zur Geschichte des Bundes der Kommunisten (1885), S. 74.
52 Stephan Born an Karl Marx (11.5.1848), in: MEGA[2] III/2, S. 445.
53 Daß Marx überhaupt nur die Kölner Sektion auflösen wollte, wie Na'aman, Zur Geschichte des Bundes der Kommunisten, S. 28, annimmt, ist nicht beweisbar.
54 Vgl. die Aussagen Rösers, in: Bund der Kommunisten I, S. 969, sowie dazu Dowe, Aktion und Organisation, S. 252.
55 Vgl. Art. 1 der Statuten des Bundes der Kommunisten (Ende November/Anfang Dezember 1848), in: Bund der Kommunisten I, S. 876.
56 Aussagen Rösers, in: Bund der Kommunisten I, S. 970. Röser verlegt das Treffen in Köln allerdings fälschlich auf das Frühjahr 1849.
57 Aussagen Rösers, in: Bund der Kommunisten I, S. 970. Vgl. jetzt auch den Spitzelbericht von Edgar Bauer vom 7.11.1852, in: Erik Gamby (Hg.), Edgar Bauer. Konfidentenberichte über die europäische Emigration in London 1852–1861, Trier 1989, S. 28: »Marx aber... antwortete, die Verschwörung sei unnütz, solange die Wirksamkeit in freier Rede und Schrift offenstehe.«

58 Bis zum Frühjahr 1849 war Moll nachweislich in Hamburg, Berlin, Leipzig, München, Ulm, Stuttgart und Brüssel. Vgl. Bund der Kommunisten I, S. 971, S. 1151.

59 So Friedrich Engels, Karl Marx und die »Neue Rheinische Zeitung« 1848–49 (1884), in: MEW 21, S. 19.

60 Vgl. dazu und zum Folgenden vor allem das Vorwort des Registerbandes zum Neudruck: Neue Rheinische Zeitung. Organ der Demokratie, Berlin/Bonn 1977, S. VII–XVI, sowie Joachim Strey/Gerhard Winkler, Die Politik und Taktik der »Neuen Rheinischen Zeitung« während der bürgerlich-demokratischen Revolution in Deutschland, Berlin 1972.

61 Engels, Karl Marx und die »Neue Rheinische Zeitung« 1848–1849, S. 19.

62 Vgl. die Verteidigungsreden von Marx und Engels, in: MEW 6, S. 223–259.

63 Gerhard Becker, Der dritte Prozeß gegen Karl Marx und die »Neue Rheinische Zeitung« 1849, in: ZfG 14 (1976), S. 436–440.

64 Vgl. Gerhard Becker, Die Ausweisung von Karl Marx aus Preußen 1849, in: ZfG 17 (1969), S. 611–618, sowie Dowe, Aktion und Organisation, S. 229f.

65 Vgl. dazu Gerhard Becker, Karl Marx und die preußische Staatsbürgerschaft 1848. Zwei unbekannte Briefe aufgefunden, in: BZG 10 (1968), S. 631–634.

66 Vgl. dazu und zum Folgenden Stein, Der Kölner Arbeiterverein, S. 31ff.; Gerhard Becker, Karl Marx und Friedrich Engels in Köln 1848–1849, Berlin 1963, S. 14f., 26ff., sowie vor allem Dowe, Aktion und Organisation, S. 145ff.

67 Vgl. Andreas Gottschalk an Moses Heß (26.3.1848), in: Bund der Kommunisten I, S. 737f., sowie Dowe, Aktion und Organisation, S. 145.

68 Sitzungsprotokoll des Kreises Köln des Bundes der Kommunisten (11.5.1848), in: Bund der Kommunisten I, S. 782.

69 Aussagen Rösers, ebenda, S. 969.

70 Vgl. Dowe, Aktion und Organisation, S. 251, der jedoch andere Schlüsse zieht.

71 Vgl. Stein, Kölner Arbeiterbewegung, S. 26–60; Dowe, Aktion und Organisation, S. 145–154.

72 Zitiert nach Stein, Kölner Arbeiterverein, S. 55.

73 Vgl. dazu unten, S. 42f.

74 Vgl. Schieder, Anfänge der deutschen Arbeiterbewegung, S. 132–139.

75 Vgl. Dowe, Aktion und Organisation, S. 177f.; Becker, Karl Marx und Friedrich Engels in Köln, S. 79ff.

76 Vgl. das Protokoll der Komiteesitzung des Kölner Arbeitervereins (16.10.1848), in: Bund der Kommunisten I, S. 854f., sowie Becker, Karl Marx und Friedrich Engels in Köln, S. 143.

77 Marx war vom 16.10.1848 bis zum 25.1.1849 ›Präsident‹ des Kölner Arbeitervereins. In dieser Zeit fanden, soweit nachweisbar, zwei ›Generalversammlungen‹ und zwölf ›Komiteesitzungen‹ des Arbeitervereins statt. Marx nahm davon lediglich an der Generalversammlung vom 22.10.1848 und an den Komiteesitzungen vom 16.10.1848, 6.11.48, 15.1.49 und 29.1.49 teil. Vgl. Bund der Kommunisten I, S. 844f., S. 848f., S. 865, S. 896f., S. 902–904.

78 Vgl. Hunt, Political Ideas of Marx and Engels I, S. 191–198; Becker, Karl Marx und Friedrich Engels in Köln, S. 65–78, sowie Dowe, Aktion und Organisation, S. 171–175.

79 Vgl. oben, S. 167, Anmerkung 40.

80 Vgl. Hunt, Political Ideas of Marx and Engels I, S. 176–211; Rolf Peter Sieferle, Die Revolution in der Theorie von Karl Marx, Frankfurt 1979, S. 83–89.

81 Vgl. Neue Rheinische Zeitung (5.8.1848), in: MEW 5, S. 485 f.; sowie dazu Dowe, Aktion und Organisation, S. 192 f.
82 Vgl. Dowe, Aktion und Organisation, S. 192 f.
83 Vgl. Becker, Karl Marx und Friedrich Engels in Köln, S. 118–127; Dowe, Aktion und Organisation, S. 186–195.
84 Vgl. Dowe, Aktion und Organisation, S. 205 ff.; Becker, Karl Marx und Friedrich Engels in Köln, S. 151 ff.
85 Hunt, Political Ideas of Marx and Engels I, S. 209.
86 Karl Marx an Friedrich Engels (29.11.1848), in: MEGA² III/2, S. 171.
87 Dowe, Aktion und Organisation, S. 206 ff.; Becker, Karl Marx und Friedrich Engels in Köln, S. 149 f.
88 Zur Geschichte der Arbeiterverbrüderung vgl. vor allem Frolinde Balser, Sozial-Demokratie 1848/1849–1863. Die erste deutsche Arbeiterorganisation »Allgemeine deutsche Arbeiterverbrüderung« nach der Revolution, Stuttgart 1962; Horst Schlechte (Hg.), Die Allgemeine Deutsche Arbeiterverbrüderung 1848–1850. Dokumente des Zentralkomitees für die deutschen Arbeiter in Leipzig, Weimar 1979; Hermann von Berg, Entstehung und Tätigkeit der Norddeutschen Arbeiterverbrüderung als Regionalorganisation der Deutschen Arbeiterverbrüderung nach der Niederschlagung der Revolution von 1848/49, Bonn 1981.
89 Vgl. oben, S. 28.
90 Vgl. dazu Walter Schmidt, Der Bund der Kommunisten und die Versuche einer Zentralisierung der deutschen Arbeitervereine im April und Mai 1848, in: ZfG 9 (1961), S. 577–614; Dowe, Aktion und Organisation, S. 140–142.
91 Vgl. den Text des Aufrufes, in: Bund der Kommunisten I, S. 751.
92 Vgl. die Adresse des Kölner Arbeitervereins an den Arbeiterbildungsverein in Mainz (14.4.1848) und das Schreiben des Mainzer Arbeiterbildungsvereins als provisorisches Zentralkomitee der Arbeitervereine an den Kölner Arbeiterverein (23.4.1848), in: Bund der Kommunisten I, S. 755 f. und S. 770 f.
93 Schreiben des Mainzer Arbeiterbildungsvereins an den Kölner Arbeiterverein (23.4.1848), in: Bund der Kommunisten I, S. 770.
94 Johann Schickel an Karl Marx (14.4.1848), in: MEGA² III/2, S. 421.
95 Schreiben der Gemeinde Mainz an die Zentralbehörde des Bundes der Kommunisten (23.4.1848), in: MEGA² III/2, S. 430.
96 Karl Schapper an die Zentralbehörde des Bundes der Kommunisten (26.4.1848), in: MEGA² III/2, S. 435.
97 Vgl. oben, S. 43.
98 Vgl. Becker, Karl Marx und Friedrich Engels in Köln, S. 230.
99 Dowe, Aktion und Organisation, S. 223 f.; Becker, Karl Marx und Friedrich Engels in Köln, S. 242 f. Born schrieb in seinen Memoiren, daß er in Köln »die Männer der ›Neuen Rheinischen Zeitung‹, Marx, Engels, Wolff e tutti quanti« wiedergesehen hätte. Vgl. Stephan Born, Erinnerungen eines Achtundvierzigers, hg. von Hans J. Schütz, Bonn 1978, S. 102.
100 Vgl. Balser, Sozial-Demokratie 1848/49, S. 204 f.
101 Vgl. Becker, Karl Marx und Friedrich Engels in Köln, S. 252 f.
102 Ebenda, S. 248, sowie Ernst Schraepler, Handwerkerbünde und Arbeitervereine 1830–1853, Berlin 1972, S. 338.
103 Flugblatt der Kölner Demokratischen Gesellschaft vom 18.4.1849, zit. bei Walter Kühn, Der junge Hermann Becker. Ein Quellenbeitrag zur Geschichte der Ar-

beiterbewegung in Rheinpreußen, Diss. phil. Gießen 1934, S. 162, und Schraepler, Handwerkerbünde und Arbeitervereine, S. 339.

104 Mitteilung über die Sitzung des Kreisausschusses der Rheinischen Demokratischen Vereine (14.4.1849), in: Bund der Kommunisten I, S. 929.
105 Vgl. oben, S. 32f.
106 Vgl. Dowe, Aktion und Organisation, S. 222.
107 Vgl. Balser, Sozial-Demokratie 1848/49, S. 210.
108 Neue Rheinische Zeitung (19.5.1848), in: Bund der Kommunisten I, S. 947f.
109 Vgl. Walter Schmidt, Ein Kommunist in der Nationalversammlung. Wilhelm Wolffs Auftreten im Rumpfparlament in Frankfurt und Stuttgart (Mai/Juni 1948), in: BZG 15 (1973), S. 229–237; Walentina Smirnova, Wilhelm Wolff, in: Marx und Engels und die ersten proletarischen Revolutionäre, Berlin 1965, S. 197.
110 Vgl. dazu Karl Obermann, Karl D'Ester, Arzt und Revolutionär, seine Tätigkeit in den Jahren 1852–1859, in: Aus der Frühgeschichte der deutschen Arbeiterbewegung, Berlin 1964, S. 102–200.
111 Friedrich Engels, Die deutsche Reichsverfassungskampagne (1850), in: Bund der Kommunisten I, S. 942.
112 Obermann, Karl D'Ester, S. 171f.
113 Friedrich Engels, Die deutsche Reichsverfassungskampagne (1850), in: Bund der Kommunisten I, S. 951.
114 Vgl. Karl Marx an Friedrich Engels (7.6.1849), in: MEGA^2 III/3, S. 26.
115 Engels, Die deutsche Reichsverfassungskampagne (1850), S. 951.
116 Karl Marx an Friedrich Engels (Ende Juli 1849), in: MEGA^2 III/3, S. 36.
117 Ebenda.
118 Karl Marx an Friedrich Engels (23.8.1849), in: MEGA^2 III/3, S. 44.
119 Ebenda.
120 Engels, Zur Geschichte des Bundes der Kommunisten (1885), S. 75.
121 Vgl. Bund der Kommunisten II, S. 34–36, S. 42, S. 49–52, S. 109–111.
122 Vgl. Karl Marx, Herr Vogt (1860), in: MEGA^2 I/18, S. 108.
123 Aussagen Rösers, in: Bund der Kommunisten II, S. 445f.
124 Karl Marx an Joseph Weydemeyer (19.12.1849), in: MEGA^2 III/3, S. 51f.
125 So aber die nicht näher belegte Behauptung in: Bund der Kommunisten II, S. 510.
126 Marx, Herr Vogt (1860), S. 108.
127 So Konrad Schramm an Joseph Weydemeyer (8.1.1850), in: MEW 27, S. 605.
128 Neue Rheinische Zeitung. Politisch-Ökonomische Revue, redigiert von Karl Marx, Erstes Heft, London, Januar 1850. Nachdruck aller sechs erschienenen Hefte, hg. von Karl Bittel, Berlin 1955. Vgl. jetzt vor allem auch MEGA^2 I/10, S. 675–698, und Martin Hundt, Zur Geschichte der »Neuen Rheinischen Zeitung«, Politisch-Ökonomische Revue, in: MEJ 1 (1978), S. 259–288.
129 Vgl. Karl Marx an Ferdinand Freiligrath (10.1.1850), in: MEGA^2 III/3, S. 60.
130 Vgl. Ferdinand Freiligrath an Karl Marx (1.1.1850), in: MEGA^2 III/3, S. 439f.; Joseph Weydemeyer an Karl Marx (2.1.1850), ebenda, S. 446f.; Karl Marx an Ferdinand Freiligrath (10.1.1850), ebenda, S. 60; Joseph Weydemeyer an Karl Marx (16.1.1850), ebenda, S. 456f.; August Hermann Ewerbeck an Karl Marx (25.1.1850), ebenda, S. 459f.; Ferdinand Freiligrath an Karl Marx und Friedrich Engels (26.1.1850), ebenda, S. 462f.; Ferdinand Freiligrath an Karl Marx (2.2.1850), ebenda, S. 465; Karl Marx an Joseph Weydemeyer (4.2.1850),

ebenda, S. 61; Ernst Dronke an Karl Marx (21.2.1850), ebenda, S. 485–487; Karl Marx an Joseph Weydemeyer (9.4.1850), ebenda, S. 72; Ferdinand Lassalle und Sophie von Hatzfeld an Karl Marx (16.4.1850), ebenda, S. 515 f.; Ferdinand Freiligrath an Karl Marx und Friedrich Engels (5.5.1850), ebenda, S. 536 f.; Ernst Dronke an Karl Marx (etwa 7.5.1850), ebenda, S. 540–542; Wilhelm Wolff an Friedrich Engels (9.–14.4.1850), ebenda, S. 543–546; Ferdinand Lassalle an Karl Marx (16.4.1850), ebenda, S. 548; Joseph Weydemeyer an Karl Marx (24.5.1850), ebenda, S. 549 f.; Karl Marx an Joseph Weydemeyer (8.6.1850), ebenda, S. 82; Joseph Weydemeyer an Karl Marx (15.6.1850), ebenda, S. 563 f., Karl Marx an Joseph Weydemeyer (27.6.1850), ebenda, S. 85.

131 Vgl. das Schreiben der Zentralbehörde des Bundes der Kommunisten an die Gemeinde in Lachauxdefonds (28.1.1850), in: Bund der Kommunisten II, S. 77.

132 Vgl. MEGA² I/10, S. 1128 f.

133 So Wilhelm Liebknecht, Karl Marx zum Gedächtnis. Ein Lebensabriß und Erinnerungen, Nürnberg 1896, S. 37.

134 Vgl. die Liste der Mitglieder der Zentralbehörde des Bundes der Kommunisten vom Sommer 1850, in: MEGA² I/10, S. 358, auf der erstmals wieder der Name von Marx auftaucht.

135 Vgl. Bund der Kommunisten II, S. 62, S. 77, sowie die Aussagen Rösers, ebenda, S. 446.

136 Vgl. Karl Marx an Ferdinand Freiligrath (11.1.1850), Ferdinand Freiligrath an Karl Marx und Friedrich Engels (26.1.1850), in: MEGA² III/3, S. 60, S. 462 f., Rudolph Rempel an Karl Schramm (3.2.1850), in: Bund der Kommunisten II, S. 84.

137 Vgl. Karl Marx, Der Ritter vom edelmütigen Bewußtsein (1854), in: MEGA² I/ 12, S. 520, und Karl Marx an Friedrich Engels (13.7.1851), in: MEGA² III/4, S. 146.

138 Engels, Zur Geschichte des Bundes der Kommunisten (1885), S. 76.

139 So der Kommentar in: MEGA² I/10, S. 848. Sprachlich kann mit ›redigieren‹ allerdings auch durchaus ›verfassen‹ gemeint gewesen sein. Vgl. Hal Draper, Karl Marx's Theory of Revolution, II, New York/London 1978, S. 610–612.

140 So Karl Marx bei der Spaltung des Bundes am 15.9.1850, vgl. Bund der Kommunisten II, S. 270.

141 So erstmals Boris Nicolaievsky, Who is disturbing history? in: Proceedings of the American Philosophical Society 105 (1961), S. 220; sowie später Hunt, Political Ideas of Marx and Engels I, S. 236, und Sieferle, Die Revolution in der Theorie von Karl Marx, S. 94 f.

142 Vgl. Ansprache der Zentralbehörde des Bundes der Kommunisten vom März 1850, in: MEGA² I/10, S. 254.

143 Ebenda, S. 259.

144 Vgl. oben, S. 33 f.

145 Ansprache der Zentralbehörde des Bundes der Kommunisten vom März 1850, S. 263.

146 Ebenda, S. 258.

147 Vgl. oben, S. 32 f.

148 Wie die Herausgeber von: Bund der Kommunisten II, S. 646, behaupten können, sie sei »von Marx und Engels verfaßt und beschlossen worden«, bleibt rätselhaft. Vgl. dagegen den Kommentar in: MEGA² I/10, S. 924, in dem eingeräumt wird,

daß es für die Autorschaft von Marx und Engels »keinen direkten Beleg« gäbe. Damit wird meine Formulierung aus: Der Bund der Kommunisten im Sommer 1850, S. 34, wörtlich übernommen.

149 Vgl. Engels, Zur Geschichte des Bundes der Kommunisten (1885), S. 76.

150 Vgl. Gustav Adolf von Techow an Alexander Schimmelpfennig u. a. (26.8.1850), in: Carl Vogt, Mein Prozeß gegen die Allgemeine Zeitung, Genf 1859, S. 145.

151 Aussagen Rösers, in: Bund der Kommunisten II, S. 442.

152 Vgl. Schieder, Der Bund der Kommunisten im Sommer 1850, S. 36f.

153 Vgl. Karl Marx an Karl Blind (17.7.1850), in: MEGA^{2}III/3, S. 87.

154 Peter Röser an Karl Marx (18.6.1850), in: MEGA^{2}III/3, S. 565.

155 Vogt, Mein Prozeß, S. 145.

156 Vgl. die Ansprache der Zentralbehörde des Bundes der Kommunisten vom Juni 1850, in: MEGA^{2}I/10, S. 340.

157 Vgl. Roland Daniels an Karl Marx (28.6.1850), in: MEGA^{2}III/3, S. 571.

158 Schreiben des Leitenden Kreises in Köln an die Zentralbehörde des Bundes der Kommunisten in London (18.7.1850), in: Schieder, Der Bund der Kommunisten im Sommer 1850, S. 56.

159 Ebenda.

160 Roland Daniels an Karl Marx (28.6.1850), in: MEGA^{2}III/3, S. 571.

161 Vgl. Bund der Kommunisten II, S. 215f., sowie S. 668.

162 Vgl. zu Willich: Loyd D. Easton, August Willich, Marx and Left-Hegelian Socialism, in: Cahiers de l'Institut de Science Economique Appliquée. Etudes de Marxologie, Serie S 9 (1965), S. 101–137.

163 Vgl. Schieder, Anfänge der deutschen Arbeiterbewegung, S. 118.

164 Protokoll der Sitzung der Zentralbehörde des Bundes der Kommunisten vom 15.9.1850, in: Bund der Kommunisten II, S. 268.

165 Ansprache der Zentralbehörde des Bundes der Kommunisten vom 1.10.1850, in: (Karl Georg Ludwig) Wermuth/(Wilhelm) Stieber, Die Communisten-Verschwörungen des 19. Jahrhunderts, I, Berlin 1853, S. 269.

166 Vgl. die überlieferten Listen der Mitglieder der Zentralbehörden vom Sommer 1850 und vom 15.9.1850, in: MEGA^{2}I/1, S. 348, S. 577.

167 Vgl. dazu die Version von Schapper und Willich in der Ansprache der Zentralbehörde des Bundes der Kommunisten vom 1.10.1850, S. 268f., und die Version von Marx und Engels in dem Brief Friedrich Engels' an Karl Marx (23.11.1853), in: Marx, Ritter vom edelmütigen Bewußtsein (1854), S. 512–515. Später gab Schapper eine ausgleichende Darstellung dieser Geschehnisse. Vgl. Karl Schapper an Karl Marx (27.8.1860), in: Bund der Kommunisten II, S. 258.

168 Gustav Adolf Techow an Alexander Schimmelpfennig (26.8.1850), in: Vogt, Mein Prozeß, S. 143.

169 Ebenda, S. 142.

170 Marx, Herr Vogt, S. 113–126.

171 Vgl. August Willich an Karl Marx (5.9.1850), in: MEGA^{2}III/3, S. 627.

172 Vgl. die Ansprache der Zentralbehörde des Bundes der Kommunisten vom 1.10.1850, S. 269.

173 Vgl. August Willich an Karl Marx (14.9.1850), in: MEGA^{2}III/3, S. 640.

174 Vgl. Carl Pfänder an Karl Marx (14.9.1850), in: MEGA^{2}III/3, S. 636.

175 Vgl. die Ansprache der Partei Willich für das erste Quartal 1851, in: Wermuth/Stieber, Communisten-Verschwörungen I, S. 276f.

176 Vgl. das Protokoll der Sitzung der Zentralbehörde des Bundes der Kommunisten vom 15.9.1850, S. 267, S. 270.

177 Ebenda, S. 271.

178 Vgl. die Aussagen Rösers, in: Bund der Kommunisten II, S. 445.

179 Vgl. das Protokoll der Sitzung der Zentralbehörde des Bundes der Kommunisten vom 15.9.1850, S. 267.

180 Ansprache der Partei Willich für das erste Quartal 1851, S. 276.

181 Vgl. das Protokoll der Sitzung der Zentralbehörde des Bundes der Kommunisten vom 15.9.1850, S. 267.

182 Vgl. die Ansprache der Zentralbehörde des Bundes der Kommunisten vom 1.10.1850, in: Wermuth/Stieber, Communisten-Verschwörungen I, S. 270; Ansprache der Partei Willich für das erste Quartal 1851, S. 277.

183 Vgl. das Schreiben der Zentralbehörde des Bundes der Kommunisten (5.10.1850) und den Antrag des Kreises London an die Zentralbehörde (11.11.1850), in: Bund der Kommunisten II, S. 290f., S. 310f.

184 Ansprache der Zentralbehörde des Bundes der Kommunisten an den Bund vom 1.12.1850, S. 329.

185 Diese einst in der DDR-Forschung übliche Einschätzung als ›Sonderbund‹ hat zu dem grotesken Ergebnis geführt, daß in der sonst verdienstvollen Edition, Bund der Kommunisten I–III, die zahlreich erhaltenen Dokumente zur Geschichte des Schapper-Willichschen Bundes überhaupt nicht oder allenfalls in die Anmerkungen aufgenommen worden sind. Vgl. z. B. Bund der Kommunisten II, S. 718ff.

186 Ansprache der Partei Willich für das erste Quartal 1851, S. 276.

187 Ebenda, S. 277.

188 Ebenda, S. 276.

189 Vgl. dazu Georg Eckert, Aus der Korrespondenz des Kommunistenbundes (Fraktion Willich-Schapper), in: ASG 5 (1965), S. 273–318. Eine monographische Darstellung des Schapper-Willichschen Kommunistenbundes fehlt.

190 Vgl. das Schreiben des Leitenden Kreises in Lachauxdefonds an die Zentralbehörde in Köln (8.5.1851) sowie die harsche Antwort der Zentralbehörde in Köln (13.5.1851), in: Bund der Kommunisten II, S. 758f. und S. 438.

191 Ansprache der Zentralbehörde an den Bund vom 1.12.1850, S. 325.

192 Karl Marx an Friedrich Engels (21.5.1851), in: MEGA[2] III/4, S. 121.

193 Vgl. Hermann Becker an Karl Marx (27.1.1851); Karl Marx an Hermann Becker (1.2.1851); Karl Marx an Hermann Becker (8.2.1851); Karl Marx an Hermann Becker (28.2.1851); Hermann Becker an Karl Marx (16.3.1851); Hermann Becker an Karl Marx (5.4.1851); Roland Daniels an Karl Marx (5.5.1851); Karl Marx an Hermann Becker (9.4.1851); Roland Daniels an Karl Marx (12./13.4.1851); Roland Daniels an Karl Marx (25.4.1851); Roland Daniels an Karl Marx (16.4.1851); Hermann Becker an Karl Marx (6./7.5.1851), in: MEGA[2] III/4, S. 300, S. 23, S. 34, S. 35f., S. 334f., S. 34f., S. 345f., S. 91, S. 355f., S. 360–364, S. 365, S. 368, S. 375.

194 Vgl. die Austrittserklärung von Bauer, Pfänder, Eccarius, Seiler, Marx, Schramm, Engels, Wolff, Liebknecht sowie August Hain, Hermann Wilhelm Haupt und Gottfried Klose vom 17.9.1850, in: MEGA[2] I/10, S. 444.

195 Zur Geschichte des Arbeitervereins vgl. jetzt Jacques Grandjonc/Karl-Ludwig König/Marie-Ange Roy-Jacquemart, Statuten des »Communistischen Arbeiter-Bildungsvereins«, London 1840–1914, Trier 1979.

196 Vgl. dazu Marx, Ritter vom edelmütigen Bewußtsein (1854), S. 521 f.; August Willich, Doktor Karl Marx und seine Enthüllungen, in: Belletristisches Journal und New Yorker Criminal-Zeitung 33–34 (28. 10./4. 11. 1853); Rechnungsablage des Sozial-Demokratischen Flüchtlingskomitees in London (18. 9. 1850), in: MEGA² III/3, S. 96 ff.; Karl und Jenny Marx an Friedrich Engels (2. 12. 1850), in: MEGA² III/3, S. 96 ff.; Karl Pfänder an den Präsidenten des Arbeiterbildungsvereins (21. 1. 1850), in: MEGA² I/10, S. 1010 f.

197 Karl Marx an Friedrich Engels (1. 12. 1851), in: MEGA² III/4, S. 254 f.

198 Vgl. Gerhard Becker, Der »Neue Arbeiterverein in London« 1852. Ein Beitrag zur Geschichte des Bundes der Kommunisten, in: ZfG 14 (1966), S. 74–97; sowie: Der Bund der Kommunisten. Dokumente und Materialien, Bd. III, 1851–1852, Berlin 1984, S. 133–143: Berichte über Sitzungen des Neuen Arbeitervereins in London vom 18. Januar bis zum 8. August 1852.

199 Karl Marx an Friedrich Engels (13. 10. 1851), in: MEGA² III/4, S. 231.

200 Karl Marx an Joseph Weydemeyer (23. 1. 1852), in: MEGA² III/5, S. 20.

201 Vgl. Karl Marx an Joseph Weydemeyer (5. 3. 1852), ebenda, S. 77.

202 Karl Marx an Friedrich Engels (19. 11. 1852), in: MEGA² III/6, S. 88.

203 Ebenda.

204 Karl Marx an Friedrich Engels (25. 10. 1852), ebenda, S. 51.

205 Karl Marx an Friedrich Engels (27. 10. 1852), ebenda, S. 55.

206 Karl Marx, Enthüllungen über den Kommunisten-Prozeß zu Köln (1852), in: MEGA² I/11, S. 413 f.

207 Vgl. Ingrid Donner, Der Anteil von Karl Marx und Friedrich Engels an der Verteidigung im Kölner Kommunistenprozeß 1852, in: MEJ 4 (1981), S. 306–344.

208 Karl Marx an Friedrich Engels (27. 10. 1852), in: MEGA² III/6, S. 55.

209 So Jenny Marx an Adolph Cluss (28. 10. 1852), ebenda, S. 561.

210 Karl Marx an Adolph Cluss (15. 9. 1853), in: MEGA² III/7, S. 11 f.

211 Vgl. Karl Marx/Friedrich Engels, Exzerpte und Notizen, September 1849 bis Februar 1851, in: MEGA² IV/7, Berlin 1983.

212 Marx, Der 18. Brumaire des Louis Bonaparte, S. 96–189.

213 Karl Marx an Joseph Weydemeyer (27. 6. 1851), in: MEGA² III/4, S. 140.

IV. Höhepunkt und Ende 1864–1872

1 Vgl. Karl Marx an Labour Parliament (9. 3. 1854), in: MEGA² I/13, S. 111–115.

2 Karl Marx/Friedrich Engels, Die großen Männer des Exils (1852), in: MEGA² I/11, S. 219–311. Das Pamphlet ist nie erschienen, da der ungarische Spitzel Bangya es der preußischen Polizei übergab.

3 Karl Marx, Enthüllungen über den Kommunisten-Prozeß zu Köln (1852), in: MEGA² I/11, S. 413–417.

4 Vgl. August Willich, Doktor Karl Marx und seine Enthüllungen, in: Belletristisches Journal und New Yorker Criminal-Zeitung 33/34 (28. 10./4. 11. 1853), und Karl Marx, Der Ritter vom edelmütigen Bewußtsein (1853), in: MEGA² I/12, S. 507.

5 Vgl. Carl Vogt, Mein Prozeß gegen die Allgemeine Zeitung, Genf 1859.

6 Vgl. Carl Vogt und die ›Allgemeine Zeitung‹, in: National-Zeitung 37 (22. 1. 1860); Wie man radikale Flugblätter macht, ebenda 41 (25. 1. 1860).

7 Karl Marx, Herr Vogt (1860), in: MEGA^2 I/18, S. 269.
8 Friedrich Engels an Karl Marx (19.12.1860), in: MEW 30, S. 129.
9 Isaiah Berlin, Karl Marx. Sein Leben und sein Werk, München 1959, S. 154.
10 Zur Problematik der Kontinuität der deutschen Arbeiterbewegung zwischen 1848/49 und 1862/63 vgl. Toni Offermann, Arbeiterbewegung und liberales Bürgertum in Deutschland 1850/1863, Bonn 1979, S. 35–147.
11 Vgl. Karl Marx an Friedrich Engels (29.2.1856), in: MEGA^2 III/7, S. 236.
12 Karl Marx an Friedrich Engels (5.3.1856), in: MEGA^2 III/7, S. 245. Vgl. auch Karl Marx an Ferdinand Freiligrath (29.2.1860), in: MEW 30, S. 489f., sowie Gustav Levy an Karl Marx (9.4.1856), in: Bund der Kommunisten III, S. 327f.
13 Karl Marx an Friedrich Engels (5.3.1856), in: MEGA^2 III/7, S. 243f.
14 Vgl. dazu Shlomo Na'aman, Lassalle, Hannover 1970, S. 211–214.
15 Friedrich Engels an Karl Marx (7.3.1856), in: MEGA^2 III/7, S. 247.
16 Vgl. Karl Marx an Ferdinand Lassalle (10.6.1859), in: MEW 29, S. 606, und Karl Marx an Friedrich Engels (10.6.1859), ebenda, S. 451.
17 Karl Marx an Friedrich Engels (30.7.1862), ebenda, S. 257.
18 Karl Marx an Friedrich Engels (9.4.1863), ebenda, S. 340.
19 Vgl. z. B. Karl Marx an Friedrich Engels (12.6.1863), ebenda, S. 356f.
20 Karl Marx an Friedrich Engels (28.1.1863), ebenda, S. 322.
21 Vgl. dazu Karl Birker, Die deutschen Arbeiterbildungsvereine 1840–1870, Berlin 1973, sowie Offermann, Arbeiterbewegung und liberales Bürgertum, S. 268–338.
22 Vgl. Karl Marx an Karl Klings (4.10.1864), in: Die I. Internationale in Deutschland (1864–1872). Dokumente und Materialien, Berlin 1964, S. 17.
23 Erklärung von Karl Marx und Friedrich Engels über die Einstellung ihrer Mitarbeit am »Social-Democrat« (23.2.1865), in: I. Internationale in Deutschland, S. 31. Vgl. auch Karl Marx an Friedrich Engels (25.2.1865), in: MEW 31, S. 84; Karl Marx, Erklärung, in: MEW 16, S. 86–89.
24 Wilhelm Liebknecht an Karl Marx (3.6.1864), in: Georg Eckert (Hg.), Wilhelm Liebknecht. Briefwechsel mit Karl Marx und Friedrich Engels, Den Haag 1963, S. 34.
25 Vgl. unten, S. 144–146.
26 Vgl. dazu und zum Folgenden immer noch David Rjazanov, Zur Geschichte der Ersten Internationale. Die Entstehung der Internationalen Arbeiterassoziation, in: Marx-Engels-Archiv 1 (1926), S. 119–202; sowie ferner L. E. Mins (Hg.), Founding of the First International. A Documentary Record, New York 1937. Ferner Jacques Freymond/Miklos Molnár, The Rise and Fall of the First International, in: Milorad M. Drachkovitch (Hg.), The Revolutionary Internationals, 1864–1943, Stanford 1966, S. 3–35, sowie Henry Collins, The International and the British Labour Movement: Origins of the International in England, in: La Première Internationale. L'institution, l'implantation, le rayonnement, Paris 16–18 novembre 1964, Paris 1968, S. 23–40.
27 Vgl. Karl Marx an Friedrich Engels (14.11.1864), in: MEW 31, S. 13.
28 Vgl. William Randal Cremer an Karl Marx (28.9.1864), abgedruckt in: Rjazanov, Zur Geschichte der Ersten Internationale, S. 189, und bei Mins (Hg.), Founding of the First International, S. 57f.
29 Vgl. oben, S. 62.
30 Karl Marx an Friedrich Engels (4.11.1864), in: MEW 31, S. 13.

31 Vgl. dazu Elena Stepanova/Irène Bach, Le Conseil Général et son rôle dans l'Association Internationale des Travailleurs, in: La Première Internationale, S. 49–69.

32 Report of International Meeting in St. Martin's Hall, September 28, 1864, in: Mins (Hg.), Founding of the First International, S. 1–17.

33 Vgl. dazu Arthur Müller – Lehning, The International Association (1855–1859). A Contribution to the Preliminary History of the First International, in: IRSH 3 (1938), S. 185–286; Julius Braunthal, Geschichte der Internationale, Bd. I, 3. Aufl., Berlin/Bonn 1978, S. 78–98.

34 Vgl. Karl Marx an Friedrich Engels (4.11.1864), in: MEW 31, S. 13; Georg Eccarius an Karl Marx (12.10.1864), in: The General Council of the First International 1864–1866. The London Conference 1865, Minutes, Moskau (1963), S. 375f.

35 Vgl. dazu und zum Folgenden die Protokolle der Sitzung der Unterkommission vom 8.10.1864 sowie der Sitzungen der Zentralkommission vom 11.10., 18.10. und 1.11.1864, in: General Council 1864–1866, Minutes, S. 38–44, sowie Karl Marx an Friedrich Engels (4.11.1864), in: MEW 31, S. 14f.

36 Address and Provisional Rules of the Working Men's International Association, established September 28, 1864, at a public meeting held at St. Martin's Hall, Long Acre, London, London 1864. Deutscher Text der »Inauguraladresse der Internationalen Arbeiter-Assoziation« und der »Provisorischen Statuten der Internationalen Arbeiter-Assoziation«, in: MEW 16, S. 5–16, nach der deutschen Erstveröffentlichung, in: Der Social-Democrat Nr. 2 und 3 (21. und 30.12.1864).

37 Vgl. Karl Marx an Friedrich Engels (4.11.1864), in: MEW 31, S. 15. Die Bemerkungen von Marx beziehen sich auf die letzten beiden Absätze der Präambel zu den Provisorischen Statuten, vgl. MEW 16, S. 15.

38 Protokoll der Sitzung des Zentralrats vom 1.11.1864, in: General Council 1864–1866, Minutes, S. 44.

39 Karl Marx an Friedrich Engels (4.11.1864), in: MEW 31, S. 16.

40 Vgl. dazu Monika Steinke, Die Protokolle des Generalrats als Quelle für Marx' führende Tätigkeit im Leitungsgremium der IAA (Oktober 1864–August 1867), in: BMEF 22 (1987), S. 248–260.

41 Vgl. Stepanova, Bach, Le Conseil Général, S. 55.

42 Vgl. unten, S. 122.

43 Cremer wurde am 5.10.1864, Fox am 25.9.1866, Eccarius am 9.7.1867 und Hales am 16.5.1871 zum Generalsekretär bestimmt. Vgl. die Protokolle der entsprechenden Sitzungen des Generalrats, in: General Council 1864–1866, Minutes, S. 36; General Council 1866–1868, Minutes, Moskau (1964), S. 36, S. 133f.; General Council 1870–1871, Minutes, Moskau (1967), S. 197.

44 Vgl. Protokoll der Sitzungen des Generalrats vom 29.11.1864, 11.4.1865, 16.5.1871 und 2.10.1871, in: General Council 1864–1866, Minutes, S. 53, S. 89; 1870–1871, Minutes, S. 144, S. 286. Vgl. dazu auch den freilich reichlich dogmatischen Aufsatz von Vera Morosowa, Karl Marx als Korrespondierender Sekretär des Generalrats der I. Internationale im Kampf für die Einheit der deutschen Arbeiterbewegung, in: Revolutionäres Parteiprogramm – revolutionäre Arbeitereinheit, Berlin 1975, S. 46–86.

45 Karl Marx, Lohn, Preis und Profit, in: MEW 16, S. 101–142, hier: S. 103. Vgl. dazu das Protokoll der Sitzungen des Zentralrats vom 2. und 23.5., 20. und 27.6., 4. und 18.7. sowie 15.8.1865, in: General Council 1864–1866, Minutes, S. 94, 100, 109, 111f., 114, 123.

46 Provisorische Statuten der Internationalen Arbeiter-Assoziation, in: MEW 16, S. 15.
47 Karl Marx an Friedrich Engels (24. 6. 1865), in: MEW 31, S. 125. Der Beschluß zur Einberufung dieser Konferenz fiel in der Sitzung des Zentralrats vom 25. 7. 1865. Vgl. General Council 1864–1866, Minutes, S. 115 f.
48 Karl Marx an Friedrich Engels (31. 7. 1865), S. 113.
49 Vgl. das Protokoll der Sitzungen vom 25.–29. September, in: General Council 1864–1866, Minutes, S. 229–260. Die einzige Ausnahme war die Verabschiedung einer Resolution »To the people of the United States of America«, die vom Generalsekretär der IAA, William Randal Cremer, verfaßt worden war. Vgl. ebenda, S. 310–312.
50 Vgl. (Karl Marx), Instruktionen für die Delegierten des Provisorischen Zentralrats zu den einzelnen Fragen, in: MEW 16, S. 190–199; im englischen Original unter dem Titel »Instructions for the Delegates of the Provisional General Council. The different questions«, in: General Council 1864–1866, Minutes, S. 340-351.
51 Karl Marx an Ludwig Kugelmann (9. 10. 1866), in: MEW 31, S. 529.
52 So Walentina Smirnova, Der Genfer Kongreß der Internationalen Arbeiterassoziation, in: MEJ 4 (1981), S. 223–262.
53 Karl Marx an Ludwig Kugelmann (9. 10. 1866), in: MEW 31, S. 529.
54 Karl Marx an Friedrich Engels (6. 4. 1866), in: MEW 31, S. 205.
55 Vgl. The International Working Men's Association. Resolutions of the Congress of Genua, 1866, and the Congress of Brussels, 1868, London (1869), sowie: Congrès ouvrier de l'Association Internationale des Travailleurs tenu à Genève du 3 au 8 septembre 1866, in: Jacques Freymond (Hg.), La Première Internationale. Recueil des documents I, Genf 1962, S. 61–84.
56 Karl Marx an Sigfrid Meyer (30. 4. 1867), in: MEW 31, S. 542.
57 Vgl. das Protokoll der Sitzung des Generalrats vom 4. 6. 1867, in: General Council 1866–1868, Minutes, S. 128.
58 Vgl. Address of the General Council of the International Working Men's Association. To the members and affiliated societies, in: General Council 1866–1868, Minutes, S. 136–138, sowie in deutscher Übersetzung, in: MEW 16, S. 525–527.
59 Vgl. Mémoire des délégués français au Congrès de Genève, in: Freymond (Hg.), Première Internationale I, S. 85–108.
60 Vgl. Adresse du Conseil Général de l'Association Internationale des Travailleurs. Aux membres et aux sociétés affiliées et à tous les travailleurs (London 1867), in: General Council 1866–1868, Minutes, S. 288–291.
61 Freymond (Hg.), Première Internationale I, S. 155 (Protokoll des Schlußtages vom 7. 9. 1867).
62 Karl Marx an Friedrich Engels (12. 9. 1867), in: MEW 31, S. 346.
63 Ebenda, S. 347.
64 Vgl. das Protokoll der Sitzung des Generalrates vom 26. 5. 1868, in: General Council 1866–1868, Minutes, S. 212.
65 Vgl. das Protokoll der Sitzung des Generalrates vom 16. 6. 1868, ebenda, S. 220; Karl Marx an Friedrich Engels (20. 6. 1868), in: MEW 32, S. 96 f.
66 Vgl. das Protokoll der Sitzungen des Generalrates vom 21. 7., 28. 7., 4. 8. und 11. 8. 1868, in: General Council 1866–1868, Minutes, S. 228–240.
67 Vgl. The fourth annual report of the General Council of the International Wor-

king Men's Association, ebenda, S. 324–329; in einer etwas umfangreicheren deutschen Version, in: MEW 16, S. 318–323.

68 Vgl. das Protokoll der Sitzungen des Generalrats vom 4.8. und 25.8.1868, in: General Council 1866–1868, Minutes, S. 239, S. 248 f.

69 Vgl. Troisième Congrès de l'Association Internationale des Travailleurs. Compte rendu officiel (1867), in: Freymond (Hg.), Première Internationale I, S. 347 f.

70 Karl Marx an Georg Eccarius und Friedrich Leßner (10.9.1868), in: MEW 32, S. 548.

71 Vgl. Troisième Congrès de l'Association Internationale des Travailleurs. Compte rendu officiel (1868), in: Freymond (Hg.), Première Internationale I, S. 361–378, S. 405–407.

72 Karl Marx an Friedrich Engels (16.9.1868), in: MEW 32, S. 148.

73 Vgl. Freymond (Hg.), Première Internationale I, S. 297, S. 430, sowie Karl Marx an Sigfrid Meyer (14.9.1868), in: MEW 32, S. 561, und Friedrich Leßner an Karl Marx (11.9.1868), zit. ebenda, S. 743.

74 Vgl. das Protokoll der Sitzung des Generalrats vom 24.8.1869, in: The General Council of the First International 1868–1870, Minutes, Moskau (1966), S. 148.

75 Vgl. den Rapport du Conseil Général, in: Jacques Freymond (Hg.), La Première Internationale. Recueil de documents, II, Genf 1962, S. 19–28.

76 Vgl. das Protokoll der Sitzung des Generalrats vom 6.7.1869, in: General Council 1868–1870, Minutes, S. 117–123.

77 Freymond (Hg.), Première Internationale II, S. 74.

78 Karl Marx an Friedrich Engels (4.11.1864), in: MEW 31, S. 16.

79 Vgl. das Réglement de l'Alliance de la Démocratie Socialiste, in: Freymond (Hg.), Première Internationale II, S. 476 f., sowie deutsch, in: MEW 18, S. 467–469.

80 Vgl. Karl Marx an Friedrich Engels (15.12.1868), in: MEW 32, S. 234–237.

81 Vgl. das Protokoll der Sitzungen des Generalrats vom 15.12. und 22.12.1868, in: General Council 1868–1870, Minutes, S. 42–46; der französische Text des Zirkularbriefs bei Freymond (Hg.), Première Internationale II, S. 269 f., sowie deutsch in: MEW 16, S. 339–341.

82 Karl Marx an Laura und Paul Lafargue (15.2.1869), in: MEW 32, S. 594.

83 Michael Bakunin an Karl Marx (22.12.1868), in: MEW 32, S. 757 (Anm. 284).

84 Der Generalrat der Internationalen Arbeiterassoziation an das Zentralbüro der Allianz der Sozialistischen Demokratie (9.3.1869), in: MEW 16, S. 348 f., im englischen Original, in: General Council 1868–1870, Minutes, S. 310 f. Vgl. auch das Protokoll der Sitzung des Generalrats vom 9.3.1869, ebenda, S. 74–76, sowie Karl Marx an Friedrich Engels (5.3. und 14.3.1869) und Friedrich Engels an Karl Marx (7.3.1869), in: MEW 32, S. 273–279.

85 Vgl. das Protokoll der Sitzung des Generalrats vom 27.7.1869, in: General Council 1868–1870, Minutes, S. 133–135, sowie Karl Marx an Friedrich Engels (27.7.1869), in: MEW 32, S. 351.

86 (Karl Marx), Bericht des Generalrats über das Erbrecht, in: MEW 16, S. 368. Der französische Originalbericht, in: Freymond (Hg.), Première Internationale II, S. 96–98. Vgl. auch das Protokoll der Sitzungen des Generalrats vom 20.7. und 10.8.1869, in: General Council 1868–1870, Minutes, S. 128–133, S. 138–141.

87 Vgl. den Compte rendu du 4e Congrès Internationale tenu à Bâle, en septembre 1869, in: Freymond (Hg.), Première Internationale II, S. 95 f.

88 Karl Marx an Laura Lafargue (25. 9. 1869), in: MEW 32, S. 632.

89 Vgl. (Karl Marx), Der Generalrat an den Föderalrat der romanischen Schweiz (1. 1. 1870), in: MEW 16, S. 384–391, sowie das Protokoll der Sitzungen des Generalrats vom 14. 12. 1869 und 4. 1. 1870, in: General Council 1868–1870, Minutes, S. 195–200.

90 Vgl. das Protokoll der Sitzung des Generalrats vom 22. 3. 1870, in: General Council 1868–1870, Minutes, S. 219f; sowie: Der Generalrat der Internationalen Arbeiterassoziation an die Mitglieder des Komitees der russischen Sektion in Genf (24. 3. 1870), in: MEW 16, S. 407f.

91 Karl Marx, Konfidentielle Mitteilung (um den 28. 3. 1870), in: MEW 16, S. 420.

92 Vgl. das Protokoll der Sitzungen des Generalrats vom 12. 4., 19. 4. und 26. 4. 1870, in: General Council 1868–1870, Minutes, S. 224, S. 226f.; sowie Karl Marx an Friedrich Engels (14. 4. 1870), in: MEW 32, S. 474f.

93 Vgl. das Protokoll der Sitzung des Generalrats vom 28. 6. 1870, in: General Council 1868–1870, Minutes, S. 256, sowie (Karl Marx), Resolution des Generalrats über das Föderalkomitee der romanischen Schweiz, in: MEW 16, S. 430.

94 Karl Marx an Laura Lafargue (19. 4. 1870), in: MEW 32, S. 677.

95 Karl Marx an Friedrich Engels (10. 5. 1870), in: MEW 32, S. 503. Vgl. auch Karl Marx an Friedrich Engels (18. 5. 1870), ebenda, S. 517, sowie Karl Marx an Friedrich Engels (3. 8. 1870), in: MEW 33, S. 27.

96 Vgl. das Protokoll der Sitzungen des Generalrats vom 28. 6., 5. 7. und 12. 7. 1870, in: General Council 1868–1870, Minutes, S. 256f., S. 261, S. 266f.; sowie Karl Marx an Hermann Jung (14. 7. 1870), in: MEW 32, S. 687f.

97 Vgl. das Protokoll der Sitzung des Generalrats vom 26. 7. 1870, in: General Council 1870–1871, Minutes, S. 31–35; First Address of the General Council of the International Working Men's Association in the Franco-Prussian War (23. 7. 1870), ebenda, S. 323–329, deutsch in: MEW 17, S. 3–7.

98 Vgl. das Protokoll der Sitzung des Generalrats vom 10. 5. 1870, in: General Council 1868–1870, Minutes, S. 235f., sowie MEW 16, S. 425.

99 Karl Marx an Friedrich Engels (6. 9. 1870), in: MEW 33, S. 54.

100 (Karl Marx), Zweite Adresse des Generalrats über den Deutsch-Französischen Krieg (9. 9. 1870), in: MEW 17, S. 277. Vgl. dazu das Protokoll der Sitzung des Generalrats vom 9. 9. 1870, in: General Council 1870–1871, Minutes, S. 59.

101 Friedrich Engels an Adolph Sorge (12.–17. 9. 1874), in: MEW 33, S. 642.

102 Vgl. das Protokoll der Sitzung des Generalrats vom 28. 3. 1871, in: General Council 1870–1871, Minutes, S. 166.

103 Karl Marx an Ludwig Kugelmann (12. 4. 1871), in: MEW 33, S. 205.

104 Vgl. Karl Marx an Wilhelm Liebknecht (6. 4. 1871), in: MEW 33, S. 200. Fast wörtlich übereinstimmend auch Karl Marx an Ludwig Kugelmann (12. 4. 1871), ebenda, S. 205.

105 Boris Nicolaevsky/Otto Maenchen-Helfen, Karl Marx, Eine Biographie, Berlin/Bonn 1975, S. 332.

106 The Civil War in France. Address of the General Council of the International Working Men's Association (Juni 1871), in: MEGA² I/22, S. 123–164. Die beiden ersten Fassungen, ebenda, S. 17–81 und S. 85–117.

107 (Karl Marx), Der Bürgerkrieg in Frankreich. Adresse des Generalraths der Internationalen Arbeiter-Assoziation an alle Mitglieder in Europa und den Vereinigten Staaten (Leipzig 1871), in: MEGA² I/22, S. 204.

108 Karl Marx an Ludwig Kugelmann (17.4.1871), in: MEW 33, S. 209.
109 (Marx), Bürgerkrieg in Frankreich, S. 223.
110 Ebenda, S. 222.
111 Karl Marx, The Civil War in France (Second Draft), in: MEGA² I/22, S. 112.
112 (Marx), Bürgerkrieg in Frankreich, S. 223.
113 Vgl. dazu und zum Folgenden vor allem Ludolf Herbst, Die erste Internationale als Problem der deutschen Politik in der Reichsgründungszeit. Ein Beitrag zur Strukturanalyse der Politik »monarchischer Solidarität«, Frankfurt/Zürich 1975, sowie Beatrix W. Bouvier, Französische Revolution und deutsche Arbeiterbewegung. Die Rezeption des revolutionären Frankreich in der deutschen sozialistischen Arbeiterbewegung von den 1830er Jahren bis 1905, Bonn 1982, S. 232–265.
114 Abdruck der Noten vom 26.5. und 6.6.1871 bei Georges Bourgin, La lutte du gouvernement français contre la Première Internationale, in: IRSH 4 (1939), S. 41, S. 50–57.
115 Theodor Schieder, Das Problem der Revolution im 19. Jahrhundert, in: ders., Staat und Gesellschaft im Wandel unserer Zeit. Studien zur Geschichte des 19. und 20. Jahrhunderts, München 1958, S. 40.
116 Karl Marx an Ludwig Kugelmann (18.6.1871), in: MEW 33, S. 238. Die Charakterisierung als »le Grand Chef de l'Internationale« geht auf einen Artikel des Pariser Polizeiorgans »Paris-Journal« vom 14.3.1871 zurück.
117 Karl Marx an Ludwig Kugelmann (27.7.1871), in: MEW 33, S. 252.
118 Vgl. dazu MEGA² I/22, S. 272–274.
119 Friedrich Engels, »The Civil War in France« und die englische Presse (5.7.1871), ebenda, S. 241.
120 Account of an interview with Karl Marx published in the »World« (18.7.1871), in: MEGA² I/22, S. 454: »It is a bond of union rather than a controlling force.«
121 Vgl. das Protokoll der Sitzung des Generalrats vom 25.7.1871, in: General Council 1870–1871, Minutes, S. 244, sowie dazu Miklos Molnár, Die Londoner Konferenz der Internationale 1871, in: ASG 4 (1964), S. 313–316.
122 Karl Marx an Nicolai Issaakowitsch Utin (27.7.1871), in: MEW 33, S. 255.
123 Vgl. das Protokoll der Sitzung des Generalrats vom 20.9.1870, in: General Council 1870–1871, Minutes, S. 61.
124 Vgl. das Protokoll der Sitzung des Generalrats vom 25.7.1871, in: General Council 1870–1871, Minutes, S. 244, sowie Friedrich Engels an Philippe Coenen (4.8.1871), in: MEW 33, S. 262, Friedrich Engels an Carlo Cafiero (28.7.1871), ebenda, S. 670.
125 Friedrich Engels an Wilhelm Liebknecht (18.1.1872), in: Eckert (Hg.), Wilhelm Liebknecht. Briefwechsel mit Karl Marx und Friedrich Engels, S. 141.
126 Karl Marx an Friedrich Bolte (23.11.1871), in: MEW 33, S. 330.
127 Vgl. Circulaire du Congrès de Sonvilier (12.11.1871), in: Freymond (Hg.), Première Internationale II, S. 264.
128 Vgl. (Karl Marx/Friedrich Engels), Die angeblichen Spaltungen in der Internationale. Vertrauliches Zirkular des Generalrats der Internationalen Arbeiterassoziation (1872), in: MEW 18, S. 20; Réponse des Jurassiens, in: Freymond (Hg.), Première Internationale II, S. 259.
129 (Karl Marx/Friedrich Engels), Ein Komplott gegen die Internationale Arbeiter-Association. Im Auftrage des Haager Kongresses verfaßter Bericht über das Treiben Bakunins und der Allianz der Sozialistischen Demokratie (1874), in: MEW 18, S. 344.

130 Vgl. das Protokoll und den Text der Resolutionen der Londoner Konferenz in: Freymond (Hg.), Première Internationale II, S. 145–244, sowie jetzt die neue Edition der Protokolle, in: MEGA² I/22, S. 643–748.
131 Vgl. Molnár, Londoner Konferenz, S. 327.
132 Vgl. dazu ausführlich Molnár, Londoner Konferenz, S. 321–326.
133 Vgl. ebenda, S. 348–366.
134 (Marx/Engels), Die angeblichen Spaltungen in der Internationale, in: MEW 18, S. 19.
135 Vgl. Réponse des Jurassiens, in: Freymond (Hg.), Première Internationale II, S. 258.
136 Vgl. das Protokoll der Sitzung des Generalrats vom 12. 9. 1871, in: General Council 1870–1871, Minutes, S. 272f.; den Text der vorläufigen Tagesordnung, ebenda, S. 315f., deutsch in: MEW 17, S. 407f.; Procès-Verbaux de la Conférence de Londres de 1871, in: Freymond (Hg.), Première Internationale II, S. 156f.; die 17 Résolutions de la Conférence, ebenda, S. 233–239, sowie in: MEGA² I/22, S. 321–354. Vgl. dazu auch Molnár, Londoner Konferenz, S. 317–320.
137 Vgl. das Protokoll der Sitzung des Generalrats vom 15. 8. 1871, in: General Council 1870–1871, Minutes, S. 259.
138 Vgl. dazu den Procès-Verbaux de la Conférence de Londres de 1871, in: Freymond (Hg.), Première Internationale II, S. 180, S. 191–205, sowie MEGA² I/22, S. 682–685, S. 695–712.
139 Seiner ganzen Tendenz nach irrig daher Hans-Dieter Krause, Die Londoner Delegiertenkonferenz von 1871 – eine wichtige Etappe im Kampf von Marx und Engels um die Partei der Arbeiterklasse, in: MEJ 3 (1980), S. 199.
140 MEGA² I/22, S. 697.
141 Ebenda, S. 699.
142 Ebenda, S. 710.
143 Vgl. Karl Marx an Friedrich Bolte (23. 11. 1871), in: MEW 33, S. 330.
144 Vgl. Friedrich Engels, Procés-Verbal de la séance de la Commission pour les affaires de Suisse du 18 septembre 1871, in: MEGA² I/22, S. 292–299.
145 Vgl. den deutschen Text von (Karl Marx/Friedrich Engels), Beschlüsse der Delegiertenkonferenz der Internationalen Arbeiterassoziation abgehalten zu London vom 17.–23. September 1871, in: MEGA² I/22, S. 356f.
146 Molnár, Londoner Konferenz, S. 372ff.
147 So Krause, Londoner Delegiertenkonferenz, S. 213.
148 General Rules and Administrative Regulations of the International Working Men's Association. Official Edition, revised by the General Council, in: MEGA² I/22, S. 361–378; die französische und die deutsche Fassung ebenda, S. 379–415.
149 (Karl Marx/Friedrich Engels), Beschlüsse der Delegiertenkonferenz, ebenda, S. 355.
150 Protokoll der Sitzung des Generalrats vom 16. 9. 1871, in: General Council 1870–1871, Minutes, S. 276f.
151 Vgl. dazu und zum Folgenden Henry Collins/Chimen Abramsky, Karl Marx and the British Labour Movement. Years of the First International, London 1965, sowie Henry Collins, The International and the British Labour Movement. Origins of the International in England, in: La Première Internationale. S. 23–40.

152 Vgl. dazu Protokoll der Sitzung des Generalrats vom 20.6.1871, in: General Council 1870–1871, Minutes, S. 216–219.
153 (Karl Marx), Der Generalrat an den Föderalrat der romanischen Schweiz (um 1.1.1870), in: MEW 16, S. 386; wörtlich übereinstimmend auch, in: (Karl Marx), Konfidentielle Mitteilung (um den 28.3.1870), ebenda, S. 414f.
154 Protokoll der Sitzung des Generalrats vom 8.8.1871, in: General Council 1870–1871, Minutes, S. 256.
155 Vgl. Procès-Verbaux de la Conférence de Londres de 1871, in: Freymond (Hg.), Première Internationale II, S. 217.
156 Collins/Abramsky, Karl Marx, S. 42.
157 Karl Marx an Jenny Marx (23.9.1871), in: MEW 33, S. 286.
158 Vgl. Procès-Verbaux de la Conférence des délégués de l'Association Internationale des Travailleurs réunie à Londres du 17 au 23 septembre 1871, in: MEGA² I/22, S. 747.
159 Vgl. dazu und zum Folgenden (Karl Marx/Friedrich Engels), Résolutions de délégués de la Conférence de l'Association Internationale des Travailleurs réunie à Londres, du 17 au 23 septembre 1871, in: MEGA² I/22, S. 1182–1187.
160 (Karl Marx), Résolution de la Conférence des délégués de l'Association Internationale des Travailleurs relative au différence entre les fédérations dans la Suisse romande (21.10.1871), in: MEGA² I/22, S. 315–319.
161 Vgl. das Protokoll der Sitzung des Generalrats vom 16.10.1871, in: General Council 1870–1871, Minutes, S. 297–300.
162 Vgl. Karl Marx an Friedrich Adolph Sorge (9.11.1871), in: MEW 33, S. 314f.
163 Vgl. Association Internationale des Travailleurs. Fédération romande, Quatrième circulaire aux sections (31.10.1871), in: Freymond (Hg.), Première Internationale II, S. 260f.
164 Circulaire à toutes les fédérations de l'Association Internationale des Travailleurs (12.11.1871), in: Freymond (Hg.), Première Internationale II, S. 264f.
165 Molnár, Londoner Konferenz, S. 394.
166 Michail Bakunin, Protest der Allianz (Juli 1871), in: Horst Stuke (Hg.), Michail Bakunin. Staatlichkeit und Anarchie und andere Schriften, Frankfurt 1972, S. 383.
167 Karl Marx, The Seventh Anniversary of the International Working Men's Association. Account of the celebrations held in London september 25, 1871, in: MEGA² I/22, S. 479.
168 Vgl. Michail Bakunin, Die Commune von Paris und der Staatsbegriff (1871), in: Stuke (Hg.), Michail Bakunin, S. 298–314.
169 Vgl. Les Prétendus Scissions dans l'Internationale. Circulaire privée du Conseil Général de l'Association Internationale des Travailleurs, Genève 1872, deutsch in: MEW 18, S. 7–51; Association Internationale des Travailleurs. Fédération romande, Quatrième circulaire aux sections (31.10.1871), in: Freymond (Hg.), Première Internationale II, S. 260. Vgl. auch das Protokoll der Sitzung des Generalrats vom 5.3.1872, in: General Council 1871–1872, Minutes, S. 119f.
170 Vgl. unten, S. 113–117.
171 Protokoll der Sitzung des Generalrats vom 23.7.1872, in: General Council 1871–1872, Minutes, S. 264.
172 Die Suspendierung von Hales wurde am 19.7.1872 in einer Sitzung des ständigen Unterkomitees beschlossen und am 23.7.1872 im Generalrat bestätigt, vgl.

ebenda, S. 368f., S. 264f. Vgl. dazu ferner Collins/Abramsky, Karl Marx, S. 253–255.

173 Vgl. dazu zuletzt den Kongreßband: La Première Internationale, Paris 1968, sowie Molnár, Londoner Konferenz, S. 404–433.

174 Vgl. Gastone Manacorda, Il movimento operaio italiano attraverso i suoi congressi, Roma 1971, S. 111–117; Arthur Lehning (Hg.), Michel Bakounine et l'Italie 1871–1872, Deuxième Partie: La Première Internationale en Italie et le conflit avec Marx, Leiden 1963.

175 Friedrich Engels an Theodor Cuno (24. 1. 1872), in: MEW 33, S. 391.

176 Vgl. Marc Vuilleumier, La Première Internationale en Suisse, in: La Première Internationale, S. 231–250, sowie besonders Jacques Freymond (Hg.), Etudes et documents sur la Première Internationale en Suisse, Genf 1964.

177 Vgl. das Protokoll der Sitzungen des Generalrats vom 5.3., 12.3., 22.5., 28.5.1872, in: General Council 1871–1872, Minutes, S. 120, S. 124–126, S. 205–210; Resolutions on the split in the United States' Federation passed by the General Council of the I. W. A. in its sittings of 5th and 12th march, 1872, ebenda, S. 410–413, deutsch in: MEW 18, S. 52–54; Friedrich Engels, Die Internationale in Amerika (17. 7. 1872), in: MEW 18, S. 97–103. Vgl. dazu Karl Obermann, La participation à la Première Internationale avant 1872 des ouvriers allemands immigrés aux Etats-Unis, in: La Première Internationale, Paris 1968, S. 402; Hans Gerth, The Retreat from Ideology as a Prerequisite for American Trade-unions, ebenda, S. 403–413.

178 Jan Dhondt/Catherine Oukhow, La Première Internationale en Belgique, in: La Première Internationale, S. 151-161.

179 Vgl. das Protokoll der Sitzung des Generalrats vom 5. 3. 1872, in: General Council 1871–1872, Minutes, S. 119f.

180 Karl Marx an Paul Lafargue (21. 3. 1872), in: MEW 33, S. 437.

181 (Karl Marx/Friedrich Engels), Die angeblichen Spaltungen in der Internationale, in: MEW 18, S. 7. Vgl. auch Karl Marx an Friedrich Adolph Sorge (27. 5. 1872), in: MEW 33, S. 471.

182 (Marx/Engels), Die angeblichen Spaltungen, ebenda, S. 47.

183 Vgl. das Protokoll der Sitzung des Generalrats vom 11. 6. 1872, in: General Council 1871–1872, Minutes, S. 221.

184 Vgl. Resolution of the General Council on the convocation and the agenda of the congress at The Hague, ebenda, S. 418f.

185 Friedrich Engels an Wilhelm Liebknecht (18. 1. 1872), in: Eckert (Hg.), Wilhelm Liebknecht, S. 151.

186 Vgl. Johann Philipp Becker an Hermann Jung (9. 4. 1872), zitiert in: Arthur Lehning (Hg.), Michel Bakounine et les conflits dans l'Internationale 1872, Leiden 1965, S. XXIV; Friedrich Engels an Johann Philipp Becker (9. 5. und 14. 6. 1872), in: MEW 33, S. 463, S. 486f.; Wilhelm Liebknecht an Friedrich Engels (29. 6. 1872), in: Die I. Internationale in Deutschland, S. 252.

187 Le Comité Fédéral Jurassien au Conseil Général de l'Internationale (10. 7. 1872), in: Lehning (Hg.), Bakounine et les conflits dans l'Internationale 1872, S. 399f.

188 Friedrich Engels an Johann Philipp Becker (5. 8. 1872), in: MEW 33, S. 513.

189 Vgl. Paul Lafargue an Friedrich Engels (17. 5. 1872), in: Emile Bottigelli (Hg.), Friedrich Engels – Paul et Laura Lafargue, Correspondance, t. III, Paris 1959, S. 465.

190 Friedrich Engels an Theodor Cuno (5.7.1872), in: MEW 33, S. 498.
191 Friedrich Engels an Johann Philipp Becker (9.5.1872), in: MEW 33, S. 463.
192 Friedrich Engels an Theodor Cuno (5.7.1872), ebenda, S. 497.
193 Vgl. dazu unten, S. 130–150.
194 Vgl. Friedrich Engels an Johann Philipp Becker (9.5.1872), Friedrich Engels an Wilhelm Liebknecht (15./22.5.1872), Karl Marx an Friedrich Adolph Sorge (23.5.1872), Karl Marx an Friedrich Adolph Sorge (27.5.1872), Friedrich Engels an Wilhelm Liebknecht (27./28.5.1872), Karl Marx an Friedrich Adolph Sorge (29.5.1872), Friedrich Engels an Wilhelm Liebknecht (5./6.6.1872), Friedrich Engels an Theodor Cuno (10.6.1872), Friedrich Engels an Johann Philipp Becker (14.6.1872), Karl Marx an Friedrich Adolph Sorge (21.6.1872), Friedrich Engels an Adolf Hepner (2.7.1872), Friedrich Engels an Theodor Cuno (5.7.1872), Karl Marx an Ludwig Kugelmann (9.7.1872), Karl Marx an Ludwig Kugelmann (23.7.1872), Karl Marx an Ludwig Kugelmann (29.7.1872), Friedrich Engels an Adolf Hepner (4.8.1872), Friedrich Engels an Theodor Cuno (4.8.1872), Friedrich Engels an Johann Philipp Becker (5.8.1872), Friedrich Engels an Wilhelm Liebknecht (24.8.1872), in: MEW 33, S. 463, S. 465–470, S. 472–476, S. 479–487, S. 491–499, S. 501–505, S. 508–514.
195 Karl Marx an Ludwig Kugelmann (29.7.1872), ebenda, S. 505.
196 Michail Bakunin an die Redaktion der Brüsseler »Liberté« (5.10.1872), in: Stuke (Hg.), Michail Bakunin, S. 821.
197 Vgl. Friedrich Engels an Theodor Cuno (22./23.4.1872), in: MEW 33, S. 448; Paul Lafargue an Friedrich Engels (12.4.1872), in: Bottigelli (Hg.), Friedrich Engels – Paul et Laura Lafargue, Correspondance, t. III, S. 454–458.
198 Vgl. Paul Lafargue an Friedrich Engels (29.5.1872), ebenda. S. 468.
199 So wörtlich Friedrich Engels an Theodor Cuno (5.7. und 4.8.1872), Friedrich Engels an Adolf Hepner (4.8.1872) und Friedrich Engels an Johann Philipp Becker (5.8.1872), in: MEW 33, S. 498, S. 508, S. 510, S. 514.
200 Friedrich Engels an Johann Philipp Becker (5.8.1872), ebenda, S. 513.
201 Vgl. dazu die Darstellung von Arthur Lehning, in: ders. (Hg.), Michel Bakounine et les conflits dans l'Internationale, S. XIX–XXIV, der freilich die Aktivität von Bakunin zu stark herunterspielt. Wie wichtig Bakunin die Allianz auch noch nach deren öffentlicher Auflösung gewesen sein muß, zeigt sein Brief an Thomas Gonzales Morago vom 21.5.1872, in: Stuke (Hg.), Michail Bakunin, S. 788–796.
202 Vgl. das Protokoll der Sitzung des Generalrats vom 19.7.1872, in: General Council 1871–1872, Minutes, S. 306f.
203 The General Council to all the members of the International Working Men's Association, in: General Council 1871–1872, Minutes, S. 439–445, deutsch in: MEW 18, S. 116–121.
204 Vgl. To Spanish Sections of the International Working Men's Association (8.8.1872), in: General Council 1871–1872, Minutes, S. 446–449, deutsch in: MEW 18, S. 122–124.
205 Protokoll der Sitzung des Generalrats vom 6.8.1872, in: General Council 1871–1872, Minutes, S. 270f: »Citizen Hales... looked on the whole affair as an election dodge, he demanded facts, he looked on the whole affair as an intrigue on the part of one secret society to built itself up by the destruction of another.«
206 (Friedrich Engels), Der Generalrat an alle Mitglieder der Internationalen Arbeiterassoziation, in: MEW 18, S. 120.

207 Friedrich Engels an E. Glaser de Willebrord (19.8.1872), in: MEW 33, S. 518. Vgl. auch Friedrich Engels an Johann Philipp Becker (5.8.1872), ebenda, S. 513.

208 Michail Bakunin an Theodor Herzen (28.10.1869): »Es kann jedoch und wird wahrscheinlich vorkommen, daß ich mich bald in einen Kampf mit ihm werde einlassen müssen, ... nicht für persönliche Beleidigung, sondern einer prinzipiellen Frage halber, des Staatskommunismus, dessen eifriger Verfechter er, sowie die von ihm geleitete Partei, die englische wie die deutsche sind, dann aber wird es einen Kampf nicht nur auf Leben, sondern auf Tod geben«, in: Stuke (Hg.), Michail Bakunin, S. 735.

209 Karl Marx an Friedrich Adolph Sorge (21.6.1872), Karl Marx an Ludwig Kugelmann (29.7.1872), in: MEW 33, S. 491, S. 505.

210 Karl Marx an César De Paepe (28.5.1872), Karl Marx an Nikolai Franzewitsch Danielson (28.5.1872), Karl Marx an Paul Lafargue (21.3.1872), in: MEW 33, S. 477, S. 479, S. 437.

211 Karl Marx an Ludwig Kugelmann (29.7.1872), ebenda, S. 505.

212 Karl Marx an Nikolai Franzewitsch Danielson (28.5.1872); ähnlich auch Friedrich Engels an Wilhelm Liebknecht (27./28.5.1872), ebenda, S. 477, S. 476.

213 Jenny Marx an Wilhelm Liebknecht (26.5.1872), ebenda, S. 702f.

214 Vgl. Jenny Marx (Tochter) an Ludwig und Gertrud Kugelmann (27.6.1872), ebenda, S. 704.

215 Vergleiche den italienischen Text der Resolution: Associazione Internazionale dei Lavoratori, Federazione Italiana, 1ª Conferenza. Risoluzione, in: Lehning (Hg.), Bakounine et les conflits dans l'Internationale, S. 315.

216 Vgl. ebenda, S. LII–LXI, S. 373f.

217 Friedrich Engels an Johann Philipp Becker (5.8.1872), in: MEW 33, S. 513.

218 Vgl. dazu und zum Folgenden Rapport Officiel du 5ème Congrès Général de l'Association Internationale des Travailleurs tenu à La Haye, en septembre 1872, in: Freymond (Hg.), Première Internationale II, S. 325–380, sowie: The Hague Congress of the First International, September 2–7, 1872, Minutes and Documents, Moskau 1976, S. 29–177.

219 Rapport officiel in: Freymond (Hg.), Première Internationale II, S. 336.

220 Vgl. Résolutions du Congrès général tenu à La Haye du 2 au 7 Septembre 1872, ebenda, S. 379.

221 Ebenda, S. 354.

222 Ebenda, S. 355; The Hague Congress, Minutes and Documents, S. 77.

223 Friedrich Engels an August Bebel (20.6.1873), in: MEW 33, S. 591.

224 Ein Complott gegen die Internationale Arbeiter-Association. Im Auftrage des Haager Congresses verfaßter Bericht über das Treiben Bakunins und der Allianz der sozialistischen Demokratie, Braunschweig 1874 (deutsche Ausgabe des französischen Originals von 1873), S. 439.

225 Vgl. Friedrich Engels an August Bebel (20.6.1873), in: MEW 33, S. 591.

226 Karl Marx an Friedrich Adolph Sorge (27.9.1873), ebenda, S. 606.

227 Vgl. dazu und zum Folgenden nach wie vor Roger Morgan, The German Social Democrats and the First International 1864–1872, Cambridge 1965, S. 63–97; ders., The Significance of Johann Philipp Becker's Geneva Central Committee for the Development of the I. W. A. in Germany, in: La Première Internationale, Paris 1968, S. 193–209; Shlomo Na'aman, Johann Philipp Becker, Wilhelm Liebknecht und Karl Marx – eine quellenkritische Untersuchung. Hat der Zufall bei

dem programmatischen Anschluß der Arbeitervereine an die »Internationale« eine Rolle gespielt?, in: ASG 15 (1975), S. 145–162.

228 So August Bebel an Johann Philipp Becker (16.7.1868), in: Die I. Internationale in Deutschland, S. 223.

229 Programm und Statuten der Sozialdemokratischen Arbeiterpartei, beschlossen auf dem Kongreß in Eisenach 1869, in: Dieter Dowe / Karl Klotzbach (Hg.), Programmatische Dokumente der deutschen Sozialdemokratie, Bonn 1973, S. 166.

230 Karl Marx an Wilhelm Liebknecht (17.11.1871), in: Eckert (Hg.), Wilhelm Liebknecht, S. 142.

231 Wilhelm Liebknecht an Friedrich Engels (17.2.1865), ebenda, S. 44.

232 Wilhelm Liebknecht an Karl Marx (13.5.1870), ebenda, S. 100f.

233 Karl Marx an Gustav Kwasniewski (29.9.1871), in: MEW 33, S. 287; Friedrich Engels an Wilhelm Liebknecht (15.12.1871), ebenda, S. 361.

234 Wilhelm Liebknecht an Karl Marx (8.12.1871), in: Karl Marx / Friedrich Engels, Briefe an A. Bebel, W. Liebknecht, K. Kautsky u. a., I: 1870–1886, Moskau / Leningrad 1933, S. 46.

235 Friedrich Engels an Wilhelm Liebknecht (15.12.1871), in: Eckert (Hg.), Wilhelm Liebknecht, S. 147; Wilhelm Liebknecht an Friedrich Engels (Ende Dezember 1871), in: Gustav Mayer, Johann Baptist von Schweitzer und die Sozialdemokratie. Ein Beitrag zur Geschichte der deutschen Arbeiterbewegung, Jena 1909, S. 440.

236 Vgl. Der Hochverraths-Prozeß wider Liebknecht, Bebel, Hepner vor dem Schwurgericht zu Leipzig vom 11.–26. März 1872, Berlin 1894.

237 Friedrich Engels an Theodor Cuno (7./8.5.1872), in: MEW 33, S. 461.

238 Friedrich Engels an Wilhelm Liebknecht (5./6.6.1872), ebenda, S. 483.

239 Vgl. Wolfgang Schieder, Das Scheitern des bürgerlichen Radikalismus und die sozialistische Parteibildung in Deutschland, in: Hans Mommsen (Hg.), Sozialdemokratie zwischen Klassenbewegung und Volkspartei, Frankfurt 1974, S. 17–34.

240 (Karl Marx), Randglossen zum Programm der deutschen Arbeiterpartei, in: MEGA² I/25, S. 19.

241 Karl Marx an Wilhelm Bracke (5.5.1875), ebenda, S. 5.

242 Friedrich Engels an August Bebel (18./28.3.1875), in: MEW 19, S. 7.

243 Zitiert nach Gustav Mayer, Friedrich Engels. Eine Biographie, Bd. II, Den Haag 1934, S. 278.

244 Vgl. Jutta Seidel, Wilhelm Bracke. Vom Lassalleaner zum Marxisten, Berlin 1986, S. 143–157.

V. Die historischen Besonderheiten der Marxschen Politik

1 Karl Marx an Antoinette Philips (18.3.1866), in: MEW 31, S. 504.

2 Karl Marx an Friedrich Engels (7.7.1866), ebenda, S. 232; ähnlich auch Karl Marx an Ludwig Kugelmann (9.10.1866), ebenda, S. 530.

3 Friedrich Engels an Karl Marx (13.2.1851), in: MEGA² III/4, S. 42.

4 Karl Marx an Wilhelm Blos (10.11.1877), in: MEW 34, S. 308.

5 Ebenda. Vgl. dazu auch Liebknecht, Karl Marx zum Gedächtnis, S. 45–47.

6 Vgl. oben, S. 23.

7 (Marx / Engels), Deutsche Ideologie, in: MEW 3, S. 457.

8 Karl Marx u. a. an Pierre-Joseph Proudhon (5.5.1846), in: MEW 27, S. 442; im französischen Original in: MEGA²III/2, S. 7.

9 Vgl. oben, S. 36.

10 Kommunistisches Korrespondenzkomittee in London an Karl Marx (6.6.1846), in: MEGA²III/2, S. 219.

11 George Julian Harney an Friedrich Engels (30.3.1846), George Julian Harney an Kommunistisches Korrespondenzkomitee in Brüssel (20.7.1846), in: MEGA²III/1, S. 523–527; MEGA²III/2, S. 263f.

12 Manifest der Kommunistischen Partei, in: MEW 4, S. 474; vgl. dazu oben, S. 36f.

13 Vgl. dazu oben, S. 39f.

14 Vgl. dazu oben, S. 47f.

15 Vgl. dazu die Quellen, in: Bund der Kommunisten I, S. 826f., S. 866f., S. 871, S. 929f. und S. 933f.

16 Statuten der Weltgesellschaft der revolutionären Kommunisten (April 1850), in: Bund der Kommunisten II, S. 162.

17 Vgl. Emmanuél Barthélemy, Adam und Jules Vidil an Karl Marx und Friedrich Engels (7.10.1850), sowie Friedrich Engels, Karl Marx und Julian Harney an Adam, Emmanuél Barthélemy und Jules Vidil (9.10.1850), in: MEGA²III/3, S. 654, S. 89.

18 Vgl. oben, S. 109–112.

19 (Karl Marx), Provisorische Statuten der Internationalen Arbeiter-Assoziation (1864), in: MEW 16, S. 15.

20 Vgl. oben, S. 77f.

21 Protokoll der Sitzung des Generalrats vom 25.9.1866, in: General Council 1866–1868, Minutes, S. 36.

22 Vgl. oben, S. 22.

23 Karl Marx an Karl Klings (4.10.1864), in: MEW 31, S. 418.

24 Vgl. Protokoll der Sitzung des Generalrats vom 22.11.1864, in: General Council 1864–1866, Minutes, S. 49, S. 378.

25 Vgl. (Karl Marx), Provisorische Statuten der Internationalen Arbeiter-Assozia-tion, in: MEW 17, S. 15:»Der vom Kongreß jährlich neu ernannte Zentralrat ist ermächtigt, sich neue Mitglieder beizufügen.«

26 Protokoll der Sitzung des Generalrats vom 8.11.1864, in: General Council 1864–1866, Minutes, S. 45.

27 Protokoll der Sitzung des Generalrats vom 29.11.1864, ebenda, S. 51.

28 Vgl. Protokoll der Sitzung des Generalrats vom 31.1.1865, ebenda, S. 68.

29 Protokoll der Sitzung des Generalrats vom 11.4.1865, ebenda, S. 90.

30 Protokoll der Sitzung des Generalrats vom 24.1.1865, ebenda, S. 67.

31 Vgl. das Protokoll der Sitzungen des Generalrats vom 27.6.1871, 12.7.1871 und 18.7.1871, in: General Council 1870–1871, Minutes, S. 221, S. 233f., S. 235f.

32 Vgl. die Namensliste bei Rjazanov, Geschichte der Ersten Internationale, S. 199.

33 Vgl. die Unterschriftenliste zu der Resolution »To Abraham Lincoln«, Protokoll der Sitzung des Generalrats vom 29.11.1864, in: General Council 1864–1866, Minutes, S. 53f.

34 Vgl. die Liste der Namen im Protokoll der Sitzung des Generalrats vom 22.9.1868, in: General Council 1868–1870, Minutes, S. 31.

35 Vgl. die Unterschriften zu der Second Address of the General Council of the International Working Men's Association on the Franco-Prussian War

(9.9.1870) und der Resolution of the Conference of Delegates of the International Working Men's Association (17.10.1870), in: General Council 1870–1871, Minutes, S. 341f., S. 449f., sowie Protokoll der Sitzung des Generalrats vom 16.4.1872, in: General Council 1871–1872, Minutes, S. 161.

36 Eine monographische Untersuchung über den Generalrat gibt es bisher nicht. Die 167 Mitglieder wurden von mir auf der Basis der fünfbändigen Moskauer Edition der Protokolle des Generalrats (»The General Council of the First International«) ausgezählt. Bei 30 weiteren ist zweifelhaft, ob sie ihre Wahl in den Generalrat angenommen haben.

37 Vgl. General Council 1864–1866, 1866–1868, 1868–1870, 1870–1871, 1871–1872, Minutes, passim.

38 Vgl. Stépanova/Bach, Conseil Général, S. 49.

39 In der Zeit vom 1.9.1870–31.3.1871, für die vollständige Anwesenheitslisten erhalten sind, nahmen z. B. im Durchschnitt nur 41 % der Mitglieder an den Generalratssitzungen teil. Vgl. Protokoll der Sitzungen des Generalrats vom 20.12.1870, in: General Council 1870–1871, Minutes, S. 98–100.

40 Vgl. das Protokoll der Sitzungen des Generalrats, in: General Council 1871–1872, Minutes, passim.

41 Protokoll der Sitzung des Generalrats vom 20.6.1871, in: General Council 1870–1871, Minutes, S. 217.

42 Zitiert nach Karl Marx an Friedrich Engels (4.10.1867), in: MEW 31, S. 354.

43 Vgl. dazu unten, S. 128f.

44 Vgl. zu diesem Monika Steinke, Karl Marx und die Formierung eines revolutionär-proletarischen Führungskerns im Generalrat der I. Internationale, in: BMEF 18 (1985), S. 47–59.

45 Karl Marx an Ludwig Kugelmann (13.10.1866), in: MEW 31, S. 533.

46 Vgl. z. B.: An Appeal from the British members of the Central Council to their fellow working men of the United Kingdom (3.2.1866), in: General Council 1864–1866, Minutes, S. 313–316.

47 Prov. Statuten der Internationalen Arbeiter-Assoziation, in: MEW 16, S. 16.

48 The Belgian Massacres. To the workmen of Europe and the United States (4.5.1869), in: General Council 1868–1870, Minutes, S. 318; vgl. auch das Protokoll der Sitzungen des Generalrats vom 20.4., 27.4. und 4.5.1869, ebenda, S. 88, S. 90, S. 95f.

49 Protokoll der Sitzung des Generalrats vom 11.5.1869, ebenda, S. 97.

50 Ebenda, S. 98.

51 Vgl. Karl Marx an Friedrich Engels (16.9.1868), in: MEW 32, S. 150f.; Karl Marx an Sigfrid Meyer (16.9.1868), ebenda, S. 501; Karl Marx an Hermann Jung (14.9.1868), ebenda, S. 562.

52 Karl Marx an Sigfrid Meyer und August Vogt (28.10.1868), ebenda, S. 574.

53 Vgl. The Civil War in France. Address of the General Council of the International Working Men's Association, in: General Council 1870–1871, Minutes, S. 356–412, sowie das Protokoll der Sitzungen des Generalrats vom 25.4. und 30.5.1871, ebenda, S. 181, S. 204.

54 Dieses Dementi wurde in einem Artikel George Jacob Holyoake in »The Daily News« vom 20.6.1871 ausgesprochen. Vgl. dazu die Antwort von Friedrich Engels, in: General Council 1870–1871, Minutes, S. 424f. Allgemein Collins/Abramsky, Karl Marx and the British Labour Movement, S. 212–214.

55 Protokoll der Sitzung des Generalrats vom 20.6.1871, in: General Council 1870–1871, Minutes, S. 217.

56 John Hales, Mr. Holyoake and the International Association. To the Editor of the Daily News, ebenda, S. 219.

57 Vgl. z. B. das Protokoll der Sitzung des Generalrats vom 5.9.1871, ebenda, S. 270: »Citizen Marx said the Council was a governing body, as distinct from it constituents, and had a policy as a Council collectively.«

58 Protokoll der Sitzung des Generalrats vom 30.4.1872, in: General Council 1871–1872, Minutes, S. 172.

59 Vgl. z. B. das Protokoll der Sitzungen des Generalrats vom 11.5., 23.7. und 30.7.1872, ebenda, S. 187–192, S. 261–268.

60 Vgl. z. B. Ulrich Haufschild, Partei und Klasse bei Marx und Engels, Phil. Diss. Frankfurt 1965; Horst Bartel/Walter Schmidt, Zur Entwicklung der Auffassungen von Marx und Engels über die proletarische Partei, in: Horst Bartel, u. a. (Hg.), Marxismus und deutsche Arbeiterbewegung. Studien zur sozialistischen Bewegung im letzten Drittel des 19. Jahrhunderts, Berlin 1970, S. 7–101; Martin Hundt, Zur Entwicklung der Parteiauffassungen von Marx und Engels in der Zeit des Bundes der Kommunisten, in: BZG 23 (1981), S. 512–527, auch in: ders. (Hg.), Bund der Kommunisten 1836–1852, Berlin 1988, S. 289–310; Klaus von Beyme, Karl Marx and Party Theory, in: Government and Opposition 20 (1985), S. 70–87.

61 Vgl. von Beyme, Karl Marx and Party Theory, S. 71, sowie allgemein Horst Stuke, Bedeutung und Problematik des Klassenbegriffs. Begriffs- und sozialgeschichtliche Überlegungen im Umkreis einer historischen Klassentheorie, in: Ulrich Engelhardt, u. a. (Hg.), Soziale Bewegung und politische Verfassung. Beiträge zur Geschichte der modernen Welt, Stuttgart 1976, S. 46–82.

62 Vgl. z. B. Schmidt/Bartel, Zur Entwicklung der Auffassungen von Marx und Engels über die proletarische Partei, S. 30f., S. 39, S. 62.

63 Vgl. dazu Klaus von Beyme, Partei, Fraktion, in: GG, Bd. IV, Stuttgart 1978, S. 677–733.

64 Vgl. dazu Erwin Faul, Verfemung, Duldung und Anerkennung des Parteiwesens in der Geschichte des politischen Denkens, in: PVS 4 (1964), S. 60–80.

65 Vgl. dazu zuletzt Dieter Langewiesche, Die Anfänge der deutschen Parteien. Partei, Fraktion und Verein in der Revolution von 1848/49, in: GuG 4 (1978), S. 324–361.

66 Vgl. dazu auch Thomas Nipperdey, Die Organisation der deutschen Parteien vor 1918, Düsseldorf 1961.

67 Vgl. von Beyme, Karl Marx and Party Theory, S. 75.

68 Vgl. Manifest der Kommunistischen Partei, in: MEW 4, S. 471.

69 Ebenda, S. 474.

70 Karl Marx an Ferdinand Freiligrath (29.2.1860), in: MEW 30, S. 495, S. 490.

71 (Karl Marx), Vierter jährlicher Bericht des Generalrats der Internationalen Arbeiter-Assoziation (1.9.1868), in: MEW 16, S. 322.

72 Vgl. z. B. (Karl Marx), Instruktionen für die Delegierten des Provisorischen Zentralrats zu den einzelnen Fragen (1867), in: MEW 16, S. 195; (Karl Marx), Der Generalrat an den Föderalrat der romanischen Schweiz (1870), ebenda, S. 390.

73 Manifest der Kommunistischen Partei, S. 474.

74 Karl Marx an Friedrich Engels (29.7.1868), in: MEW 32, S. 128.

75 Karl Marx an Ferdinand Freiligrath (29. 2. 1860), in: MEW 30, S. 490.
76 Manifest der Kommunistischen Partei, S. 491.
77 Karl Marx an Johann Baptist von Schweitzer (13. 10. 1868), in: MEW 32, S. 569.
78 Karl Marx an Friedrich Bolte (23. 11. 1871), in: MEW 33, S. 328.
79 Karl Marx, Herr Vogt (1860), in: MEGA² I/18, S. 107.
80 Karl Marx an Joseph Weydemeyer (29. 11. 1864), in: MEW 31, S. 428; vgl. auch Karl Marx an Friedrich Engels (4. 11. 1864), ebenda, S. 13, und Karl Marx an Lion Philips (29. 11. 1864), ebenda, S. 431 f.
81 Karl Marx an Friedrich Bolte (23. 11. 1871), in: MEW 33, S. 328.
82 Vgl. Wermuth/Stieber, Communisten-Verschwörungen I, S. 103–133: »Die Marx-Engelssche Partei«.
83 Vgl. z. B. Wladimir Iljitsch Lenin, Werke ⁵, Berlin 1959–1974, Bd. V, S. 128, Bd. VII, S. 370, Bd. VIII, S. 391 f., S. 465–469 f., Bd. IX, S. 121–130.
84 Friedrich Engels/Karl Marx, Zur Kritik der Politischen Ökonomie (6. 8. 1859), in: MEW 13, S. 471.
85 Friedrich Engels an Karl Marx (13. 2. 1851), in: MEGA² III/4, S. 42.
86 Karl Marx an Ferdinand Lassalle (15. 9. 1860), in: MEW 30, S. 564.
87 Karl Marx an Sigfrid Meyer (30. 4. 1867), in: MEW 31, S. 542.
88 So Karl Marx an Friedrich Engels (24. 7. 1867), ebenda, S. 290, über Ludwig Kugelmann.
89 Karl Marx an Wilhelm Liebknecht (23. 4. 1872), in: MEW 33, S. 451.
90 Friedrich Engels an Karl Marx (13. 2. 1851), in: MEGA² III/4, S. 42.
91 Friedrich Engels an Joseph Weydemeyer (12. 4. 1853), in: MEGA² III/6, S. 154.
92 Karl Marx an Friedrich Engels (18. 5. 1859), in MEW 29, S. 436.
93 Moses Heß an Alexander Herzen (März/April 1850), in: Hans Magnus Enzensberger (Hg.), Gespräche mit Marx und Engels, Frankfurt 1973, S. 150.
94 Karl Marx an Ferdinand Lassalle (22. 11. 1859), in: MEW 29, S. 630.
95 Johann Philipp Becker wurde in der Korrespondenz zwischen Marx und Engels fast immer nur als »old Becker« bezeichnet. Vgl. z. B. Karl Marx an Friedrich Engels (15. 12. 1868), in: MEW 32, S. 234; (27. 7. 1869), ebenda, S. 350; (30. 7. 1869), ebenda, S. 353; (18. 8. 1869), ebenda, S. 368.
96 Karl Marx an Friedrich Engels (13. 1. 1869), in: MEW 32, S. 244.
97 Karl Marx an Friedrich Engels (18. 8. 1869), ebenda, S. 368. Vgl. auch Karl Marx an Laura und Paul Lafargue (15. 2. 1869), ebenda, S. 594; Jenny Marx an Johann Philipp Becker (29. 1. 1866), in: MEW 31, S. 586; Karl Marx an Johann Philipp Becker (13. 1. 1866), ebenda, S. 492; Karl Marx an Wilhelm Liebknecht (21. 11. 1865), ebenda, S. 489.
98 Karl Marx an Pawel Wassiljewitsch Annenkow (28. 12. 1846), in: MEW 27, S. 462; im französischen Original in: MEGA² III/2, S. 80.
99 Manifest der Kommunistischen Partei, S. 474.
100 Forderungen der Kommunistischen Partei in Deutschland, in: Bund der Kommunisten I, S. 739–741.
101 Protokoll der Sitzung der Zentralbehörde des Bundes der Kommunisten in London (15. 9. 1850), in: Bund der Kommunisten II, S. 269.
102 Ebenda, S. 267.
103 Ebenda, S. 270.
104 Ebenda, S. 269.
105 Karl Marx an Johann Baptist von Schweitzer (13. 10. 1868), in: MEW 32, S. 568.

106 Karl Marx, Randglossen zum Programm der deutschen Arbeiterpartei (1875), in: MEW 19, S. 15–32.
107 Ebenda, S. 25.
108 Karl Marx an Wilhelm Bracke (5. 5. 1875), in: MEW 19, S. 14.
109 Marx, Randglossen zum Programm der deutschen Arbeiterpartei, S. 26.
110 Ebenda.
111 Vgl. Franz Mehring, Geschichte der deutschen Sozialdemokratie, 1. Teil, Berlin 1960, S. 191–205.
112 Vgl. dazu die klassische Darstellung von Gustav Mayer, Friedrich Engels. Eine Biographie, 2 Bde., Den Haag 1934, sowie zuletzt z. B. Norman Levine, The Tragic Deception: Marx contra Engels, Oxford/Santa Barbara 1975; Terrell Carver, Marx and Engels. The Intellectual Relationship, Brighton 1983.
113 Vgl. Friedrich Engels an Karl Marx (7. 1. 1863), Karl Marx an Friedrich Engels (8. 1. 1863), Friedrich Engels an Karl Marx (13. 1. 1863), Karl Marx an Friedrich Engels (24. 1. 1863), Friedrich Engels an Karl Marx (26. 1. 1863), in: MEW 30, S. 309–318.
114 Werner Blumenberg, Karl Marx in Selbstzeugnissen und Bilddokumenten, Reinbek 1962, S. 112.
115 Wermuth/Stieber, Communisten-Verschwörungen I, S. 103–133.
116 Vgl. z. B. Friedrich Engels an Karl Marx (13. 2. 1861), in: MEW 27, S. 190.
117 Vgl. Friedrich Engels an Joseph Weydemeyer (24. 11. 1864), in: MEW 31, S. 423: »Du wirst gehört haben, daß unser armer Lupus am 9. Mai dieses Jahres hier gestorben ist. Das war ein ganz anderer Verlust für die Partei als Lassalle.«
118 Friedrich Engels, Karl Marx und die »Neue Rheinische Zeitung« 1848/1849 (13. 3. 1884), in: MEW 21, S. 19.
119 Joseph Weydemeyer an Karl Marx (7. 7. 1847 und 17. 1. 1848), zit. von Walentina Pospelowa, Joseph Weydemeyer, in: Marx und Engels und die ersten proletarischen Revolutionäre, S. 268, S. 274.
120 Vgl. dazu oben, S. 42 f.
121 Friedrich Engels, Die deutsche Reichsverfassungskampagne (1850), in: MEW 7, S. 184.
122 Vgl. dazu oben, S. 60–63.
123 Friedrich Engels an Karl Marx (1. 5. 1870), in: MEW 32, S. 493.
124 Andreas Gottschalk an Moses Heß (26. 3. 1848), in: Bund der Kommunisten I, S. 738.
125 Friedrich Engels an Karl Marx (20. 7. 1851), in: MEGA² III/4, S. 155.
126 Karl Marx an Friedrich Engels (11. 2. 1851), in: MEGA² III/4, S. 37.
127 Ebenda.
128 Friedrich Engels an Karl Marx (13. 2. 1851), ebenda, S. 42.
129 Karl Marx an Friedrich Engels (10. 3. 1853), in: MEGA² III/6, S. 134.
130 Karl Marx an Friedrich Engels (7. 9. 1864), in: MEW 30, S. 432.
131 Rede des Vereinspräsidenten Bernhard Becker, gehalten in der Versammlung der Hamburger Mitglieder des Allgemeinen Deutschen Arbeitervereins am 22. März 1865, in: Der Social-Democrat, Nr. 39 (26. 3. 1865).
132 Vgl. oben, S. 125–127.
133 Vgl. dazu z. B. Karl Marx an Georg Eccarius und Friedrich Leßner (10. 9. 1868), in: MEW 32, S. 558 f.
134 Karl Marx an Georg Eccarius (3. 5. 1872), in: MEW 33, S. 454.

135 Friedrich Engels an Friedrich Leßner (4.4.1869), in: MEW 32, S. 599.
136 Sorge wurde von Marx seit Mai 1872 mit »Freund«, aber weiterhin mit »Sie« angeredet. Vgl. Karl Marx an Friedrich Adolph Sorge (27.5.1872, 29.5.1872), in: MEW 33, S. 471, S. 481.
137 Vgl. dazu z. B. Karl Marx an Paul und Laura Lafargue (19.4.1870), in: MEW 32, S. 673–678.
138 Vgl. dazu Karl Marx an Sigfrid Meyer (10.11.1871), in: MEW 33, S. 317 f.
139 Vgl. z. B. Karl Marx an Sigfrid Meyer (30.4.1867), in: MEW 31, S. 542 f.; Karl Marx an Friedrich Adolph Sorge (27.5.1872, 29.5.1872), in: MEW 33, S. 471, S. 481.
140 Der Vorbote. Politische und sozial-ökonomische Monatsschrift, Genf, Januar 1866–Dezember 1871; Neudruck Berlin 1963; vgl. dazu Morgan, The German Social-Democrats and the First International, passim.
141 Karl Marx an Wilhelm Liebknecht (21.11.1865), in: MEW 31, S. 489.
142 Karl Marx an Johann Philipp Becker (31.8.1866), ebenda, S. 524 f.
143 Jenny Marx an Johann Philipp Becker (10.1.1868), in: MEW 32, S. 691.
144 Vgl. dazu oben, S. 105.
145 Karl Marx an Johann Philipp Becker (13.1.1866), in: MEW 31, S. 493.
146 Paul Stumpf an Friedrich Engels (27.11.1890), in: Heinz Monz, Die Verbindung des Mainzer Paul Stumpf zu Karl Marx und Friedrich Engels, in: Archiv für hessische Geschichte und Altertumskunde N.F. 44 (1986), S. 308.
147 Paul Stumpf an Karl Marx (9.10.1865), ebenda, S. 281.
148 Vgl. ebenda, S. 268.
149 Vgl. oben, S. 86 und 114.
150 Vgl. Karl Marx an Friedrich Engels (4.10.1867), in: MEW 31, S. 353.
151 Karl Marx an Ludwig Kugelmann (11.10.1867), ebenda, S. 562.
152 Vgl. zu Kugelmann die, freilich in ihren einseitigen Wertungen wenig befriedigende, Biographie von Martin Hundt, Louis Kugelmann. Eine Biographie des Arztes und Freundes von Karl Marx und Friedrich Engels, Berlin 1974.
153 Karl Marx an Ludwig Kugelmann (12.10.1868), in: MEW 32, S. 566.
154 Karl Marx an Friedrich Engels (24.4.1867), in: MEW 31, S. 290.
155 Vgl. Karl Marx an Friedrich Engels (24.4.1867), ebenda, S. 289–291; Karl Marx an Friedrich Engels (25.9.1869, 27.9.1869, 30.9.1869), in: MEW 32, S. 371–375.
156 Karl Marx an Ludwig Kugelmann (12.10.1868), in: MEW 32, S. 566.
157 Karl Marx an Ferdinand Freiligrath (23.2.1860), in: MEW 30, S. 460.
158 Vgl. dazu im einzelnen oben, S. 114–116.
159 Karl Marx an Friedrich Engels (7.6.1864), in: MEW 30, S. 407.
160 Vgl. dazu Karl Marx an Friedrich Engels (5.8.1865), in: MEW 31, S. 133; Karl Marx an Friedrich Engels (12.12.1867), ebenda, S. 412.
161 Friedrich Engels an Karl Marx (7.8.1865), ebenda, S. 138.
162 Vgl. Karl Marx an Friedrich Engels (25.2.1865), in: MEW 31, S. 83; Karl Marx an Friedrich Engels (24.10.1868), in: MEW 32, S. 189; Friedrich Engels an Karl Marx (25.7.1869), ebenda, S. 348; Karl Marx an Friedrich Engels (10.8.1869), ebenda, S. 360; Friedrich Engels an Karl Marx (8.5.1870), ebenda, S. 501; Friedrich Engels an Karl Marx (15.5.1870), ebenda, S. 511; Karl Marx an Friedrich Engels (16.5.1870), ebenda, S. 512.
163 Vgl. Karl Marx an Wilhelm Bracke (5.5.1875), in: MEW 34, S. 137 f.
164 Friedrich Engels an August Bebel (18./28.3.1875), ebenda, S. 131.

165 Vgl. z. B. Karl Marx an Friedrich Engels (29.3.1869), in: MEW 32, S. 290; Karl Marx an Friedrich Engels (16.5.1870), ebenda, S. 512; sowie ferner August Bebel an Friedrich Engels (21.12.1875), und Friedrich Engels an August Bebel (12.10.1875), in: Werner Blumenberg (Hg.), August Bebels Briefwechsel mit Friedrich Engels, London/Den Haag/Paris 1965, S. 35–39. Allgemein dazu zuletzt Brigitte Seebacher-Brandt, Bebel, Künder und Kärrner im Kaiserreich, Berlin/Bonn 1988, sowie William H. Maehl, August Bebel. Shadow Emperor of the German Workers, Philadelphia 1980. Aufschlußreich auch Helmut Hirsch, August Bebel. Mit Selbstzeugnissen und Bilddokumenten, Reinbek 1988. Einseitig dagegen Horst Bartel, u. a. (Hg.), August Bebel. Eine Biographie, Berlin 1963, sowie Herrmann, Ursula und Volker Emmrich, August Bebel. Eine Biographie, Berlin 1989.

166 Wilhelm Liebknecht an Karl Marx (3.6.1864), in: Eckert (Hg.), Wilhelm Liebknecht. Briefwechsel mit Karl Marx und Friedrich Engels, S. 33.

167 Vgl. z. B. Peter Röser an Karl Marx (25.9.1850), in: MEGA² III/3, S. 646; Friedrich Wilhelm Hühnerbein an Karl Marx (3.10.1849), in: Bund der Kommunisten II, S. 38; Friedrich Leßner, Vor 1848 und nachher (1898), zit. nach: Bund der Kommunisten I, S. 625; Sigismund Borkheim, Erinnerungen eines deutschen Achtundvierzigers, in: Die Neue Zeit 9 (1890), S. 325. Eine Fundgrube für die Beurteilung von Marx durch Zeitgenossen ist im übrigen die schöne Anthologie von Hans Magnus Enzensberger (Hg.), Gespräche mit Marx und Engels, Frankfurt 1973.

168 Vgl. Friedrich Engels an Karl Marx (18.9.1846), in: MEGA² III/2, S. 43; Friedrich Engels an Karl Marx (14.1.1848), ebenda, S. 128; Karl Marx an Friedrich Engels (28.5.1851), in: MEGA² III/4, S. 128.

169 Friedrich Engels an Karl Marx (18.10.1846), in: MEGA² III/2, S. 51; Friedrich Engels an Karl Marx (23.10.1846), ebenda, S. 60; Friedrich Engels an Karl Marx (Dez. 1846), ebenda, S. 65; Heinrich Bürgers an Karl Marx (30.8.1847), ebenda, S. 351; Friedrich Engels an Karl Marx (25./26.10.1847), ebenda, S. 114; Friedrich Engels an Karl Marx (14.1.1848), ebenda, S. 128; Ernst Dronke an Friedrich Engels (Juli/August 1850), in: MEGA² III/3, S. 609; Karl Marx an Friedrich Engels (23.9.1851), in: MEGA² III/4, S. 221; Karl Marx an Friedrich Engels (13.10.1851), ebenda, S. 231; Karl Marx an Friedrich Engels (1.12.1851), ebenda, S. 254. Zur Herkunft des Begriffs ›Straubinger‹ vgl. Jacob Grimm/Wilhelm Grimm, Deutsches Wörterbuch, Bd. X/3, Leipzig 1957, Sp. 960 f.

170 Kommunistisches Korrespondenzkomitee in London an Kommunistisches Korrespondenzkomitee in Brüssel (17.7.1846), in: Bund der Kommunisten I, S. 380. Vgl. auch Zentralbehörde des Bundes der Kommunisten an den Kreis Brüssel (18.10.1847), ebenda, S. 582.

171 Carl Schurz, Lebenserinnerungen, Bd. 1, Berlin 1906, S. 143. Vgl. auch Nolte, Marxismus und industrielle Revolution, S. 323 f.

172 Heinrich Bürgers an Karl Marx (30.8.1847), in: MEGA² III/2, S. 353.

173 Ungedruckte Aussage Wilhelm Mäurers, in: Stadtarchiv Frankfurt, Acta Criminalia (Nr. 164), des peinlichen Verhörsamtes der freien Stadt Frankfurt Anno 1851, in Untersuchungssachen gegen Meurer Dr. Wilhelm gen. Germain Meurer, betr. Teilnahme an staatsgefährlichen Verbindungen, Anl. Bd. II, Bl. 178.

174 Michail Bakunin an Ludovico Nabruzzi (23./26.1.1872), in: Michail Bakunin,

Gesammelte Werke, hg. von Max Nettlau, Bd. III, Berlin 1924, S. 188. Vgl. auch Enzensberger (Hg.), Gespräche mit Marx und Engels, S. 402 f.

175 Friedrich Engels an Karl Marx (Dez. 1876), in: MEGA² III/2, S. 67.
176 Karl Marx an Ludwig Kugelmann (23. 2. 1865), in: MEW 31, S. 451.
177 Vgl. z. B. Karl Marx an Ferdinand Lassalle (10. 6. 1858), in: MEW 29, S. 563; Karl Marx an Ferdinand Lassalle (14. 11. 1859), ebenda, S. 623.
178 Karl Marx an Ferdinand Lassalle (25. 2. 1859), ebenda, S. 581.
179 Karl Marx an Friedrich Engels (7. 9. 1864), in: MEW 30, S. 432.
180 Friedrich Engels an Karl Marx (4. 9. 1864), ebenda, S. 429.
181 Karl Marx an Friedrich Engels (5. 3. 1856), in: MEGA² III/7, S. 243.
182 Karl Marx an Friedrich Engels (18. 5. 1859), in: MEW 29, S. 432.
183 Karl Marx an Ludwig Kugelmann (23. 2. 1865), in: MEW 31, S. 492.
184 Friedrich Engels an Karl Marx (24. 6. 1863), in: MEW 30, S. 360.
185 Friedrich Engels an Karl Marx (4. 9. 1864), ebenda, S. 429.
186 Karl Marx an Friedrich Engels (7. 9. 1864), ebenda, S. 432.
187 Der Begriff nach Hans Robert Jauß, Literaturgeschichte als Provokation, Frankfurt 1970, S. 189. Es wäre an der Zeit, die literaturwissenschaftliche ›Rezeptionsästhetik‹ durch eine ›Rezeptionshistorik‹ zu ergänzen.
188 Vgl. Engels, Zur Geschichte des Bundes der Kommunisten (1885), in: Bund der Kommunisten I, S. 74; Born, Erinnerungen eines Achtundvierzigers, S. 38–54.
189 Vgl. Stephan Born an Karl Marx (11. 5. 1848), in: MEGA² III/2, S. 444 f.
190 So Ernst Dronke an Karl Marx (29. 4. 1848), ebenda, S. 437 f.; vgl. auch Wilhelm Wolff an die Zentralbehörde des Bundes der Kommunisten in Mainz (18. 4. 1848), ebenda, S. 422 f.; Ernst Dronke an Friedrich Engels (Juli/August 1850), in: MEGA² III, S. 609.
191 Stephan Born an Karl Marx (11. 5. 1848), in: MEGA² III/2, S. 445.
192 Vgl. oben, S. 49.
193 Born, Erinnerungen eines Achtundvierzigers, S. 102.
194 Ebenda.
195 Vgl. dazu Frolinde Balser, Sozial-Demokratie 1848/49–1863. Die erste deutsche Arbeiterorganisation »Allgemeine Arbeiterverbrüderung« nach der Revolution, 2 Bde., Stuttgart 1962; Horst Schlechte (Hg.), Die Allgemeine Deutsche Arbeiterverbrüderung 1848–1850. Dokumente des Zentralkomitees für die deutschen Arbeiter in Leipzig, Weimar 1979.
196 Ansprache der Zentralbehörde des Bundes der Kommunisten vom Juni 1850, in: MEGA² I/10, S. 340.
197 Vgl. dazu Wolfgang Schieder, Bund der Kommunisten, in: SDG I (1966), Sp. 900–909; ders., Der Bund der Kommunisten im Sommer 1850. Drei Dokumente aus dem Marx-Engels-Nachlaß, in: IRSH 13 (1968), S. 29–57.
198 Vgl. Engels, Zur Geschichte des Bundes der Kommunisten (1885), S. 74 f.

VI. Der Politiker Marx: Eine Bilanz

1 Vgl. oben, S. 43 ff. und S. 72 ff.
2 Vgl. oben, S. 146.
3 Klaus Podak, Der tote Hund ist arg lebendig. Karl Marx und der Untergang des Marxismus, in: Süddeutsche Zeitung 98 (28./29. 4. 1990).

4 Vgl. Rolf Dlubek / Hannes Skambraks, »Das Kapital« von Karl Marx in der deutschen Arbeiterbewegung (1867–1878). Abriß und Zeugnisse der Wirkungsgeschichte, Berlin 1967, S. 42–56.
5 August Bebel, Aus meinem Leben, Leipzig 1911, S. 131.
6 Manifest der Kommunistischen Partei, in: MEW 4, S. 491.
7 Vgl. oben, S. 44 f.

Abkürzungsverzeichnis

ADAV	Allgemeiner Deutscher Arbeiter-Verein
ASG	Archiv für Sozialgeschichte
BMEF	Beiträge zur Marx-Engels-Forschung
BZG	Beiträge zur Geschichte der (deutschen) Arbeiterbewegung
GG	Geschichtliche Grundbegriffe. Historisches Lexikon zur politisch-sozialen Sprache in Deutschland
GuG	Geschichte und Gesellschaft. Zeitschrift für historische Sozialwissenschaft
HZ	Historische Zeitschrift
IAA	Internationale Arbeiter-Assoziation
IRSH	International Review of Social History
MEGA²	Karl Marx / Friedrich Engels Gesamtausgabe
MEJ	Marx-Engels-Jahrbuch
MEW	Karl Marx / Friedrich Engels Werke
Ndr.	Neudruck
N. F.	Neue Folge
SDG	Sowjetsystem und demokratische Gesellschaft. Eine vergleichende Enzyklopädie
PVS	Politische Vierteljahresschrift. Zeitschrift der Deutschen Vereinigung für Politische Wissenschaft
VDAV	Verband Deutscher Arbeiter-Vereine
ZfG	Zeitschrift für Geschichtswissenschaft

Literaturverzeichnis

I. Quellen und Quelleneditionen

Address and Provisional Rules of the Working Men's International Association, established September 28, 1864, at a public meeting held at St. Martin's Hall, Long Acre, London 1864.

Bakunin, Alexander, Gesammelte Werke, hg. von Max Nettlau, Bd. III, Berlin 1924.

Bebel, August, Mein Leben, Leipzig 1911, (Ndr. Berlin 1964).

Blumenberg, Werner (Hg.), August Bebels Briefwechsel mit Friedrich Engels, London/Den Haag/Paris 1965.

Born, Stephan, Erinnerungen eines Achtundvierzigers, Leipzig 1898 (Ndr. hg. von Hans J. Schütz, Bonn 1978).

Bottigelli, Emile (Hg.), Friedrich Engels – Paul et Laura Lafargue, Correspondance, t. III, Paris 1959.

Der Bund der Kommunisten. Dokumente und Materialien, Bd. I–III, Berlin 1970–1984.

Campe, Joachim Heinrich, Wörterbuch zur Erklärung und Verdeutschung der unserer Sprache aufgedrungenen fremden Ausdrücke, 2. Aufl. Braunschweig 1813.

Ein Complott gegen die Internationale Arbeiter-Association. Im Auftrage des Haager Congresses verfaßter Bericht über das Treiben Bakunins und der Allianz der sozialistischen Demokratie, Braunschweig 1874.

Dowe, Dieter und *Karl Klotzbach* (Hg.), Programmatische Dokumente der deutschen Sozialdemokratie, Bonn 1973.

Eckert, Georg (Hg.), Wilhelm Liebknecht. Briefwechsel mit Karl Marx und Friedrich Engels, Den Haag 1963.

Enzensberger, Hans Magnus (Hg.), Gespräche mit Marx und Engels, Frankfurt 1973.

Freymond, Jacques (Hg.), Etudes et documents sur la Première Internationale en Suisse, Genf 1964.

Freymond, Jacques (Hg.), La Première Internationale. Recueil des documents, t. I–II, Genf 1962.

Gamby, Erik (Hg.), Edgar Bauer. Konfidentenberichte über die europäische Emigration in London 1852–1861, Trier 1989.

The General Council of the First International 1864–1872, Minutes, Bd. I–V, Moskau (1963–1968).

Grimm, Jakob und *Wilhelm Grimm*, Deutsches Wörterbuch, Bd. VII, Leipzig 1889.

The Hague Congress of the First International, September 2–7, 1872, Minutes and Documents, Moskau 1976.

Hegel, Georg Friedrich Wilhelm, Grundlinien der Philosophie des Rechts, hg. von Johannes Hoffmeister, Berlin 1956.

Der Hochverraths-Prozeß wider Liebknecht, Bebel, Hepner vor dem Schwurgericht zu Leipzig vom 11.-26. März 1872, Berlin 1894.

Die I. Internationale in Deutschland (1864–1872). Dokumente und Materialien, Berlin 1964.

Krug, Wilhelm Traugott, Allgemeines Handwörterbuch der philosophischen Wissenschaften nebst ihrer Literatur und Geschichte, Bd. III, Leipzig 1833.

Lehning, Arthur (Hg.), Michel Bakounine et les conflits dans l'Internationale 1872, Leiden 1965.

Lehning, Arthur (Hg.), Michel Bakounine et l'Italie 1871–1872, Deuxième Partie: La Première Internationale en Italie et le conflit avec Marx, Leiden 1963.

Lenin, Vladimir Iljitsch, Werke [5], Berlin 1959–1974.

Liebknecht, Wilhelm, Karl Marx zum Gedächtnis. Ein Lebensabriß und Erinnerungen, Nürnberg 1896.

Marx, Karl, Das Elend der Philosophie. Antwort auf Proudhons »Philosophie des Elends«. Nach der deutschen Übersetzung von Eduard Bernstein, Karl Kautsky und Friedrich Engels, neu hg. von Hans Pelger, Berlin/Bonn 1979.

Marx, Karl und *Friedrich Engels,* Briefe an A. Bebel, W. Liebknecht, K. Kautsky u. a., Bd. I: 1870–1886, Moskau/Leningrad 1933.

Marx, Karl und *Friedrich Engels,* Historisch-kritische Gesamtausgabe. Werke, Schriften, Briefe (=MEGA[1]), hg. im Auftrag des Marx-Engels-Instituts Moskau von D. Rjazanov, Moskau 1927–1935.

Marx, Karl und *Friedrich Engels,* Gesamtausgabe (=MEGA[2]), hg. vom Institut für Marxismus-Leninismus bem ZK der KPdSU und vom Institut für Marxismus-Leninismus beim ZK der SED, Berlin 1975–1985.

Marx, Karl und *Friedrich Engels,* Werke (=MEW), hg. vom Institut für Marxismus-Leninismus beim ZK der SED, Berlin 1956–1968.

Mins, L. E. (Hg.), Founding of the First International. A Documentary Record, New York 1937.

Neubauer, Franz, Marx-Engels-Bibliographie, Boppard 1979.

Neue Rheinische Zeitung. Politisch-Ökonomische Revue, redigiert von Karl Marx, hg. von Karl Bittel, Berlin 1955.

Pelger, Hans u. a. (Hg.), Karl Marx. Texte aus der Rheinischen Zeitung von 1842/43. Mit Friedrich Engels' Artikeln im Anhang, Trier 1984.

La Première Internationale. Imprimés 1864–1876. Actes Officiels du Conseil Général et des Congrès et Conférences de l'Association Internationale des Travailleurs, Paris 1961.

La Première Internationale. Imprimés 1864–1876. Actes Officiels des Féderations et Sections nationales de l'Association Internationale des Travailleurs, Paris 1963.

La Première Internationale. Périodiques 1864–1877, Paris 1958.

Ruge, Arnold und *Karl Marx* (Hg.), Deutsch-Französische Jahrbücher, Paris 1844 (reprographischer Nachdruck Darmstadt 1967).

Sanders, Daniel, Wörterbuch der deutschen Sprache, Bd. II, 1, Leipzig 1876.

Schlechte, Horst (Hg.), Die Allgemeine Deutsche Arbeiterverbrüderung 1848–1850. Dokumente des Zentralkomitees für die deutschen Arbeiter in Leipzig, Weimar 1979.

Schurz, Carl, Lebenserinnerungen, Bd. I, Berlin 1906.

Stein, Lorenz, Der Socialismus und Communismus des heutigen Frankreichs. Ein Beitrag zur Zeitgeschichte, Leipzig 1842.

Stuke, Horst (Hg.), Michail Bakunin. Staatlichkeit und Anarchie und andere Schriften, Frankfurt 1972.

Vogt, Carl, Mein Prozeß gegen die »Allgemeine Zeitung«. Stenographischer Bericht, Dokumente und Erläuterungen, Genf 1859.

Der Vorbote. Politische und sozial-ökonomische Monatsschrift, Genf 1866–1871 (Ndr. Berlin 1961).

Wermuth, (Karl Georg Ludwig) und *(Wilhelm) Stieber*, Die Communisten-Verschwörungen des 19. Jahrhunderts, Bd. I, Berlin 1853.

II. Wissenschaftliche Literatur

Andreas, Bert, Le Manifeste Communiste de Marx et Engels. Histoire et bibliographie 1848–1918, Milano 1963.

Andreas, Bert, Marx' Verhaftung und Ausweisung, Brüssel Februar/März 1848, Trier 1978.

Avineri, Shlomo, The Social and Political Thought of Karl Marx, Cambridge 1970.

Balser, Frolinde, Sozial-Demokratie 1848/49–1863. Die erste deutsche Arbeiterorganisation »Allgemeine Deutsche Arbeiterverbrüderung« nach der Revolution, Stuttgart 1962.

Bartel, Horst und *Walter Schmidt*, Zur Entwicklung der Auffassungen von Marx und Engels über die proletarische Partei, in: Marxismus und deutsche Arbeiterbewegung. Studien zur sozialistischen Bewegung im letzten Drittel des 19. Jahrhunderts, Berlin 1970, S. 7–101.

Becker, Gerhard, Der »Neue Arbeiterverein in London« 1852. Ein Beitrag zur Geschichte des Bundes der Kommunisten, in: ZfG 14 (1966), S. 74–97.

Becker, Gerhard, Die Ausweisung von Karl Marx aus Preußen 1849, in: ZfG 17 (1969), S. 611–618.

Becker, Gerhard, Der dritte Prozeß gegen Karl Marx und die »Neue Rheinische Zeitung« 1849, in: ZfG 14 (1976), S. 436–440.

Becker, Gerhard, Karl Marx und Friedrich Engels in Köln 1848–1849, Berlin 1963.

Becker, Gerhard, Karl Marx und die preußische Staatsbürgerschaft 1848. Zwei unbekannte Briefe aufgefunden, in: BZG 10 (1968), S. 631–634.

Bender, Frederic L., The Ambiguities of Marx's Concepts of ›Proletarian Dictatorship‹ and ›Transition to Communism‹, in: History of Political Thought 2 (1981), S. 525–555.

Berg, Hermann von, Entstehung und Tätigkeit der Norddeutschen Arbeiterverbrüderung als Regionalorganisation der Deutschen Arbeiterverbrüderung nach der Niederschlagung der Revolution von 1848/49, Bonn 1981.

Berlin, Isaiah, Karl Marx. Sein Leben und sein Werk, München 1959.

Beyme, Klaus von, Klassen, Klassenkampf, in: SDG, Bd. III, Freiburg/Basel/Wien 1969, Sp. 633–669.

Beyme, Klaus von, Karl Marx and Party Theory, in: Government and Opposition 20 (1985), S. 70–87.

Beyme, Klaus von, Partei, Fraktion, in: GG, Bd. IV, Stuttgart 1978.

Birker, Karl, Die deutschen Arbeiterbildungsvereine 1840–1870, Berlin 1973.

Blumenberg, Werner, Karl Marx in Selbstzeugnissen und Bilddokumenten, Reinbek 1962.

Bourgin, Georges, La lutte du gouvernement français contre la Première Internationale, in: IRSH 4 (1939), S. 40, 50-57.

Bouvier, Beatrix W., Französische Revolution und deutsche Arbeiterbewegung. Die Rezeption des revolutionären Frankreich in der deutschen sozialistischen Arbeiterbewegung von den 1830er Jahren bis 1905, Bonn 1982.

Braunthal, Julius, Geschichte der Internazionale, Bd. I, 3. Aufl., Berlin/Bonn 1978.

Bravo, Gian Mario, Marx e la Prima Internazionale, Roma/Bari 1979.

Calvez, Jean Yves, Karl Marx. Darstellung und Kritik seines Denkens, Olten/Freiburg 1964.

Carver, Terrell, Marx und Engels. The Intellectual Relationship, Brighton 1983.

Collins, Henry, The International and the British Labour Movement. Origins of the International in England, in: La Première Internationale. L'institution, l'implantation, le rayonnement, Paris 16–18 novembre 1964, Paris 1968, S. 23–40.

Collins, Henry und *Chimen Abramsky*, Karl Marx and the British Labour Movement, London 1965.

Cornu, Auguste, Karl Marx und Friedrich Engels. Leben und Werk, Bd. I–III: 1818–1846, Berlin 1954.

Dhondt, Jan und *Catherine Oukhow*, La Première Internationale en Belgique, in: La Première Internationale. L'institution, l'implantation, le rayonnement, Paris 16–18 novembre 1964, Paris 1968, S. 151–161.

Dlubek, Horst und *Hannes Skambraks*, »Das Kapital« von Karl Marx in der deutschen Arbeiterbewegung (1867 bis 1878). Abriß und Zeugnisse der Wirkungsgeschichte, Berlin 1967.

Donner, Ingrid, Der Anteil von Karl Marx und Friedrich Engels an der Verteidigung im Kölner Kommunistenprozeß 1852, in: MEJ 4 (1981), S. 306–344.

Dowe, Dieter, Aktion und Organisation. Arbeiterbewegung, sozialistische und kommunistische Bewegung in der preußischen Rheinprovinz 1820–1852, Hannover 1970.

Draper, Hal, Marx and the Dictatorship of the Proletariat, in: Etudes de Marxologie 6 (1962), S. 5–73.

Draper, Hal, Karl Marx' Theory of Revolution, Bd. II, New York / London 1978.

Easton, Lloyd D., August Willich, Marx and Left-Hegelian Socialism, in: Cahiers de l'Institut de Science Economique Appliquée. Etudes de Marxologie 9 (1965), S. 101–137.

Eckert, Georg, Aus der Korrespondenz des Kommunistenbundes (Fraktion Willich-Schapper), in: ASG 5 (1965), S. 273–318.

Elleinstein, Jean, Marx. Sa vie, son œuvre, Paris 1981.

Engelberg, Ernst, Die Rolle von Marx und Engels bei der Herausbildung einer selbständigen deutschen Arbeiterpartei (1864–1869), in: ZfG 2 (1954), S. 509–537, S. 637–665.

Euchner, Walter, Karl Marx, München 1982.

Faul, Erwin, Verfemung, Duldung und Anerkennung des Parteiwesens in der Geschichte des politischen Denkens, in: PVS 4 (1964), S. 60–80.

Felix, David, Marx as Politician, Carbondale / Edwardsville 1983.

Fetscher, Iring, Karl Marx und der Marxismus. Von der Philosophie des Proletariats zur proletarischen Weltanschauung, München 1985 [4].

Fetscher, Iring, Der Marxismus. Seine Geschichte in Dokumenten, München 1983 [2].

Förder, Herwig, Marx und Engels am Vorabend der Revolution. Die Ausarbeitung der politischen Richtlinien für die deutschen Kommunisten (1846–1848), Berlin 1960.

Freymond, Jacques und *Miklos Molnár*, The Rise and Fall of the First International, in: Milorad M. Drachkovitch (Hg.), The Revolutionary Internationals, 1864–1943, Stanford 1966, S. 3–35.

Friedenthal, Richard, Karl Marx. Sein Leben und seine Zeit, München/Zürich 1981.

Gemkow, Heinrich, Karl Marx. Eine Biographie, Berlin 1975[4].

Gerth, Hans, The Retreat from Ideology as a Prerequisite for American Trade-unions, in: La Première Internationale. L'institution, l'implantation, le rayonnement, Paris 16–18 novembre 1964, Paris 1968, S. 403–413.

Aus der Geschichte des Kampfes von Marx und Engels für die proletarische Partei. Eine Sammlung von Arbeiten, Berlin 1961.

Gilbert, Alan, Marx's Politics. Communists and Citizens, Oxford 1981.

Grandjonc, Jacques, »Vorwärts« 1844. Marx und die deutschen Kommunisten in Paris. Beitrag zur Entstehung des Marxismus, Berlin/Bonn 1974.

Grandjonc, Jean, Communisme/Kommunismus/Communism. Origine et développement international de la terminologie communautaire prémarxiste des utopistes aux néo-babouvistes 1785–1842, Bd. I–II, Trier 1989.

Grandjonc, Jean/Karl-Ludwig König/Marie-Ange Roy-Jacquemart, Statuten des »Kommunistischen Arbeiter-Bildungsvereins«; London 1840–1914, Trier 1979.

Hammen, Oscar J., The Red '48ers. Karl Marx und Friedrich Engels, New York 1969.

Hanisch, Ernst, Der kranke Mann an der Donau. Marx und Engels über Österreich, Wien/München/Zürich 1978.

Haufschild, Ulrich, Partei und Klasse bei Marx und Engels, Phil. Diss. Frankfurt 1965.

Hennis, Wilhelm, Politik und praktische Philosophie. Eine Studie zur Rekonstruktion der politischen Wissenschaft, Neuwied/Berlin 1963.

Herbst, Ludolf, Die erste Internationale als Problem der deutschen Politik in der Reichsgründungszeit. Ein Beitrag zur Strukturanalyse der Politik »monarchischer Solidarität«, Frankfurt/Zürich 1975.

Herrmann, Ursula und *Volker Emmrich*, August Bebel. Eine Biographie, Berlin 1989.

Hirsch, Helmut, August Bebel. Mit Selbstzeugnissen und Dokumenten, Reinbek 1988.

Hundt, Martin, Der Beitrag Louis Kugelmanns zur Propagierung des »Kapitals« in Deutschland 1867 bis 1869, in: Beiträge zur Marx-Engels-Forschung, Berlin 1968.

Hundt, Martin, Programmatische Bemühungen im Bund der Gerechten. Zu Marx' Einfluß auf ein neuentdecktes Katechismus-Fragment von 1844/45, in: MEJ 2 (1979), S. 311–322.

Hundt, Martin, Zur Entwicklung der Parteiauffassungen von Marx und Engels in der Zeit des Bundes der Kommunisten, in ders. (Hg.), Bund der Kommunisten 1836–1852, Berlin 1988, S. 289–310.

Hundt, Martin, Zur Geschichte der »Neuen Rheinischen Zeitung«, Politisch-Ökonomische Revue, in: MEJ 1 (1978), S. 259–288.

Hundt, Martin, Louis Kugelmann. Eine Biographie des Arztes und Freundes von Karl Marx und Friedrich Engels, Berlin 1974.

Hundt, Martin, Wie das ›Manifest‹ entstand, Berlin 1975.

Hunt, Richard N., The Political Ideas of Marx and Engels, Bd. I–II, Pittsburgh 1974–1984.

Jaeck, Hans-Peter, Die französische bürgerliche Revolution von 1789 im Frühwerk von Karl Marx (1843–1846). Geschichtsmethodologische Studien, Vaduz 1979.

Jauß, Hans Robert, Literaturgeschichte als Provokation, Frankfurt 1970.

Kernig, Claus D., Sozialismus. Ein Handbuch, Bd. I: Von den Anfängen bis zum Kommunistischen Manifest, Stuttgart 1979.

Kopf, Eike, Das »Kapital« und die Reaktion seiner Gegner in Deutschland bis 1872, in: Beiträge zur Marx-Engels-Forschung, Berlin 1968, S. 111–120.

Kramer, Dieter, Reform und Revolution bei Marx und Engels, Köln 1971.

Krause, Hans-Dieter, Die Londoner Delegiertenkonferenz von 1871 – eine wichtige Etappe im Kampf von Marx und Engels um die Partei der Arbeiterklasse, in: MEJ 3 (1980), S. 196–220.

Kühn, Walter, Der junge Hermann Becker. Ein Quellenbeitrag zur Geschichte der Arbeiterbewegung in Rheinpreußen, Phil. Diss. Gießen 1934.

Küntzli, Arnold, Karl Marx. Eine Psychographie, Wien/Frankfurt/Zürich 1966.

Langewiesche, Dieter, Die Anfänge der deutschen Parteien. Partei, Fraktion und Verein in der Revolution von 1848/49, in: GuG 4 (1978), S. 324–361.

Levine, Norman, The Tragic Deception: Marx contra Engels, Oxford/Santa Barbara 1975.

Lipgens, Walter, Staat und Internationalismus bei Marx und Engels. Versuch einer Systemübersicht, in: HZ 217 (1973), S. 529–583.

Maehl, William H., August Bebel. Shadow Emperor of the German Workers, Philadelphia 1980.

Maguire, John M., Marx's Theory of Politics, Cambridge 1978.

Maier, Hans, Die Lehre der Politik an den deutschen Universitäten vornehmlich vom 16. bis 18. Jahrhundert, in: Dieter Oberndörfer (Hg.), Wissenschaftliche Politik, Freiburg 1962, S. 59–116.

Manacorda, Gastone, Il movimento operaio italiano attraverso i suoi congressi, Roma 1971.

Mayer, Gustav, Friedrich Engels. Eine Biographie, Bd. I–II, Den Haag 1934 (Ndr. Köln 1971).

Mayer, Gustav, Johann Baptist von Schweitzer und die Sozialdemokratie. Ein Beitrag zur Geschichte der deutschen Arbeiterbewegung, Jena 1909.

McLellan, David, Karl Marx. Leben und Werk, München 1974.

Mehring, Franz, Geschichte der deutschen Sozialdemokratie, 1. Teil, Berlin 1897, (Ndr. Berlin 1960).

Miliband, Ralph, Marxism and Politics, Oxford 1977.

Molnár, Miklos, Die Londoner Konferenz der Internationale 1871, in: ASG 4 (1964), S. 283–446.

Mommsen, Hans (Hg.), Sozialdemokratie zwischen Klassenbewegung und Volkspartei, Frankfurt 1974.

Monz, Heinz, Karl Marx. Grundlagen der Entwicklung zu Leben und Werk, Trier 1973.

Monz, Heinz, Die Verbindung des Mainzers Paul Stumpf zu Karl Marx und Friedrich Engels, in: Archiv für hessische Geschichte und Altertumskunde N. F. 44 (1986), S. 235–362.

Morgan, Roger, The Significance of Johann Philipp Becker's Geneva Central Committee for the Development of the I. W. A. in Germany, in: La Première Internationale. L'institution, l'implantation, le rayonnement, Paris 16–18 novembre 1964, Paris 1968, S. 193–209.

Morgan, Roger, The German Social Democrats and the First International 1864–1972, Cambridge 1965.

Morosowa, Vera, Karl Marx als Korrespondierender Sekretär des Generalrats der I. Internationale im Kampf für die Einheit der deutschen Arbeiterbewegung, in: Revolutionäres Parteiprogramm – revolutionäre Arbeitereinheit, Berlin 1975, S. 46–86.

Müller-Lehning, Arthur, The International Association (1855–1859). A Contribution to Preliminary History of the First International, in: IRSH 3 (1938), S. 185–286.

Na'aman, Shlomo, Johann Philipp Becker, Wilhelm Liebknecht und Karl Marx – eine quellenkritische Untersuchung. Hat der Zufall bei dem programmatischen Anschluß der Arbeitervereine an die »Internationale« eine Rolle gespielt?, in: ASG 15 (1975), S. 145–162.

Na'aman, Shlomo, Zur Geschichte des Bundes der Kommunisten in Deutschland in der zweiten Phase seines Bestehens, in: ASG 5 (1965), S. 5–82.

Na'aman, Shlomo, Lassalle, Hannover 1970.

Nicolaevsky, Boris, Who is disturbing history?, in: Proceedings of the American Philosophical Society 105 (1961), S. 209–236.

Nicolaevsky, Boris und *Otto Maenchen-Helfen,* Karl Marx. Eine Biographie, Hannover 1963.

Nipperdey, Thomas, Die Organisation der deutschen Parteien, Düsseldorf 1961.

Nolte, Ernst, Marxismus und industrielle Revolution, Stuttgart 1983.

Noyes, P. H., Organization and Revolution. Working Class Associations in the German Revolutions of 1848–1849, Princeton 1966.

Obermann, Karl, Karl D'Ester, Arzt und Revolutionär, seine Tätigkeit in den Jahren 1852–1859, in: Aus der Frühgeschichte der deutschen Arbeiterbewegung, Berlin 1964, S. 102–200.

Obermann, Karl, La participation à la Première Internationale avant 1872 des ouvriers allemands immigrés aux Etats-Unis, in: La Première Internationale. L'institution, l'implantation, le rayonnement, Paris 16–18 novembre 1964, Paris 1968, S. 387–402.

Offermann, Toni, Arbeiterbewegung und liberales Bürgertum in Deutschland 1850 – 1863, Bonn 1979.

Papcke, Sven, Wandel oder Zwangswandel? Marx und das Problem der Revolution, in: Jahrbuch Arbeiterbewegung 2 (1974), S. 11–32.

Pospelowa, Walentina, Joseph Weydemeyer, in: Marx und Engels und die ersten proletarischen Revolutionäre, Berlin 1969, S. 261–297.

Raddatz, Fritz J., Karl Marx. Eine politische Biographie, Hamburg 1975.

Riedel, Manfred, Der Begriff der »Bürgerlichen Gesellschaft« und das Problem seines geschichtlichen Ursprungs, in: ders., Studien zu Hegels Rechtsphilosophie, Frankfurt 1969, S. 135–166.

Riedel, Manfred, Bürger, in: GG, Bd. I, Stuttgart 1972, S. 672–725.

Ritter, Joachim, Hegel und die französische Revolution, in: ders., Metaphysik und Politik. Studien zu Aristoteles und Hegel, Frankfurt 1969, S. 143–233.

Rjazanov, David, Zur Geschichte der Ersten Internationale. Die Entstehung der Internationalen Arbeiterassoziation, in: Marx-Engels-Archiv 1 (1926), S. 119–202.

Rubel, Maximilien und *Margaret Manale,* Marx without Myth. A Chronological Study of his Life and Work, Oxford 1975.

Schieder, Theodor, Das Problem der Revolution im 19. Jahrhundert, in: ders., Staat und Gesellschaft im Wandel unserer Zeit. Studien zur Geschichte des 19. und 20. Jahrhunderts, München 1958, S. 11–57.

Schieder, Wolfgang, Anfänge der deutschen Arbeiterbewegung. Die Auslandsvereine im Jahrzehnt nach der Julirevolution von 1830, Stuttgart 1963.

Schieder, Wolfgang, Bund der Kommunisten, in: SDG, Bd. I, Freiburg/Basel/Wien 1966, Sp. 900–909.

Schieder, Wolfgang, Der Bund der Kommunisten im Sommer 1850. Drei Dokumente aus dem Marx-Engels-Nachlaß, in: IRSH 13 (1968), S. 29–57.

Schieder, Wolfgang, Die Rolle der deutschen Arbeiter in der Revolution von 1848/49, in: Archiv für Frankfurter Geschichte und Kunst 54 (1974), S. 43–56.

Schieder, Wolfgang, Das Scheitern des bürgerlichen Radikalismus und die sozialistische Parteibildung in Deutschland, in: Hans Mommsen (Hg.), Sozialdemokratie zwischen Klassenbewegung und Volkspartei, Frankfurt 1974, S. 17–34.

Schieder, Wolfgang, Zur Geschichte des Begriffs »Wissenschaftlicher Sozialismus« vor 1914, in: Wissenschaftlicher Sozialismus und Arbeiterbewegung. Begriffsgeschichte und Dühring-Rezeption, Trier 1980, S. 18–24.

Schieder, Wolfgang, Kommunismus, in: GG, Bd. III, Stuttgart 1982, S. 455–529.

Schieder, Wolfgang, Sozialismus, in: GG, Bd. V, Stuttgart 1984, S. 923–986.

Schieder, Wolfgang, Nationalism, Democracy and War in the German Revolution 1848–49, in: Religion, Ideology and Nationalism in Europe and America. Essays presented in honor of Yehoshua Arieli, Jerusalem 1986, S. 45–60.

Schmidt, Walter, Der Bund der Kommunisten und die Versuche einer Zentralisierung der deutschen Arbeitervereine im April und Mai 1848, in: ZfG 9 (1961), S. 577–614.

Schmidt, Walter, Ein Kommunist in der Nationalversammlung. Wilhelm Wolffs Auftreten im Rumpfparlament in Frankfurt und Stuttgart (Mai/Juni 1848), in: BZG 15 (1973), S. 229–237.

Schraepler, Ernst und *Henryk Skrzypczak, Siegfried Bahne, Georg Kotowski,* »Grundriß der Geschichte der deutschen Arbeiterbewegung«. Kritik einer Legende, in: Jahrbuch für die Geschichte Mittel- und Ostdeutschlands 13 (1964), S. 1–83.

Schraepler, Ernst, Handwerkerbünde und Arbeitervereine 1830–1853, Berlin 1972.

Schwan, Gesine, Die Gesellschaftskritik von Karl Marx. Politökonomische und philosophische Voraussetzungen, Stuttgart 1974.

Seebacher-Brandt, Brigitte, Bebel, Künder und Kärrner im Kaiserreich, Berlin/Bonn 1988.

Seidel, Jutta, Wilhelm Bracke. Vom Lassalleaner zum Marxisten, Berlin 1986.

Sellin, Volker, Politik, in: GG, Bd. IV, Stuttgart 1978, S. 789–874.

Sieferle, Rolf Peter, Die Revolution in der Theorie von Karl Marx, Frankfurt 1979.

Skambraks, Hannes, »Das Kapital« von Karl Marx – Waffe im Klassenkampf. Aufnahme und Anwendung der Lehren des Hauptwerkes von Karl Marx durch die deutsche Arbeiterbewegung (1867 bis 1878), Berlin 1977.

Smirnova, Walentina, Der Genfer Kongreß der Internationalen Arbeiterassoziation, in: MEJ 5 (1982), S. 85–119.

Smirnova, Walentina, Wilhelm Wolff, in: Marx und Engels und die ersten proletarischen Revolutionäre, Berlin 1965, S. 161–208.

Stadler, Peter, Karl Marx. Ideologie und Politik, Göttingen 1966.

Stein, Hans, Der Kölner Arbeiterverein (1848–1849). Ein Beitrag zur Frühgeschichte des rheinischen Sozialismus, Köln 1921.

Steinke, Monika, Karl Marx und die Formierung eines revolutionär-proletarischen Führungskerns im Generalrat der I. Internationale (bis zum Vorabend des Genfer Kongresses), in: BMEF 18 (1985), S. 47–59.

Steinke, Monika, Die Protokolle des Generalrats als Quelle für Marx' führende Tätigkeit im Leitungsgremium der IAA (Oktober 1864 – August 1867), in: BMEF 22 (1987), S. 248–260.

Stepanova, Elena und *Irène Bach*, Le Conseil Général et son rôle dans l'Association Internationale des Travailleurs, in: La Première Internationale. L'institution, l'implantation, le rayonnement, Paris 16–18 novembre 1964, Paris 1968, S. 49–69.

Stephan, Cora, »Genossen, wir dürfen uns nicht von der Geduld hinreißen lassen!«. Zur Theoriebildung in der deutschen Sozialdemokratie 1862–1878, Frankfurt 1977.

Strey, Joachim und *Gerhard Winkler*, Die Politik und Taktik der »Neuen Rheinischen Zeitung« während der bürgerlich-demokratischen Revolution in Deutschland, Berlin 1972.

Stuke, Horst, Bedeutung und Problematik des Klassenbegriffs. Begriffs- und sozialgeschichtliche Überlegungen im Umkreis einer historischen Klassentheorie, in: Ulrich Engelhardt u. a. (Hg.), Soziale Bewegung und politische Verfassung. Beiträge zur Geschichte der modernen Welt, Stuttgart 1976, S. 46–82.

Vuilleumier, Marc, La Première Internationale en Suisse, in: La Première Internationale. L'institution, l'implantation, le rayonnement, Paris 16–18 novembre 1964, Paris 1968, S. 231–250.

Weber, Petra, Sozialismus als Kulturbewegung. Frühsozialistische Arbeiterbewegung und das Entstehen zweier feindlicher Brüder Marxismus und Anarchismus, Düsseldorf 1989.

Winkler, Heinrich August, Zum Verhältnis von bürgerlicher und proletarischer Revolution bei Marx und Engels, in: Hans-Ulrich Wehler (Hg.), Sozialgeschichte heute. Festschrift für Hans Rosenberg zum 70. Geburtstag, Göttingen 1974, S. 326–353.

Wippermann, Wolfgang, Die Bonapartismustheorie von Marx und Engels, Stuttgart 1983.

Witzig, Carole, Bismarck et la Commune. La reaction des monarches conservatrices contre les mouvements republicains et socialistes (1870–1872) vue à travers les archives allemandes, in: IRSH 17 (1972), S. 191–221.

Danksagung

Dieses Buch geht auf einen Vortrag zurück, den ich im Oktober 1986 zur Eröffnung des 36. Deutschen Historikertages in Trier gehalten habe. Herrn Dr. Ralf-Peter Märtin vom Piper Verlag habe ich dafür zu danken, daß aus dem knappen Vortragstext ein ganzes Buch werden konnte. In meinen Dank schließe ich Herrn Ulrich Wank ein, der das Manuskript im Verlag mit ungewöhnlichem Engagement betreut hat. Meine Mitarbeiter Helmut Michels und Christoph Nonn halfen mir bei der Aufbereitung von bisher wenig genutztem Quellenmaterial. Ohne die ständige Hilfsbereitschaft der Mitarbeiter des Studienzentrums Karl-Marx-Haus in Trier, besonders von Herrn Karl-Ludwig König, hätte dieses Buch nicht geschrieben werden können. Auch ihnen allen, sowie schließlich Frau Ursula Birtel-Koltes und Frau Sabine Weber, die das Manuskript hergestellt haben, gilt mein Dank.

Trier, im Juni 1990   Wolfgang Schieder

Danksagung

Personenregister

Abramsky, Chimen 13
Anneke, Friedrich 52, 60
Aristoteles 16

Bakunin, Michail 82–86, 88, 94f.,
  99–102, 105–108, 112f., 122, 127, 143,
  152
Barry, Maltmann 111
Bastelica, Andre 93
Bauer, Heinrich 36, 40, 42, 55–57, 61f.,
  173
Bebel, August 73–75, 90, 114f., 145, 154
Becker, Bernhard 72, 142
Becker, Heinrich 64
Becker, Johann Philipp 79, 105f., 114,
  137, 143f., 190
Beust, Friedrich Karl Ludwig von 60
Bismarck, Otto von 10, 90f., 114, 132
Blanqui, Louis Adolphe 32
Bolte, Friedrich 103
Born, Stephan 42, 50f., 141, 149f., 169
Bracke, Wilhelm 117, 145
Bruhn, Karl 59f.
Bürgers, Heinrich 59, 64f., 140
Burns, Mary 140

Cabet, Etienne 154
Camphausen, Ludolf 43
Cluß, Karl Adolph 50
Coenen, Philip 93
Collins, Henry 13
Cremer, William Randall 75, 78, 176f.
Cuno, Theodor 106, 136

Daniels, Roland 59, 64
Danielson, Nikolai Franzewitsch 108
De Paepe s. Paepe
D'Ester s. Ester
Dietzgen, Joseph 154
Dronke, Ernst 44, 56, 140
Dupont, Eugène 125

Eccarius, Johann Georg 42, 61f., 75, 78,
  81, 125f., 128f., 173, 176
Engels, Friedrich 16, 19, 21, 24, 29,
  34–39, 42, 44f., 48, 50, 53–60, 63–65,
  98–100, 103–121, 135–139, 143–150,
  152, 154f., 159, 162, 172f.
Ester, Karl d' 54
Ewerbeck, Hermann 56, 141

Favre, Jules 90
Felix, David 13
Fourier, Charles 22
Fox, Peter 78, 126, 176
Fränkel, Salomon 61f.
Freiligrath, Ferdinand 44, 56, 132, 140
Friedrich Wilhelm IV. 48

Garibaldi, Giuseppe 69
Gilbert, Alan 13
Goethe, Johann Wolfgang von 140
Gottschalk, Andreas 45–47, 50f., 141
Grün, Karl 22
Guilleaume, James 100, 102, 108

Hain, August 173
Hales, John 78, 97, 103, 107, 125, 176
Hammen, Oscar J. 13
Harney, Julian 120
Haupt, Hermann Wilhelm 173
Hegel, Georg Wilhelm Friedrich 17, 22,
  25, 35, 113
Heinzen, Karl 69
Hepner, Adolf 106, 115
Heß, Moses 22, 37, 137, 141
Holyoake, George Jacob 188

Jones, Ernest 69
Jung, Hermann 79, 125
Junge, Adolph 37

Klinkel, Gottfried 69

Klein, Karl Wilhelm 59
Klose, Gottfried 173
Kossuth, Lajos 69
Kugelmann, Ludwig 79, 89, 106, 127, 144, 192

Lafargue, Paul 80, 105f., 143
Lassalle, Ferdinand 56, 71–73, 116, 123, 134, 137, 142, 147, 151f., 154
Lehmann, Adalbert 61f.
LeLubez, Victor 74–77
Lehning, Arthur 184
Lenin (Vladimir Iljitsch Uljanov) 11, 62, 101, 131, 135, 151
Leßner, Friedrich 81, 125, 143
Levy, Gustav 71
Liebknecht, Wilhelm 72–74, 105f., 108, 114–117, 139, 142, 144f., 149, 173
Lochner, Georg 125
Lorenzo, Anselmo 93
Lucraft, Benjamin 97, 125, 129f.

Mäurer, German 36
Marx, Jenny 84, 108
Mazzini, Giuseppe 76f., 127
Mehring, Franz 140
Meyer, Siegfried 143
Miquel, Johannes 71
Moll, Joseph 36, 40–43, 47, 141, 168
Most, Johann 154

Napoleon III. (Louis Bonaparte) 20, 70–72, 74, 86
Netschajew, Sergej 95

Odger, George 97, 122, 125f., 129f.
Otto, Karl 64
Owen, Robert 22, 76, 154

Paepe, César de 81, 108
Pfänder, Karl 55, 61f., 125
Proudhon, Pierre Joseph 36

Rjazanov, David 159
Robin, Paul 93
Röser, Peter Gerhard 41f., 48, 55, 58f., 64f.
Ruge, Arnold 69

Saint-Simon, Henri de 22, 154
Schapper, Karl 36, 40f., 43, 47f., 51–53, 56, 60–65, 102, 138, 141, 172
Scherzer, Andreas 136
Schickel, Johann 50f.
Schiller, Friedrich 140
Schimmelpfennig von der Oye, Alexander 60
Schramm, Konrad 56, 61, 173
Schurz, Karl 147
Schweitzer, Johann Baptist von 72, 114, 139
Schwitzguébel, Léon 102, 108
Seiler, Sebastian 173
Sorge, Friedrich Adolph 103, 106, 143, 191
Stechan, Gottfried Ludwig 65
Stein, Lorenz 21
Stepney, Cowell Williams 125
Stieber, Wilhelm 140
Stumpf, Paul 50, 144

Techow, Gustav Adolf von 58, 60f.
Thiers, Louis-Adolphe 90

Utin, Nikolai Issaakowitsch 93

Vaillant, Edouard 94
Varlin, Louis-Eugène 88
Verrycken, Laurent 93
Vogt, Karl 70

Wallau, Karl 37, 50f.
Weerth, Georg 44, 140f.
Weitling, Wilhelm 24
Wermuth, Karl Georg Ludwig 140
West, William 111
Weston, John 76–78, 125
Weydemeyer, Joseph 55f., 60, 65, 135, 141, 143
Willich, August von 55f., 60–65, 70, 102, 141, 172f.
Wolff, Ferdinand 44, 140
Wolff, Luigi 76
Wolff, Wilhelm 37, 44, 48, 52–54, 140, 173, 191

Richard Friedenthal

Karl Marx
Sein Leben und seine Zeit
652 Seiten mit 6 Abbildungen. Serie Piper 1172

»Es fehlt wahrlich nicht an grauen und pedantischen Marx-
Biographien, jetzt wird man sie noch schneller vergessen können«,
schrieb Heinz Abosch nach dem Erscheinen des vorliegenden Buches in
der »Süddeutschen Zeitung«. Wie bei seinen vorhergehenden
Lebensbeschreibungen über Luther und Goethe, die seinen Ruf als
Biograph begründet haben, schildert Richard Friedenthal auch hier
nicht nur eine Person, sondern bettet sie ein in die Darstellung einer
Epoche, ihrer zentralen Ereignisse, ihrer Atmosphäre. Erst vor diesem
Hintergrund wird die große Gestalt Karl Marx' in ihrer ganzen
Vielschichtigkeit sichtbar, wird deutlich, wie das Werk in der
Auseinandersetzung mit den geistigen Strömungen seiner Zeit, den
anderen großen Denkern, wie Saint-Simon, Bruno Bauer, Feuerbach,
entstanden ist. Auch die große Bedeutung seiner Freunde und
Mitkämpfer, an erster Stelle natürlich Friedrich Engels, wird ebenso
dargestellt wie die Familie, der Karl Marx ein »Familienvater alten
Schlags« war. In diesem letzten Werk Friedenthals scheint nochmals
seine ganze Meisterschaft auf, »so gründlich und lesbar, herzhaft
unterhaltend sogar, so behaglich ausschweifend und gesättigt mit der
Kunst der Erzählung« (Golo Mann).

»Es gibt mehrere Marx-Biographien. Diese übertrifft sie alle.«
Süddeutscher Rundfunk

Piper

Brigitte Hamann

Bertha von Suttner

Ein Leben für den Frieden. 552 Seiten mit 29 Faksimiles im Text
und 23 Fotos auf Tafeln. Leinen

»Brigitte Hamann ist es gelungen, ein Zeitbild zu malen, in dessen
Mittelpunkt die eindrucksvolle Gestalt der Bertha von Suttner steht. Sie
stützt sich auf Material – Briefe, Schriften, Tagebücher –, das in Genf,
Wien, Jerusalem und Tiflis liegt. Die Aktualität dieser Biographie ist
unbestreitbar: die Konflikte, die die Friedensbewegung vor fast hundert
Jahren zu lösen versuchte, sind bis heute noch eine bedrohliche
Gefahr.«   Frankfurter Allgemeine Zeitung

»Der exzellenten Historikerin Brigitte Hamann, die nicht nur ehrlich
recherchiert, sondern auch spannend schreibt, gelang mit ihrer
›Suttner‹ wieder eine Meisterleistung. Ein Buch zum Lesen, Liebhaben
und Studieren.«   Illustrierte Neue Welt

»Die Biographie schildert die geborene Gräfin Kinsky so ungeschminkt
und lebhaft, wie die es selber in ihren Tagebüchern tat.«   Brigitte

»Eine fundierte, viel unveröffentlichtes Material verarbeitende und
flüssig geschriebene Biographie.«   Neue Zürcher Zeitung

PIPER

Dietmar Rothermund

Mahatma Gandhi

Der Revolutionär der Gewaltlosigkeit. Eine politische Biographie
455 Seiten mit 17 Abbildungen auf Tafeln. Leinen

»Kaum einer der großen Staatsmänner des 20. Jahrhunderts hat eine so ereignisreiche Lebensgeschichte gehabt wie Gandhi, den die Welt ›Mahatma‹, ›große Seele‹, nannte. Und wenige können diese Geschichte so kundig beschreiben wie Dietmar Rothermund, der seit 1960 immer wieder mit Weggefährten und Gegenspielern Gandhis zusammentraf, Gandhis Nachfolger Nehru persönlich kannte und den indischen Befreiungskampf studierte. Rothermund ist genauestens vertraut mit den politischen Verhältnissen und kulturellen Besonderheiten Indiens. In diesem Buch stützt erstmals ein Historiker sein Urteil über die umstrittene Gestalt des Mahatma auch auf dessen Briefe und publizistische Werke. Gandhis Weg führte vom ländlichen Indien seiner Heimat über das Studium in London, den Einsatz für die indische Minderheit in Südafrika bis zur Führung des indischen Freiheitskampfes und schließlich bis zu den bitteren letzten Jahren des einsamen Mahners, der unter den Todesschüssen eines radikalen jungen Nationalisten fiel. In seinen Werken und besonders in seinen Briefen erweist sich der Gesinnungsethiker Gandhi auch als Verantwortungsethiker, der genau abwägte, welche Folgen das, was er sagte und tat, in einer bestimmten Situation haben konnte. Das wache, teilnehmende Interesse für seine Mitwelt war die Quelle seines politischen Einflusses. Die strengsten Anforderungen stellte er an sich selbst, während er anderen oft mit Nachsicht begegnete. Sein Ernst wurde ausgeglichen durch den Humor, der sich in vielen seiner Briefe zeigt. Rothermunds ›Mahatma Gandhi‹ ist eine fesselnde, mit Sorgfalt und Sachkenntnis erarbeitete Biographie für den historisch und politisch Interessierten und ein lebensnahes Lehrstück des gewaltlosen politischen Widerstandes. Auch für all diejenigen, die an den Problemen der dritten Welt teilnehmen, könnte es ein wichtiges Buch werden.«

Pinneberger Tageblatt

PIPER